# 利他主义的生意

## 偏爱"非理性"的市场

[加]克日什托夫·普莱克（Krzysztof Pelc） 著
吴艺蓉 译

BEYOND SELF-

Why the Market Rewards Those Who Reject It

INTEREST

中国科学技术出版社
·北京·

Beyond Self-Interest: Why the Market Rewards Those Who Reject It.
© 2022 Elena Botella.
Published by arrangement with University of California Press.
Simplified Chinese translation copyright by China Science and Technology Press Co., Ltd.

北京市版权局著作权合同登记　图字：01-2024-4140

## 图书在版编目（CIP）数据

利他主义的生意：偏爱"非理性"的市场 /（加）克日什托夫·普莱克（Krzysztof Pelc）著；吴艺蓉译. -- 北京：中国科学技术出版社，2024.8. -- ISBN 978-7-5236-0851-7

Ⅰ.F0

中国国家版本馆 CIP 数据核字第 202427U6R0 号

| 策划编辑 | 李清云　褚福祎 | 责任编辑 | 褚福祎 |
|---|---|---|---|
| 封面设计 | 创研设 | 版式设计 | 蚂蚁设计 |
| 责任校对 | 焦　宁 | 责任印制 | 李晓霖 |

| 出　　版 | 中国科学技术出版社 |
|---|---|
| 发　　行 | 中国科学技术出版社有限公司 |
| 地　　址 | 北京市海淀区中关村南大街 16 号 |
| 邮　　编 | 100081 |
| 发行电话 | 010-62173865 |
| 传　　真 | 010-62173081 |
| 网　　址 | http://www.cspbooks.com.cn |

| 开　　本 | 880mm×1230mm　1/32 |
|---|---|
| 字　　数 | 268 千字 |
| 印　　张 | 12.75 |
| 版　　次 | 2024 年 8 月第 1 版 |
| 印　　次 | 2024 年 8 月第 1 次印刷 |
| 印　　刷 | 北京盛通印刷股份有限公司 |
| 书　　号 | ISBN 978-7-5236-0851-7/F·1271 |
| 定　　价 | 69.00 元 |

（凡购买本社图书，如有缺页、倒页、脱页者，本社销售中心负责调换）

# 目 录

引言 ········· 001

第一章 危机与转变 ········· 015

第二章 副产品社会 ········· 061

第三章 无私为什么有回报 ········· 105

第四章 关于伪装者 ········· 159

第五章 关于叛变者 ········· 189

第六章 反工具主义者 ········· 219

第七章 休闲在市场经济中的地位 ········· 245

第八章 明智地抵抗智慧 ········· 281

第九章 个体顿悟的社会条件 ········· 327

尾注 ········· 367

致谢 ········· 401

# 引言

对个人利益的追求使世界得以运转。这是我们说服自己的标准说法,并常常伴随着无奈的叹息。对个人利益的追逐使社会充斥着贪婪和赤裸裸的野心。面对竞争日益激烈的经济环境,我们别无选择,只能以牺牲邻国为代价来争夺优势。其原因是结构性的、技术性的且不在我们控制范围内,包括国外竞争、自动化程度的提高、迫在眉睫的不确定性。作为个人,我们同样备感压力:在这个残酷的市场中,我们必须打造我们的个人品牌,打磨我们的简历,并让我们的孩子做好同样的准备。我们哀叹自己的态度变得多么功利,我们所做的一切都是为了取得成功,而不是为了把事情做好。我们指责互联网、社交媒体的兴起以及我们口袋里的设备,认为正是它们操纵了我们的利己本能,并对不属于我们自身的目的做出反应。

同样的故事曾作为成功之道为人传颂。在18世纪的启蒙思想家看来,对个人利益的追求是一种神奇的社会黏合剂,它引导陌生人为彼此的需求服务。它是文明的重要组成部分。我们每天都能吃到面包,是因为利己的农民把小麦卖给了利己的磨坊主,磨坊主把面粉送到了利己的面包师那里,面包师用这些面粉为我们制作发面面包。

这些看似相互矛盾的说法有一个基本前提,即在现代市场社会中,个人利益是人类行为无可争议的驱动力。那些想获得事业成功的人被建议按规矩来:设定自己的目标,用坚强的意志武装自己,并坚持不懈地努力实现目标。根据我们选择相信的这两种说法,利己主义要么对社会有益,要么对社会有害。但这两个故事都没有偏离我们的共同信念,即市场会对个人理性、自我追求的行为予以奖励。我想在这本书中质疑的正是这个毋庸置疑的前提。相反,我想要提出的是,那些最坚定的异见者(dissident)才是我们这个市场驱动时代的真正偶像。市场实际上是在赞美那些公然藐视市场规则的人:那些对生产力嗤之以鼻的生产商;蔑视效率和规模经济的制造商;逃避工作而声称追求热情的打工者。那些选择退出的人,那些放弃激烈竞争的人,以及那些缩小规模而非扩大规模的人——他们追随自己的心血来潮、自己的使命和自己的真实本性。在一个追求一己之私的世界里,我们反而可以信任无私的热情。

看似无私的行为常常比看似利己的行为成果更丰硕。非预期的效果往往因其非预期的性质而更加强大。因此,驱动当今市场社会富裕最强大的推动力不是追求个人利益,而是反其道而行之。越来越多的人通过拒绝成功来获得成功。或者更好的办法是,通过使别人相信,他们追求的是目标、热情、对手艺的热爱——事实上，除自我发展以外的一切。通过计算、规划和解决问题获得的回报是有上限的，而在越来越多的情况下，已经达到了上限。在利己主义的时代，可靠无私（credibly disinterested）的人越来越得到世界的信赖。

回想一下，在明显占主导地位的利己主义喧嚣之中，我们听到了市场参与者发出的杂音。比如公司创始人郑重宣告，"我们办企业不是为赚钱。最大的投资者每天都给我们发邮件，但我们还是拒绝了。一个西装革履的家伙对你指手画脚……做生意像机器一样按部就班"。比如投资者宣称，比起资产负债表，他们对"热情的创始人"更感兴趣。或者看看民意调查，调查显示"千禧一代"[①]在选择职业生涯时更看重"意义，而非金钱"，认为"目标的价值高于薪水"。再想想那些消费者，他们发誓他们真正要的是与那些制作椅子、设计衣服、烤面包的人建立"联系"。他们想要那种承载着强烈情感的椅子、衣服和面包，并且愿意为其支付溢价。

难道这听起来不像市场的异端邪说吗？首席执行官不是应该一切向钱看吗？难道他们不应该为了股东和他们自己的利益，一心一意把企业做大做强吗？劳动者提供劳动力不就是为了尽可能多地挣钱吗？至于消费者，追求物美价廉的产品不就行了，何必

---

[①] "千禧一代"是指20世纪80年代初至20世纪90年代中期出生，在跨入21世纪以后达到成年年龄的一代人。——编者注

在乎制造者的想法?

有人可能会想,资本主义社会会忙不迭地谴责那些质疑其金科玉律的人;那些敢于藐视资本主义规则的人很快就会败下阵来,为经济发展的稳步前进所折服。然而,这些市场经济的异见者从未遭到彻底的抛弃。情况恰恰相反:这些异见者被他们声称要回避的市场所接纳。把他们的热情说成是与无情的市场力量相对抗,有点抬举这些热情人士了——他们自诩为斗士,与顽固的资本主义机器进行高尚的斗争。但事实要复杂得多——也有趣得多。

宣称"热情比利润更重要"已经成为一种有利可图的做法。英国《金融时报》(Financial Times)在一篇文章中引用了上述公司创始人的话,对金钱和投资者嗤之以鼻,文章总结道:"建立一个全球知名的(品牌),最好的办法似乎是压根就不要考虑这件事。"这份业界知名的刊物还告诉读者,今天的消费者"青睐品质有保障的品牌……最好小众点,越小众越好"。麦肯锡公司(McKinsey)在一份报告中对全球企业巨头提出忠告,尽管人们普遍认为"歌利亚(Goliath)最终会打败大卫(David)"[①],但今时不同往日:"在当今世界,做大规模本身并不能保证吸引消费

---

[①] 歌利亚和大卫都是《圣经》里的人物。歌利亚是巨人,常用来比喻"强大的人或物";大卫是个小孩子,用来比喻"弱小的人或物"。但在《圣经》中,大卫最终打败了歌利亚,因此这个比喻本身就有明暗两条线。——译者注

者——因此歌利亚必须找到它们内在的大卫。"麦肯锡公司的报告并未说明这种做法有多么令人担忧：歌利亚的扮演者最好令人信服，因为市场会迅速惩罚任何虚伪做作的暗示。

"热情比利润更重要"的戏码屡见不鲜。这不过是资本主义核心价值的老调重弹，反映的还是长久以来人们对无私行为的情有独钟。我将在本书中阐明，长期以来，市场最信任的一直是那些不认同市场价值的人。并且，由于信誉在任何市场体制中都是最宝贵的资产，那些和市场唱反调的人往往都发展得不错，尽管这并非他们所愿。

美国最早的资本家，17世纪清教徒的后裔，尤其属于那些不情愿的资本家（reluctant capitalist）。他们追求的不是利润，而是一种神圣的"召命"（calling）。尽管他们的初衷纯粹是宗教性的，但还是获得了物质上的成功。无独有偶，19世纪一小撮乌托邦式的公社及其在20世纪60年代的嬉皮士继承者都同样不遗余力地反对资产资本主义①（bourgeois capitalism），后来却摇身一变创办了欣欣向荣的商业企业，这似乎违背了他们的初心。他们之所以在商业上蒸蒸日上，是因为与他们打交道的人相信他们根本不在乎挣不挣钱。今天，世界上最有远见、增长最快的企业吸取了这

---

① 又称"资产阶级资本主义"，对应的概念是"封建资本主义"。——译者注

些经验教训，把自己塑造成充满热情、无私的乌托邦主义者——自我标榜"改变世界""建立全球社区""为爱奉献"等，唯独不图钱。但他们这样做反而发了大财。

这并不意味着只要热爱就能成功。有无数痴迷的企业家、艺术家、学者和圣人在他们的事业上埋头苦干，不求名利，自始至终都默默无闻。事实上，本书所要表达的一个意思是，我们应该期待未来有越来越多这样充满热情的人。因此，对市场回报漠不关心并不足以保证在市场上取得成功，但这会日益成为一个不可或缺的条件。在以利己主义为前提的发达经济体中，成功的市场参与者再也不能仅仅追求实现一己之私。

在某些市场环境中，人们长期以来一直期望回避市场原则。2018年10月，英国街头艺术家班克西（Banksy）成功玩了一个让人眼前一亮的花招，他把自己的职业生涯押在蔑视艺术市场上。在苏富比（Sotheby）拍卖行以140万美元的价格售出自己的一幅画后，他成功地将一台碎纸机秘密地装在了画框中，导致画作的一部分被切碎。这种对市场力量赤裸裸的攻击显然是有市场的，因此有观察人士怀疑苏富比的高管也在暗中参与。这一残缺不全的画作当前的市场价值已经远远高于被切碎前，以这种令人惊叹的方式表达对市场原则的轻蔑反而提高了它的价值。事实上，要不是因为外界一直怀疑苏富比也牵涉其中，这幅画的价格还会更高——微弱的商业计算气息限制了这种漠不关心的态度所能产生的溢价空间。如果班克西有意最大限度地提高其画作的价值，那他此举堪称神机妙算；但倘若他公开表示这样做就是为了涨价，那么将竹篮打水一场空。

这引发了一个小小的难题：哪怕只是看起来动机不纯的人，也将功亏一篑。事实证明，陷入两难的不只是那些想要玩弄艺术市场的英国街头艺术家，这一悖论在越来越多的市场环境中冒了出来。就像艺术家看似不讨喜的行为反而会受欢迎一样，我们的意图似乎阻碍了目标的实现。我们的决心越大、越显而易见，效果似乎越差。但如果无私的行为能获得最大的回报，那么追求一己之私的人该如何是好？

## 一个反复出现的悖论

市场参与者宣称"热情比利润更重要"的做法不过是更广泛现象的一个例子罢了。许多我们最看中的东西正变得越来越难以通过工具性手段来实现。而这一转变完全在意料之内。事实上，这是任何发达社会在经济发展过程中都无法避免的一环。

例子屡见不鲜，有的平淡无奇，有的引起轩然大波。那些追名逐利的人最有可能一败涂地；他们的努力无所遁藏，反而搬石头砸了自己的脚。新贵往往被旧富揭穿，是因为新贵总是用力过猛而被旧富发现了破绽；送礼者可以影响接收者的想法，提升自己的形象，但前提是这种意图表现得不太明显；最好的祝酒词是那些听起来就像是即兴发挥的祝酒词；那些过于贪位慕禄的政客反而容易保不住职位。柏拉图认为，最好的统治者是那些无意统治但形势所迫不得不就任的统治者。无论采取何种伪装，诱惑的把戏通常会将努力掩饰起来而非公之于众。我将在接下来的章节中说明，这些五花八门的语境中有一个共同的解释，即对信誉的关注。这些宝贵的目标之所以能避开刻意的努力，主要是因为我们都逐渐练就了精于世故的社交声呐，能够仔细审视彼此的意图。在这些情况下，只有那些对自身利益视而不见，追求更高、更基本需求的人才能获得他人信赖。

这种意图悖论只会变得越来越普遍。随着社会变得越来越富足，人们自然会把视线从人身安全和物质舒适等目标上移开，转而去关注那些与工具主义背道而驰的事物。个人最关心的事物越来越难以被计划、掌握或捕捉到，只能在惊鸿一瞥中妙手偶得、顺水推舟。这带来了一个问题，虽然发达社会擅长做计划和掌握机会，但并不擅长妙手偶得。

发达社会推崇以工具主义的态度生活。正如我在整本书中所说，我们生活在一个盛行结果主义[①]（consequentialist）的世界中，

---

[①] 又称结果论，是伦理学中的一个重要学说，主张道德判断应基于行为的结果，而非行为背后的意图；与强调绝对道德原则的绝对主义形成了鲜明对比。结果论的一个重要表现形式就是功利主义。——译者注

这是 18 世纪启蒙运动留给我们的遗产，经由 19 世纪一种特殊的功利主义世界观的折射，受到 20 世纪新古典主义经济学假设的冲击，在 21 世纪与流行管理见解和新时代（New Age）信条的结合后变得通俗易懂。我们为意志、决心和努力摇旗呐喊。我们制定目标，然后努力实现目标。我们紧盯着奖品不放。

这种理智传统对我们很有帮助。它不仅为巨大的经济增长做出了贡献，而且为扩大个人自由提供了一系列有力的论据。即使在遭遇新冠疫情之后，我们的社会仍然是富有、健康、安全的。那么，为何我们会沦落至此，无计可施？好像好运乍然出现，又转瞬即逝？扪心自问，如果我们有幸生活在一个富足的世界里，如果我们的消费只受到欲望的限制（而欲望仍在不断扩张），如果我们只要掏出口袋里的手机、查看我们想要的任何信息就能立刻满足我们的好奇心，为什么我们似乎还是不满足？

为什么发达经济体的工作时长还在增加，并且休闲的时间和质量在不断下滑？为什么这对我们这个幸运的社会里最幸运的那批人（明明他们能够享受休闲时光）来说尤其如此？为什么不同财富阶层的焦虑程度都在上升？为什么这些趋势在我教的这一代本科生年轻人中最为明显？那些被效用最大化的人（读太多书、暴饮暴食和超前消费的人）仍然不知道该追求什么以及如何实现目标，面对这种情况，我们该停下来反思。

面对那些埋头苦干也无法实现的目标，迄今为止行之有效的方式突然失灵了。最初的商业社会（commercial society）理论家们意识到了这一点：他们从未将资本主义本身视为目的，而只是将其视为推进人类迈向更高目标的一剂灵丹妙药。商业社会仍然可以实现这一目标，只要我们让其回归最初的工具属性。如果繁荣能够提高人的能动性，允许个人全面发展，那么繁荣仍将是非常令人向往的。

这并不是说当前我们对经济繁荣的展望特别乐观。我们仍处在新冠疫情的余震中，疫情带来的不同程度的冲击让人们注意到了原本就存在的不平等。复苏的过程将是漫长的，而且在这个过程中我们将不得不应对迫在眉睫的全球减排。

我们将根据新冠疫情之前的状况来衡量经济复苏的成功与否，但疫情之前的世界本就已经背上了一箩筐的社会经济问题。美国的劳动力参与率处于半个世纪以来的最低水平，人们担心自动化的普及可能会进一步降低所有发达经济体的劳动力参与率，而新冠疫情已经加快了这一趋势。不平等已经成为一个突出的问题，对过去经济危机的研究表明，在未来几年里，不平等只会先加剧然后再缩小。最近的大规模示威活动突显了这种不平等是如何与种族和社会分裂交织在一起的，这种交织延续了历史上的不平等现象，意味着机会的分配仍然不均衡。

所有这些情况都可能被视为关注国内[①]紧急情况的理由，并

---

① 这里指美国。——译者注

将我们所有的注意力集中在那些迫在眉睫的问题上。增加就业，促进增长，加强韧性。然而，这本书不断强调一个主题，即当社会目标似乎突然变得遥不可及时，思想家和作家应该如何频繁地提出疑问。

20世纪30年代，当世界正滑向大萧条时，经济学家约翰·梅纳德·凯恩斯（John Maynard Keynes）不禁思考，我们能否应对稀缺问题彻底解决后出现的挑战，届时我们将不得不面对"我们真正的问题——生活和人际关系、创造和行为以及宗教的问题"。两年后，随着全球失业率达到顶峰，经济大萧条达到了谷底，哲学家伯特兰·罗素（Bertrand Russell）找到了质疑他所看到的工具主义思维的机会，他观察到"现代人觉得做任何事都应当另有目的，却从未想过做这件事本身便是目的"。[①] 而在另一场全球危机之后，当欧洲正从第二次世界大战后的物质和道德灾难中恢复时，哲学家约瑟夫·皮珀（Josef Pieper）警告人们要抵制"自杀式的不眠不休工作狂热"。他试图提醒他自己和他的读者，"我们闲不下来，目的就是为了能悠闲"。[②]

我们发现自己再一次处于这种动荡不安的时刻，这让人们

---

[①] 译文参考《赞美闲散》，湖南文艺出版社，仝欣译。下文同。——译者注

[②] 译文参考皮珀的《闲暇：文化的基础》，新星出版社，刘森尧译。下文同。文中进一步解释，这里的"闲不下来"不仅指工作的忙碌状态，也指工作本身。——译者注

对长期以来的假设产生了质疑。正是在这个重建和不确定性的时刻，当我们走出各自自我隔离的一亩三分地时，重新评估长期社会目标可能恰逢其时。经济困境的时刻往往也引起人们对集体价值观的质疑。当我们思考解决当务之急的最佳方式时，也应该重新思考我们的最高抱负究竟是什么：我们如何理解"生命的真正价值"，以及我们目前的努力是否是实现这些价值的最佳手段。

我们是在用19世纪工业时代发展起来的手段，来实现21世纪后工业时代的愿望。这样一来，我们正在遭遇一心追求个人利益所能达到的极限。在越来越多的情况下，要想进一步追求利益，我们得暂停默认的利己主义的做法。这就要求我们从根本上调整实现目标的方式。

这种思维的转变人人有责，但又不仅仅取决于个人。这有赖于一套适当的社会制度。跳出严格的工具主义世界观本身就有风险，作为回应，政府可以通过提供能够覆盖下行风险的社会保险政策来发挥具体作用。从医疗卫生到薪酬保障制度，这些寻常的公共政策对于个人的顿悟可能至关重要。自我改革取决于社会改革，而社会改革取决于推动改革的人。这种思维的转变归根结底是一个政治工程。

我们越来越发现自己的立场与英国街头艺术家不谋而合，艺术市场的激励机制本身就是冲突的：要想取得成功，我们必须让其他人相信醉翁之意不在酒。但市场可没那么好糊弄。事实上，这实在太难了，可能只有真正无私的人才能成功。要想说服他人，或许得先说服自己。

本书讲述的就是这个悖论的故事。19世纪初，一群思想家不可思议地意识到了这一悖论，在接下来的两个世纪里，哲学家、神学家、心理学家、小说家、经济学家和政治学家连篇累牍地讨论这个话题，推动其发展。人们达成了共识：无私是有回报的，但只有那些看起来真正无私的人才能获得回报。这使利己主义陷入困境。本书讨论的正是这个困境。

# 第一章

## 危机与转变

秋天是伦敦一年之中最阴郁的季节。19世纪20年代，当时的情况更可怕：新建的工厂向天空喷出硫黄烟雾，并将废物排入泰晤士河（Thames）。廉价煤炭的燃烧使城市都笼罩在煤烟之中。伦敦像豆汤似的浓雾在11月最严重，深秋的冷空气把城市的排放物牢牢地笼罩了起来。19世纪上半叶也是英国社会和政治发生巨大变化的时刻。工业革命接近最高潮，伦敦很快成为世界上最大的城市。此起彼伏的社会运动开始质疑接受贵族和教会这两大权力支柱。人们开始怀疑大英帝国（British Empire）与其殖民地的关系。从印度进口的廉价商品威胁到国内的制造商，英国工人要求禁止所有外国商品。

在这漫天笼罩的烟雾和铺天盖地的动荡中，一个在家接受教育的英国人精神崩溃了，他的名字叫约翰。这场危机在约翰的余生挥之不去。半个世纪后，当他在垂暮之年回顾这场危机时，当时的感受仍历历在目，他说一开始是一种任何人都可能偶尔陷入的"迟钝的神经状态"。"当一个人陷入这种情绪时，平常能带来快乐的事物会变得乏味和无关紧要。"

约翰尝试用理性让自己走出这个死胡同。他的头脑异常敏锐，从小就被教导要通过问题进行理性思考。但在这种情况下，反省似乎只会使问题恶化。他后来写道："我越思考，越觉得没有希望。"秋去冬来，到了1827年年初，约翰仍饱受病痛之苦。他失去了一切求生的动力。他满脑子尽是忧郁的想法。展望未来时，他不知道自己在这种状态下还能坚持多久："我觉得我可能熬不到下一年。"

如果换一种情况，约翰可能会向他亲近的父亲求助。但他的父亲实际上是问题的一部分，约翰表示"他宁可向别人求助……也不会找自己的父亲"。事实上，在约翰看来，他内心的绝望本身就证明了他父亲的宏伟计划"无法挽回地"失败了。

换作是在今天，医生很快就能给这个二十岁的年轻人下诊断。比如，给他开一些治疗焦虑、失眠和抑郁症的药物。但是在19世纪20年代，距离电报的问世还有十几年，当时约翰并未得到有效的治疗。但这并不意味着他放弃治疗了：他不断地回想起莎士比亚的一句台词，麦克白抱怨医生在处理存在主义的悲观情绪时束手无策。麦克白徒劳地恳求自己的医生给他一些"解药"：

> 你难道不能诊治一个病态的心理……
> 用一种使人忘却一切的甘美的药剂，
> 把那堆满在胸间，
> 重压在心头的积毒清扫干净吗？[①]

---

[①] 译文参考译林出版社《麦克白》朱生豪译本。——译者注

约翰知道医生怎么回答的,现在这句话就像一个忧郁的判决降临到他身上:"那还是要仰仗患者自己设法的。"尽管在面对微积分、逻辑或形而上学的问题时他的聪明才智源源不断,但现在却无计可施。

约翰曾是一个天才儿童。他没有在学校接受常规教育,在大多数男孩还在玩玩具卡车的年纪,他就已经开始接受希腊和拉丁经典的陶冶。八岁的时候,他阅读柏拉图的对话、索福克勒斯(Sophoclēs)的戏剧和修昔底德(Thucydidēs)的历史,而且都是希腊原文。十三岁的时候,他掌握了牛顿的理论,以及新兴经济学领域的最新成果。十六岁的时候,他在英国报纸上陈述了自己的政策思想。二十多岁的时候,他在政府中谋得了一个令人垂涎的职位,成立了两个蓬勃发展的辩论会,被委托编辑他那个时代主要哲学家的著作,还从事德语研究作为副业。总的来说,当他精神崩溃时,他很可能是英国最家喻户晓的青年才俊。这也是造成他崩溃的原因之一。他从小被灌输的都是理性、逻辑和分析,当他迎面撞上难以理解的黑暗的精神迷惘时,他感到束手无策。

他扎入书堆寻求治愈方法,尽管那些书与他父亲教授他的经世之学完全不是一回事。最终,约翰在一群当代浪漫主义诗人的作品中找到了慰藉。通过这些浪漫主义者的言语,他得以理解自己的失意状态。他阅读了诗人威廉·华兹华斯(William Wordsworth)——英国浪漫主义运动的创始人之一——的作品,事实证明那正是"在那个特定的时刻,我需要的东西"。在某种程度上,打动他的是华兹华斯对外在美的描绘,尤其是对山脉的崇敬,约翰在十几岁时徒步穿越比利牛斯山脉①(Pyrénées)时就爱上了山脉。但最重要的是华兹华斯承认情感(feeling)的正当性。对一个在理性和分析的浸润中长大的年轻人来说,这只是一个小小的新发现。华兹华斯的诗歌向他展示了一整套全新的视野。"我似乎从他们的诗歌中学到,当生活中所有的大奸大恶都得到匡正之后,什么才是幸福的永恒源泉。"在约翰长大成人的过程中,他身边的人只关心如何通过精心设计的社会政策来兴利除害。现在他意识到,除了解决生活中的物质障碍,人生还必须有更宏大、更难以企及的目的,他的这一观点在阅读华兹华斯作品的过程中得到了印证。

最终,约翰所谓的这剂"华兹华斯的药方"开始发挥药效。他在其中找到了"内心喜悦之源"。内心的阴郁开始一点一点地散去,他逐渐重返工作岗位,"为我的信仰和公共利益"而奋斗。最终,他成功地实现了自己的"天命",成为19世纪英国最伟大的哲学家,这远远超出了他父亲的期望。

说到这儿,读者可能已经知道他是谁了。这个故事里的约翰就是约翰·斯图尔特·穆勒(John Stuart Mill)。但在揭开约

---

① 欧洲西南部山脉,是法国和西班牙的界山。——译者注

翰·斯图尔特·穆勒的著名哲学家身份之前，我们有理由先讨论二十岁的约翰，那个在伦敦漫天大雾的季节里迷失在临床抑郁症阴霾中的青年。因为这一经历，穆勒拿来一套现成的联想。和启蒙运动传统中的许多思想家一样，他也没有得到历史公正的对待。正如亚当·斯密被曲解成贪婪的鼓吹者，成为"看不见的手"的代名词一样（这并非他的主要思想，而且遭到了曲解），穆勒也被描绘成一个永远精于计算、理性至上的人。他并不是功利主义的热情拥护者，根据功利主义的理论，我们所有的行为要么具有积极的价值，要么具有消极的价值，正因为有这一套评估体系，我们才能最大限度地提高人类的整体幸福感。

但穆勒并非一个没有热情的人。这个二十岁的天才经历过功利主义的折磨，过早地看到了这一理论的局限性，并感受过切肤之痛。他的童年里有很长一段时间都在进行效用最大化的实验，到了1826年的秋天，他清楚地意识到，这个实验的进展并没有像计划那样顺利。约翰·斯图尔特·穆勒并没有成为一个没有感情的政策专家，反而变成一个彻头彻尾的颠覆性角色，其转变的方式对我们所处的时代有着独特的意义。

生活在发达市场经济社会的我们正在经历一种不适，这种不适与约翰·斯图尔特·穆勒作为功利主义实验的失败品所经历的危机有着奇怪的相似之处。二者问题的根源如此密切相关绝非巧合：在许多层面上，19世纪的"功利主义"工程正在交接到我们手上。经济学学科吸纳了其关键原则,随着经济学从"忧郁的科学"变成我们分析社会问题的主流视角,我们已经将这些功利主义原则内化为个人原则,并将其应用于我们的日常生活中。

当我们追求"顶峰体验"①(peak experience)或投资于"自我照顾"②(self-care)时;当我们恳求自己摒弃负面情绪,采取"正向思考"(think positively)时;当我们记录步数,服用维生素保持健康时……简而言之,当我们行使与生俱来的权利寻找幸福的钥匙时,我们依然在践行19世纪启蒙运动的一种愿景,而约翰·斯图尔特·穆勒正是在这样一种愿景中被抚养长大的。

从许多方面来说,通过采取基于最大化增长和社会改良的科学政策方法,西方社会已经兑现了功利主义原则的承诺。在功利主义的世界观下我们摒弃诸多社会偏见,这值得肯定。功利主义为摒弃棘手和过时的教条、扩大自由提供了一系列有力的论据。每一次进步都是在权衡历史上给一些群体强加的不平等,审视以模糊的道德为名盲目坚持旧的行为方式。在从国际贸易到再分配税收等问题上,功利主义的方式也促使人们抵抗住一小撮利益集团的压力,选择有利于提升总体福利的经济政策。

---

① 心理学术语,一种狂喜、惊奇、敬畏以及失去时空的情绪感受。马斯洛用来描述人们达到自我实现时的片刻体验。——译者注
② 全科医学名词,指个体为维持生命和健康而需自己采取的、连续的、按一定形式进行的行动。——译者注

这孕育了历史上最自由、最富裕的社会。但那种说不清道不明的不适感依然存在。尽管社会效益得到了最大化，但我们仍普遍感觉到一种不尽如人意的感觉。是的，我们可能在社会和经济改革方面兑现了功利主义方法的承诺，但我们还未回应穆勒自己对功利主义方法局限性的真知灼见。

约翰·斯图尔特·穆勒在精神崩溃之后产生的真知灼见在他的余生不断回响。然而在他的一生中，他并没有多少时间进行沉思和反思，反而把大部分时间花在连篇累牍地讨论具体的政策问题上。比如遗产税、自由贸易、政府监管、经济再分配、社会平等、公共教育、女性权利、环境破坏、殖民主义等。后来的历史证明，作为一位19世纪的思想家，约翰·斯图尔特·穆勒经常出乎意料地站在了正确的一边。作家亚当·戈普尼克（Adam Gopnik）研究了穆勒探讨的一系列社会问题，他写道："难得的是，他对事情的判断总是正确的。"

别忘了，当时英国的工业化伴随着艰辛和不平等。狄更斯笔下的那种都市环境还未出现。回到1842年，彼时穆勒正值壮年，一项禁止在地下矿雇佣女孩和10岁以下男孩的法律获得通过，这对社会改革派来说无疑是一个重大胜利。当孩子们还在煤矿里辛苦工作时，他们却在大谈社会和公民个人的最高抱负，这显得很不合时宜。

然而，约翰·斯图尔特·穆勒在生前参与的所有政策辩论中，始终对社会最终目的念念不忘，年轻时的那场危机给他留下了难以磨灭的印记。从他关于经济再分配的著作到他关于公共教育的工作，他不断追问自己："解决眼下燃眉之急的手段到最后是否会与解决这些问题的根本原因相冲突？"

今天，诸如经济不确定性和不平等日益扩大等挑战看起来是这么的复杂和艰巨，解决这些挑战本身似乎就是目的。我们可能会说，先专心解决眼下的问题，以后的事以后再说，这听起来也很合理。但是，我们必须提醒自己，如果我们追求一个更繁荣或更平等的世界，那么这只是实现其他目标的手段——这是因为我们认为经济的繁荣和平等有利于推动实现一系列值得人类追求的目的。这些目的是什么？约翰·斯图尔特·穆勒的答案来自"华兹华斯的药方"，这一答案最终缓解了他那段时间的"失意"。他开始将最大限度地提高每个人培养人类潜能的能力视为社会制度的最终目标。他开始相信自我改革就是这个目标，而社会改革是其前提条件。可以毫不夸张地说，穆勒对自我发展（包括对他自己和他人的自我发展）思想的升华，成为西方自由主义工程的基础。今天，我们应该重新提出一个问题：我们真正想要最大限度提高的是什么？我们目前的手段是否仍然是最合适的手段？

就像年轻时的穆勒，我们发现自己正在为自己的不适感寻找某种"解药"。而正如麦克白的医生所坦言的，没有什么简单的治疗方法：我们必须仰仗我们自己。在穆勒成为英国最著名的思想家之前，这个二十岁的年轻人可能比他之前的任何人做得都更多，才能总结出所有发达社会最终会面临的问题。穆勒指出一个难以解决的悖论，这个悖论困扰了他一生，直到最后都未能完全解决，这个悖论就是：充分提高社会效用这个目标与实现它的最佳手段之间存在固有的冲突。他认识到要想实现我们最珍视的目标，最好不要直截了当地去追求。本书就试图重新探讨这个悖论。这能给我们带来一些意想不到的经验教训，不仅能启发我们对社会制度的改革，也能启发我们对自己的改革。

## 危机的起源

尽管有点事后诸葛亮，但约翰·斯图尔特·穆勒的精神崩溃似乎是注定会发生的。他的一位传记作者在罗列了他那一年里令人难以置信的成就之后表示，"不出所料，惩罚紧随其后"。尽管穆勒的精神危机几乎发生在两个世纪之前，但给我的感觉和21世纪的危机如出一辙。这不都是源于父母的望子成龙、社会的绩效压力以及存在主义式的迷失吗？我看到我班上一些成绩最好的学生在熬了太多通宵之后也经历了类似的折磨。在一个过度劳累、焦虑和自我怀疑与日俱增的时代，我们简直太理解穆勒的绝望了。

作为一个孩子，约翰一直在全速运转。他的日常作息足以让今天精神最紧绷的直升机父母①都羡慕不已。所做的一切都是为了发展他的思考能力。就对身体的照料而言，他的作息遵循一种传统的方式，这种方式能够保持身体足够健康以便进一步投入精力开发智力。

正如穆勒十四岁时的一份日程表中所描述的那样，一般来说，他早上5点起床，新的一天从晨泳开始，然后在吃早饭之前一直上法语课，早饭后学习音乐理论，然后继续上法语课。接着学习希腊语、拉丁语、数学、逻辑学和政治经济学。下午晚些时候开始上音乐课，然后练骑马练到6点，练击剑练到7点，接着跳舞跳到8点半。晚上则是他进行个人研究的时间。当天约翰不小心把这份日程表寄给了他父亲，其中还夹着一份对寡头垄断竞争中的规模经济的颂歌——《关于大型房地产对商业利益的讨论》。

这一教育计划正是约翰的父亲詹姆斯·穆勒（James Mill）一手策划的，他本人便是一位德高望重的哲学家。当时英国正在经历社会动荡和百家争鸣的混乱，而穆勒家族恰恰处于这场新社会思想发酵的中心。詹姆斯·穆勒当时属于哲学激进论者②

---

① 指的是某些"望子成龙""望女成凤"心切的父母过度干涉孩子的生活，就像直升机一样盘旋在孩子的上空，时时刻刻监督着孩子的一举一动。——译者注
② 拥护边沁主义哲学，核心是功利主义，包括两大基本原理：功利原理（或最大幸福原理）和自利选择原理。——译者注

（Philosophical Radicals）这个松散团体的一员，该团体拒绝英国圣公会①（Anglican Church）和贵族农业主义，呼吁进行全面的社会改革。

人们常说，我们都是启蒙运动的孩子。但没有人比年轻时的穆勒更能当之无愧地担起这个称号。他师从各个领域的杰出专家学习古典文学、植物学和动物学等。然而，他对新型经济学领域的涉猎才是最值得称道的。大卫·李嘉图（David Ricardo）是詹姆斯·穆勒的好友，他提出了比较优势理论，毫无疑问是他那个时代最伟大的经济学家——当时，经济学在大学还不是一个独立的学科。十三岁的时候，穆勒开始认真研读李嘉图的鸿篇巨制《政治经济学及赋税原理》（On the Principles of Political Economy and Taxation）。当时，这本书已出版两年，但还没有面向学生的普及版或摘要，因此詹姆斯·穆勒在每天和儿子散步的时候分析书中的观点，并要求约翰在第二天对这些边走边进行的讲课内容提交书面总结。然后，约翰被要求一遍又一遍地重写这些摘要，这些摘要成为詹姆斯·穆勒自己的主要论文《政治经济学要义》（Elements of Political Economy）的基础。

在 19 世纪 20 年代，李嘉图处理的经济问题是每个人心中的

---

① 又称"安立甘教会"，是基督教新教三个原始宗派之一，也是带有盎格鲁-撒克逊人礼仪传统的宗徒继承教会。——译者注

头等大事。面对其一手推动的全球经济开放,英国对其结果产生新一轮的质疑。当代一位作家写道,在那个时代,自由贸易问题是"仅次于宗教改革问题和宗教自由问题的,有史以来由人类决定的最重要的问题"。这一问题远远超出了贸易壁垒的范畴。事实证明,这一政策取向对支持保护主义的地主士绅以及英国日益壮大的、寻求获得外国商品的消费者阶层的社会地位起到了决定性作用。通过经济学的棱镜,人们重新提出了"应该如何管理社会"这个基本问题。二十年后,经济学家在英国历史上首次对国家政策留下了浓墨重彩的一笔:《谷物法》(*Corn Laws*)退出历史舞台,对外国商品的关税被取消了,英国明确地确立了其在全球经济的中心地位,稳坐第一把交椅直到第一次世界大战。在这些辩论中,穆勒的优势在这个国家无人能望其项背。对他而言,经济学这门新生的语言就像是母语一样。

然而,到目前为止,对约翰·斯图尔特·穆勒的童年影响最大的知识分子是杰里米·边沁(Jeremy Bentham),他是功利主义的创始人。詹姆斯·穆勒比边沁年轻二十五岁,他自豪地宣称自己是边沁的追随者。约翰三岁的时候,他父亲就把他介绍给边沁认识。边沁小时候也是个神童,六岁的时候就掌握了希腊语和拉丁语经典著作。这个小男孩立刻就引起了他的兴趣。后来,在生了一场病之后,应詹姆斯·穆勒的请求,边沁成为约翰的教父(当然是以世俗的方式),承诺如詹姆斯遭遇不测,他将代替詹姆斯负责约翰的教育。

功利主义者公开反对公认的宗教教条，然而当约翰长到二十岁的时候，他开始意识到他们自己的思想是多么的教条化。作为一个年轻的边沁主义者（Benthamite），他在一个高压的环境下长大，周围环绕着观点高度统一的知识分子，他后来写道："我从小就被灌输一种特殊的认知，这种影响比任何人都要根深蒂固。"

这种高压和偏狭都是有意而为之的。约翰·斯图尔特·穆勒的父亲不仅拥护功利主义的观点，还身体力行。[①] 在詹姆斯·穆勒看来，约翰的成长是他的聪明才智最伟大的成果。和那些时不时雄心勃勃的父母一样，他也试图通过天资聪慧的儿子的成就来弥补自己的缺点。由于他自己未能在议会中获得席位，因此他希望控制儿子的政治生涯，以此来发挥自己的影响力。

詹姆斯·穆勒对于如何实现这个目标有自己的一套想法。他对教育学的信仰以洛克（Locke）的认识论为基础，都发表在当时的《不列颠百科全书》（Encyclopedia Britannica）上。在他看

---

① 一位当代的观察者把詹姆斯·穆勒描述为"功利主义人物的典型，几乎到了夸张的地步：他白手起家、独当一面，有男子气概，头脑清醒，不受任何的感情（尤其是爱情）的影响"。另一个人形容他"苛刻、严厉、多疑"。尽管詹姆斯·穆勒致力于减轻普罗大众的痛苦，但这似乎并非出自他对同胞的爱。正如边沁自己所言，"与其说他爱那些受苦受难的同胞，不如说他痛恨那一小撮统治者"。参考：Fox, Caroline 1882, Memories of Old Friends, Being Extracts from the Journals and Letters of Caroline Fox, H. N. Pym, Vol. I, p. 113.

来，孩子的教育是可以优化的，就像当时全国各地的工厂都在优化产量那样。孩子一开始就像一个空杯，这个空杯应该装满理性、事实和论据。至于孩子到底能装下多少，将由年幼的约翰来进行试验。于是有了那些希腊语、拉丁语、形而上学和政治经济学课程。约翰的读物和玩伴都是他父亲精心安排的。也难怪这个杯子在装满水之后，最终爆裂了。

如果要为詹姆斯·穆勒做什么辩护的话，只能说他是个忠实的信徒。为了社会的更大利益，他把长子培养成为一位伟大的思想家和改革者。在边沁主义者看来，个人行为的价值取决于其行为对社会整体效用的贡献。一个被悉心培养的孩子能够对社会做出最大的贡献，进而会增进整体的幸福感。

詹姆斯·穆勒对功利主义这剂"仙丹"照单全收，而约翰则在小小年纪就被灌输这些思想。正因此，约翰在二十岁的时候选择过上"双重生活"，因为他害怕自己患上抑郁症这件事会冒犯到父亲对世界的理解。但是，既然功利主义是一种以"最大幸福"为标准的意识形态，那么为什么把它照搬到生活中却会造成这种痛苦呢？这剂"仙丹"到底有何乾坤？

## 功利主义的"仙丹"

功利主义令人难以抗拒。它以成果为导向，只看结果：如果某一个行为能够带来想要的后果，那么这个行为就是可取的。幸福、喜悦、满足……人们所希望的一切都被归入单一的类别，即效用。我记得有一位澳大利亚经济学教授曾经在一次演讲中把效用这个首要概念称为"快乐"（jollies），他的澳大利亚口音很重。我们都想获得更多快乐，你可以按照你的方式定义快乐。这个核心概念的包罗万象正是功利主义最天才的地方。

正如杰里米·边沁所言，"所谓效用，指的是任何目标（object）都具有的属性，该属性能产生福利、好处、快乐、善或幸福（所有这些在这里都是一回事）"。所有行为的善恶都能用同一标准来衡量：凡是善的（the good），我们都想增加；凡是恶的（the bad），我们都想减少。因此我们想要避免的"伤害、痛苦、邪恶或不快乐……也都是一回事"。在一天结束的时候，我们把每个人的快乐加起来，就能得出共同善（the common good）。我们的社会使命就是最大限度地提高社会善。立法者的角色在于确保每个人的行为都是为了提高自己的快乐，从而增加整个社会的快乐，边沁对此花了大量笔墨来讨论。

边沁主义者对道德推理持怀疑态度。行为本质上并无好坏之分，好与坏都是间接的，即要么产生好的影响，要么产生坏的影响。道德是偏见和成见的产物。边沁自己对同性恋的看法就很能说明问题。他承认，有些人对同性恋的行为很反感；但由于他们自己并非直接相关人士，因此他们对此事的感受无关紧要："这种行为顶多也就是招人讨厌、引发不快，但这不是同性恋者的感受，他们做出这些行为是因为能得到快乐，反而是那些想起这件事的人会义愤填膺。可话说回来，又关他们什么事呢？"

因此，作为在1785年英国的异类，边沁主张将同性恋合法化，理由是禁止同性恋容易引起虚假诉讼和敲诈勒索。无独有偶，从社会效用的角度出发，边沁主义者还主张政教分离，明确反对体罚和死刑的立场，同时为扩大女性权利摇旗呐喊。① 他们在推动英国通过最早一批劳工法方面发挥了重要作用，尤其是那些针对监管童工的法律。这也意味着边沁主义者是永远的改革者——没有什么法律可以永久不变，因为法律的后果一直在变，因此需要不断地重新评估。"效用"概念这种简单明了、逻辑严谨、包罗万象的性质吸引了年轻的穆勒。用他自己的话说，边沁主义者为他提供了一套足以为其奋斗终生的思想。这套思想给他带来"一种观点、一种学说、一种哲学；甚至从某种（最好的）意义上来说，一种宗教"。他学得很快，很早就确立了信仰。十六岁时，穆勒成立了功利主义学会（Utilitarian Society），该学会对于"功利主义"（Utilitarianism）一词的普及功不可没。

---

① 当然，功利主义只支持那些他们预测能给社会带来好的影响的政策。这也暗示了边沁备受争议的关于"无所不知的监狱"的想法（"某种看不见的全能存有"）。尽管如此，这种圆形监狱的设计旨在鼓励囚犯自我监督。[杰里米·边沁，《圆形监狱或监察所》（*Panopticon, or The Inspection House*），1791年，Thomas Byrne出版。]

今天，经济学在很大程度上仍未摈弃青年穆勒对效用的迷恋，并将其作为整合整个经济学体系的"基石"。经济学作为"一种学说、一种信条、一种哲学"，仍与穆勒最初作为其指导原则的经济学大同小异。① 边沁主义中"效用"概念的优势以及其被经济学所接受的主要原因在于，它并未规定哪些属于人的欲望，但这也可能是它的问题所在。

我必须承认我也无法完全抵挡"效用"一词的魅力。直到最近，当一个学生在课上问我（他们经常提问），个人除了追求效用的最大化外是否就没有别的目标了，我很快做出了传统的回应：效用的妙处恰恰在于它可以迎合人们认为值得追求的任何理想目的：既包括麦克豪宅②（McMansion）、金表、跑车，也包括用于创造性追求的休闲、友谊的培养，或与家人共度的时光。只要稍作调整，效用的概念也能用于解释利他主义动机，从而使他人的

---

① 从边沁主义的"效用"到新古典主义经济学对"效用"的定义的一个显著转变是，任何目标都具有的能产生福利或使其自身获益的属性瓦解了。在经济学的常用用法中，个人效用指的是个人的利益或幸福，而非个人产生利益或幸福的倾向。约翰·斯图尔特·穆勒本人开始推动这两种含义在功利主义的框架内相互渗透。今天，即使哲学也逐渐采用经济学对"效用"的定义，但是一些哲学家反对这一趋势，理由是经济学中定义的"效用"过于宽泛和模糊。参考约翰·布鲁姆（John Broome），1991年，"效用"，《经济与哲学》（Economics and Philosophy），7（1–12），5："模棱两可不可容忍（The ambiguity is intolerable）"。

② 又称"巨无霸豪宅"，是指宽敞但简陋的炫耀性的房子，20世纪90年代在美国郊区兴起。——译者注

效用为己所用。我还是得说，这个概念的美妙之处在于它无所不包。任何人认为值得追求的事物概莫能外。因此，个人和社会所向往的所有事物都可以用一个共同的概念一言以蔽之，然后添加进同一个最大化方程式中。然而，随着时间的推移，并且在很大程度上得益于约翰·斯图尔特·穆勒对这个问题的思考，我逐渐认为，这种无所不包的性质对这一概念的负面影响可能比人们普遍认为的更深远。

## 一种新的"生活理论"："顺带实现"的幸福

穆勒崩溃的核心是信仰（faith）危机——在这里，信仰是一个恰当的术语。尽管穆勒从未偏离哲学激进论者的无神论，但他还是多次使用宗教话语提及自己人生中的这个时期。他看到边沁主义需要停止怀疑（disbelief），而他自己已经不再怀疑。他把这种变化比作循道宗①（Methodist）圈子里所谓的那种"自觉有罪"（conviction of sin），即一个新的皈依者先是站起来痛苦地大喊大叫，然后像死了一样倒在地板上，接着站起来宣布他们重新找到了信仰。就穆勒的情况而言，这指的是一种新的信念，即相信在

---

① 又称卫斯理宗（Wesleyans）、监理宗，现代亦以卫理宗、卫理公会之名而著称，是基督教新教主要宗派之一。——译者注

个人内心培养一个非理性的空间、一个欠缺考虑或意图的区域是有用的。

人们通常认为宗教皈依的出发点是来自天堂的景象或声音。鉴于我们对穆勒的了解，毫不奇怪的是，他的转变反而是由一个逻辑难题引发的。在他处于信仰危机时，穆勒问了自己一个足以让任何功利主义者都坐立不安的问题。18世纪的德国哲学家戈特霍尔德·莱辛（Gotthold Lessing）这样问道："'有用'有什么用？"穆勒也想知道，如果一个人的效用功能已经充分施展，所追求的目标也都实现了，接下来会发生什么？这会带来幸福吗？① 他立刻给出了自己的答案："不会！"穆勒意识到，如果所有的目的都实现了，个人奋斗的理由并不会突然消失。如果非要解释的话，"当生活不再被斗争和匮乏所束缚，那么原本的乐趣将不再是乐趣"。穆勒发现这很难解释：不知怎么地，目标居然建立在实现它的手段上？这对于什么是值得奋斗的、正确的目标有什么启示？

---

① 穆勒后来写道："假设你生活中的所有目标都实现了，你所期待的制度和观点的所有变化可能都在这一刻完全实现。这对你来说会是一种巨大的快乐和幸福吗？"如果社会达到了类似的富足状态，"如果社会和政府的改革者都能够成功实现他们的目标，社会中的每个人都自由自在，都处于身体舒适的状态"，我们是不是终于能休息了？答案依然是否定的。[1981年，《约翰·斯图尔特·穆勒文集：第一卷——传记与文学随笔》（*The Collected Works of John Stuart Mill, Volume I – Autobiography and Literary Essays*），多伦多大学出版社。]

我们看到穆勒一次又一次地将他自己的生活实验和边沁主义者呼吁的伟大社会实验进行比较。他把自己的富足状态与他和周围人在社会改革奋斗中所追求的最终富足状态联系起来。如果幸福是终点，那么最大限度地扩充这些导向幸福的事物为什么无法带来完全的满足感？当他这个杯子填满了各种知识之后，他感受到的却是巨大的匮乏感。在他难以言表的悲伤中，他把这个体系存在缺陷的证据藏在心里："我觉得我自己生命中的缺陷，一定是生命本身的缺陷。"

但这缺陷究竟是什么？一个旨在最大限度地提高人类幸福感的体系为什么会事与愿违？它怎么能令人失望呢？作为回应，穆勒并没有放弃"效用"这个概念。在他看来，"效用"的逻辑与之前一样无可争议："事实上，我对幸福这一概念的信念从未动摇过：幸福是对所有行为准则的考验，也是生命的目的。"问题反而出现在其他地方，即出现在实现幸福的过程中。问题在于"效用最大化是实现效用最大化的最佳手段"这一信念。

约翰·斯图尔特·穆勒将其形容为一种新的"生活理论，与我此前所践行的大相径庭"，这个新的理论使他得出一个惊人的结论。他开始认为，效用的最大化无法有意识地去实现，只能偶然实现。或者如热爱法国文化的穆勒所言，只能顺带（en passant）实现。人们梦寐以求之终点并非理智或意图的产物："知道'拥有某种感觉会给我带来幸福'，但这种认知本身并不会给我带来这种感觉。"

对那些实现功利主义所谓的幸福的幸运儿而言,他们并未像功利主义者那样把追求幸福当成自己的目标。恰恰相反,他们只是在忙于其他目的时,不知不觉地偶然实现了幸福:"因此,他们是在追求别的什么的时候,顺带发现了幸福。"换言之,穆勒意识到,效用的最大化是追求其他目的过程中的副产品——这些目的与效用最大化风马牛不相及。他鲜明地指出了这一悖论:"我现在认为,要想实现这一目的,就不能直奔主题。"

这是在西方思想史上首次如此清晰地阐明这种毁灭性的想法。但这仍然不过是一种直觉性的表达。穆勒并没有充分阐述它的含义。是什么让功利主义的至善(summum bonum)不受意图的影响?还有哪些值得追求的目标也不受意图影响?为了达到这个目的,最好追求哪些其他的目的——应该作为目的的"别的什么"究竟是什么呢?所有这些问题,约翰·斯图尔特·穆勒都没有回答。然而,他预感到某些目标难以实现,这个预感说出了后启蒙时代(Post-Enlightenment)长期萦绕在人们心头的一个想法,但这个想法在19世纪初才逐渐成形,并在随后的几十年里以更明确的形式呈现了出来。

穆勒的出现可谓恰逢其时,借他之口首次阐明这一观点,似乎也就不足为奇了。他从小就对"效用"这个观念耳濡目染,在一个以理性为手段、以理性为目的的思想体系中长大,如此才能意识到这一思想体系毁灭性的影响。这个众望所归的年轻的功利主义者想知道，最成功的功利主义者有没有可能是个非功利主义者（Non-Utilitarian）？

但从那一刻起，就像是以千奇百怪的方式目睹一种新发现的海洋生物那样，对这一悖论的观察开始在不同的地方、以不同的表现形式出现，这些观察散见于许多社会思想家、行为科学家、哲学家和小说家的著作中。具体的名称多种多样，比如享乐主义悖论、选择悖论、目的论悖论等。美国心理学之父威廉·詹姆斯（William James）称其为"有一种看不见的规律，就像万有引力一样强大"。哲学家约瑟夫·皮珀（Josef Pieper）将其形容为关于休闲的不可避免的悖论。政治科学家乔恩·埃尔斯特（Jon Elster）称其为"副产品谬误"（fallacy of by-products）。古典历史学家保罗·韦纳（Paul Veyne）在研究古罗马富裕上层阶级的做法后也发现，这些人"无私地"向群众赠送奢华的礼物，然后从中受益。文学学者露丝·伯纳德·伊泽尔（Ruth Bernard Yeazell）则在19世纪的求爱规则中观察到了这一点，在这个规则中，女性通过"谦逊"赢得男性的青睐，通过表现出毫无诱惑力的天真无知来引诱男性。

所有这些思想家都为我们理解同一悖论的现代版本提供了线索，我们可以在资本主义市场中看到这种悖论。这似乎是最不可能观察到利己主义局限性的环境，因为市场通常被视为一个无情的达尔文主义竞技场，每个人都为了自己的利益和别人斗得你死我活；市场参与者要么屈从市场理性，要么在市场的齿轮中被碾得粉身碎骨。但正如我们看到的，即使是现代的市场也越来越推崇那些似乎抛弃个人利益的人。

人们尝试五花八门的方法试图解决这个悖论，方法之多不亚于对其的各种描述。比如精心计划培养自发性；精明的自我欺骗策略；不惜一切代价以看似无私的方式追求利己主义等。市场被卷入这一定律也许是不可避免的：当市场参与者在其他机会都已经饱和的地方嗅到了新的机会时，肯定会试图挖掘这个意想不到的价值来源——因为还有什么比在没有计划的情况下获利更令人欣喜的呢？但问题总是回到约翰·斯图尔特·穆勒迎面撞上的那个明显矛盾：他暗示有这样一类欲望，只有在不以这类欲望为目标的情况下才能获得它们。

就穆勒的新"生活理论"而言，学者们的研究沦为旁注，人们倾向于将其简化为幸福的真谛在于追求过程本身。但这只会把穆勒的洞见变成"重要的是旅途而非目的地"这样的陈词滥调，这种论调无论是在穆勒的时代还是在我们的时代，都没什么意思。

穆勒的论点既微妙又麻烦：你出发的目的地会随着你的出发而发生改变。意图和结果并非一一对应。如果目的地发生变化，那么实际的旅途和最初的计划也不是一回事。如果你出发去罗马，那么你可能永远都到不了那儿。相反，你得在附近遛遛狗、收拾好汽车然后向西开,只有以这样一种迂回的方式,你才有可能发现自己不知怎么地居然已经来到了罗马。而这个建议来自一个从小在旅行社长大的人,他的任务就是以最有效的方法引导人们到达指定地点。

穆勒的新"生活理论"对功利主义思想的冒犯怎么强调都不为过。功利主义哲学的根基在于理性地追求实现理性社会目的的最佳手段,对它来说,认为"理性手段"和"理性目的"存在根本上的脱节会动摇整个哲学。"为最大多数的人追求最大幸福。""最大限度提高个人的效用,从而最大限度提高社会总体的效用。"这一切看起来如此简单明了,如此无懈可击。但突然之间,这个基本前提被破坏了,而破坏者不是别人,正是功利主义学会那个年纪轻轻的创始人。如果效用的实现需要暂时不以效用作为最终目标,那么功利主义还能提供什么方法呢?于是不出所料,就在穆勒得出这个洞见的那一年,他解散了功利主义学会。

一直以来,对功利主义的抨击就不绝于耳。大多数情况下,这些抨击都指出幸福和善并非一回事。我们可以看看康德(Kant)的经典论述:"这种激励只会教人们更加精于计算,而美德与邪恶之间的具体差异则被完全抹杀了。"然而,我发现穆勒自己对古典功利主义(Classical Utilitarianism)的批判更尖锐得多,也更狡猾得多,因为他是从内部攻破的:穆勒仍将"幸福"作为必须坚持和追求的包罗万象的概念,但是他暗示,要想完全实现幸福,只能在不知不觉中实现。当然,偶然事件在系统性的功利主义逻辑中没有一席之地。今天,穆勒的悖论仍和当年一样,使人们对以理性为基础的人类行为感到困惑。

然而,穆勒坚守他的新观点。他表示,"这个理论现在成为我的生活哲学的基础。"半个世纪之后,他仍未动摇,他说:"我仍然认为,对于那些情感上不偏激、能适当享受生活的人(即绝大多数人)来说,这①仍然是最好的理论。"

本章接下来的内容将继续探讨这一观点。下文将追溯在穆勒的表述之前该观点的起源,然后讨论这一观点后来采取的一系列形式。我们将会看到,这一观点带来的挑战不仅被19世纪的功利主义忽视了,而且在我们以市场为导向的现代世界观里也不受重视,因为这一世界观正是以这些功利主义原则为前提的。时至今日,"许多我们最渴望的目标实际上都是副产品——刻意的追求反而无法实现目的"这一观点仍然为我们共同认可的启蒙价值观带来了巨大挑战。

## 浪漫主义的起源

约翰·斯图尔特·穆勒能够在自己身上嗅到异端的气息。这

---

① 即他的新"生活理论"。——译者注

也是为什么他不愿意与身边的人谈论他与日俱增的疑虑。但这些疑虑最初是从哪里来的呢?明明他和他身边的人都服下了同一味功利主义的"仙丹",为什么当其他人还在宣传功利主义的信仰时,年轻的穆勒却掉转枪口抨击他所学的一切?穆勒究竟是从哪儿获得了与他父亲以及边沁主义者的观点划清界限的洞察力?

穆勒本人似乎在某一时刻已经说出了答案。我们对穆勒这一时期的内心生活知之甚详,因为他后来写了一本精彩的自传阐明了他的思想演变,这本自传堪称最伟大的知识分子回忆录之一。在这本自传中,穆勒给我们指出了他转变信仰的确切起源。在讲述自己是如何意识到个人追求的终极目的只能偶然实现而无法刻意实现时,穆勒表示,他是从托马斯·卡莱尔(Thomas Carlyle)的"反自我意识理论"(anti-self-consciousness)中得出这个结论的。

得来全不费工夫!接下来要做的就是研究这一理论到底提出了什么,以及它如何为这位19世纪最伟大的哲学家解决存在性危机提供了钥匙。但这里有个坏消息:卡莱尔从没提出过所谓的"反自我意识理论"。托马斯·卡莱尔是一名苏格兰诗人、散文家,他本人对穆勒所属的哲学激进论者一贯持批评态度,他自己从未使用过这个术语:这是穆勒自己的发明。事实上,也确实很有穆勒的调调:有点儿佶屈聱牙,也有点儿啰唆。至于卡莱尔,作为一名诗人,他对任何跟"理论"沾边儿的东西都会嗤之以鼻。然而就是这样八竿子打不着的两个人，居然成了好朋友，彼此相互帮衬。卡莱尔是诗人和神秘主义者，而穆勒则是他犀利的翻译。

　　穆勒自己也只有在解释自己的信仰转变时，才提到"反自我意识理论"这个词。但我们姑且接受穆勒的说法：这是导致他质疑自己从小接受的教育并采取新世界观的根源，当他在半个世纪后回过头来看时，他依然没有改口。那么，当他提到卡莱尔的理论时，他到底指的是什么呢？

　　卡莱尔是一个英国浪漫主义者，浪漫主义的著作让人想起朦胧的山顶和疑病症①。然而，在他们对风中蝴蝶的颂歌之下，一系列强大的越轨思想蠢蠢欲动。今天的诗歌很少直接借鉴哲学。但是直到 20 世纪，艺术运动往往与特定的思想流派难舍难分。艺术、哲学和政治之间的界限也比我们当今这个高度专业化的时代更加不稳定。浪漫主义者有一种英年早逝的习惯——要么自杀，要么做了什么蠢事，或者和 19 世纪的其他人一样染上各种各样的肺病。但是那些能活到三十几岁的人无一例外都从诗人转变成了公共知识分子，对当前的社会问题发表意见，从教育到国际贸易无所不谈。

　　浪漫主义艺术和文学的思想流派主要围绕着黑格尔（Hegel）、

---

① 医学术语，指的是无缘无故怀疑自己患病的焦虑心理。——译者注

冯·谢林（von Schelling）和歌德（Goethe）等严肃而忧郁的德国思想家建立。自19世纪初以来，在英国的浪漫主义者开始吸收借鉴其观点之前，欧洲大陆就已经在跌跌撞撞地探索，正是在这些思想中，我们发现了卡莱尔的"反自我意识理论"的踪迹，以及令穆勒深感不安的观点，即过多的自我觉知（self-awareness）可能会弄巧成拙，而他从小到大所接受的思想传统可能具有天然的局限性。

浪漫主义的诞生是出于对时代的反抗。在一个理性的时代，哲学浪漫主义者和浪漫主义诗人卷入了相同的人文论战，他们坚信启蒙运动对理智发展的贡献伴随着巨大的代价。他们奋起反抗一个克制、谨慎和善治的时代。在他们看来，社会进步的成就也与个人的贫困化密不可分。没错，理性大获全胜，但这是一场令人遗憾、平庸乏味的胜利，这是计算和分析的胜利，要求以人类的心灵为代价。比起波澜不惊的水面，浪漫主义者更喜欢波涛汹涌的大海。比起科学的逻辑清晰，他们更喜欢神秘主义的晦暗不明。[①]他们全心全意投身于美学，在他们看来，道德与美是一回事。

他们尤其怀疑"可以像研究蚯蚓和行星轨道那样研究人类的

---

[①] 浪漫主义者尤其看不上多疑的经验主义者，后者习惯于把世界划分为不同的部分，以便分门别类地加以研究。华兹华斯在《时运反转》（*The Tables Turned*）一诗中提出警告道："我们那爱操心的智慧误解了事物的美丽形态：我们为解剖而杀人。"

心灵"这一假定。启蒙运动的科学态度应用于反省自我（self），就会变成自我怀疑和忧郁。面对社会制度，怀疑主义可能带来解放，但针对个人时，它可能导致个人丧失自发性（spontaneity）。它以牺牲直觉为代价，事实证明这个代价是致命的。尽管约翰·斯图尔特·穆勒理智超群，但他对这一批评很敏感，哀叹自己的成长过程造就了一种"现在已经改不掉的分析能力"。

浪漫主义者反复用亚当和夏娃被赶出天堂的故事来比喻启蒙运动中理性战胜激情的胜利。在他们的讲述中，人类堕落（Fall from Grace）的标志正是自我意识（self-consciousness）的诞生。亚当和夏娃在蛇的诱惑下偷吃了智慧之树的果实，他们首次走出自我。他们意识到自己赤身裸体，感到羞耻，急忙寻找遮盖之物。从那一刻起，他们有了自我觉知。他们不再仅仅只是故事里眺望着世界并在世界中行动的对象（subject），现在他们也成了自己审视的对象。在这个转变过程中，他们开始对自己产生事后批评。

## 对自我的针锋相对的观点

浪漫主义者对自我觉知的怀疑颠覆了启蒙运动的一个关键原则，而功利主义正是从这个原则中发展出来的。大卫·休谟（David Hume）和亚当·斯密等思想家把自我觉知标榜为社会生活不可或缺的能力。他们谈到了我们所谓的"同情"（sympathy）能力，这种能力更接近我们今天所说的共情（empathy）。同情是人类独一无二的能力，它使我们能够换位思考、将心比心。同情能力的亲社会价值（pro-social value）在于它能让我们意识到对自己的判断，当我们对他人将心比心，当我们能瞬间感受到他人的喜怒哀乐时，我们也就越来越能够想象出他人是如何看待我们的。亚当·斯密所谓的"公正的旁观者"（impartial spectator）就是这种想象力的产物。这个内在的仲裁者查看着我们最胆怯的激情，这是我们最糟糕的本能。同情能力引起我们对自己的反思，使我们成为更好的社会人。启蒙运动思想家并未否认人类堕落（the Fall）后发生的自我分裂，而是拍手称快。

事实上，他们会发现浪漫主义者对《创世纪》（Genesis）故事的复述大多切中要害，只不过他们得出了相反的结论。亚当和夏娃之所以谈性色变，是因为他们意识到自己能看见。意识到自己赤身裸体是人类的第一个社会性反射（social reflex）：虽然没有镜子，但看到对方一丝不挂后，亚当和夏娃意识到自己也同样赤裸身体，于是摘了无花果树叶遮羞。随着羞耻之心的出现，随之而来的是专注、随和、仁慈等反应，所有这些特征都是因为出现了内在的旁观者（internal spectator）。一个刚刚分裂出来的新自我，跟着他人的行为有样学样，然后以同样的方式判断自己的行为。如果没有这个内在的旁观者，亚当和夏娃不仅会继续赤身裸体地嬉戏，而且在愤怒的时候也会不假思索地拳脚相向。伴随着羞耻之心还出现了自我克制，因为有了克制，才能形成社会：如亚当·斯密所言，同情意味着我们"不应当用一种自私激情易于将自己置身于其中的眼光，而应当用这个世界上任何其他公民都会用来看待我们的那种眼光，来看待自己[①]"。

浪漫主义者把"内在的旁观者"重塑为一个暴君。在他们看来，这个理性的时代，把我们都变成了自己的旁观者。我们没有做好自己、认真做事、好好生活，而是把时间花在思考人们会如何看待我们上。我们在没完没了的猜来猜去中迷失了，根据他人可能的评头论足来猜测我们的行为是否得当。我们的自我觉知横冲直撞，内在的旁观者篡夺了所有的权力。

在浪漫主义者的话语中，获得知识后诞生的自我觉知可能带来致命后果。在德国作家海因里希·冯·克莱斯特（Heinrich von Kleist）1820年写的一个故事中，一个年轻人正在洗澡，他的美貌"惊为天人"，但还没有受到虚荣的折磨。当他用毛巾擦干脚时，无意间再现了一个著名雕塑的姿势：一个男孩从脚上拔下一根刺。他的朋友注意到了这一幕，赞叹不已。朋友们为之倾倒，要求他重复这个姿势。为了取悦朋友，他试着重复，但"正如所

---

[①] 译文参考《道德情操论》，商务印书馆版本，蒋自强、钦北愚、朱钟棣、沈凯璋译。下文同。——译者注

预料的那样,他失败了。他困惑不解,第三次、第四次抬起脚,实际上他尝试了十次,但都徒劳无功!"想要重现自发性行为的意图本身就显示了他的失败:

从那一刻起,这个年轻人经历了令人费解的转变。他开始一连几天站在镜子前面,他的魅力日渐消散。似乎有一种看不见的、不可思议的力量像一张铁网一样笼罩了下来,影响着动作的自由发挥。一年过去,那种曾经令人难以自拔的迷人诱惑再也找不回来了。

其中的某些内容是不是让人感到很不舒服?想想那些为了在社交媒体发自拍照而摆弄姿势的人吧。他们不也在更好的光线下重新拍照,选择最好的滤镜,琢磨一个恰到好处、诙谐幽默的标题吗?他们无法轻轻松松地体验这个世界,只能以审视的角度看着自己体验这个世界。他们费尽心思地揣摩别人对他们的看法,尽量表现出自己最好的一面。像对待客体(object)一样以批判性的眼光看待其作为主体(subject)的自己的生活。

作家贾·托伦蒂诺(Jia Tolentino)在一篇关于"千禧一代"的文章中写道:"这是一种持续的局促不安的感觉,就好像一个人总是在表演,总是很在乎自己的行为在别人眼里是什么样的:或许以前主要是女性才有这种状况,但这似乎越来越适用于我们所有人。"他们对这个世界的体验总是需要先想想别人会如何看待他们来进行调解。这种当代的批判远不仅仅是对浪漫主义的遥相呼应而已。

我们知道当这种经验的调解过了头会发生什么：我们开始在生活中秉持一种秘而不宣的信念，只有被手机拍下来的瞬间才是真实发生过的。比如你在一个集市的路边摊吃了一顿饭，这一幕只有被拍下来、发到网上然后被人点赞，才让人感到是真实的。如果你的设备在不该没电的时候没电了，那么体验的实在感也会跟着戛然而止。我们大大小小的事情都发到网上，比如我们的蜜月、我们的博物馆之旅、小孩的生日派对、父母的辞世等，以此来确认这些事真的发生过，使我们对生活的感受更加真切。

自我觉知的致命性现在以克莱斯特未能预料到的方式被证实了。这里我们不得不提到一个新的术语"自拍身亡"[①]（selficide）。达尔文奖（Darwin Awards）是一个网友自发传播的奖项，每年都会为那些"以最壮观的方式毁灭自己基因的人"颁奖，纪念他们"改善人类基因库"的壮举。现在，一些倒霉的"灵魂"经常获得最高奖项，他们试图在受伤的熊、愤怒的野象旁边或探出山上瞭望台边缘，以引人注目的姿势或场景拍照，却为此付出了生命

---

① selfie（自拍）和suicide（自杀）的复合体，指的是一个人为了自拍而摆出危险姿势或处于危险地域，并因此身亡的行为。——译者注

的代价。

浪漫主义者渴望的是自拍之前的那一刻。由此可见，我们现在可能离回归统一的自我越来越远，而浪漫主义者曾为失去统一的自我而痛心疾首。毫不意外的是，浪漫主义的思想丝毫没有失去吸引力，我们一直在本能地回归这些思想，虽然并不总是能意识到其起源，却能心领神会地感受到其价值。

当我们被告知要脱离人群、"顺其自然"、"放手"、"迷失在当下"时，这些老生常谈的"新时代"教诲传播的是一群在1800年前后著书立作的德国思想家的思想，他们的思想传到了英国，很快在这个启蒙运动的发源地生根发芽，由柯勒律治（Coleridge）、华兹华斯和卡莱尔等人以新的形式表达出来。正是在那时，穆勒从描写山峰嶙峋的气势磅礴的诗句中首次接触这些思想，当时他还是个二十出头的年轻人，为"什么目的值得追求，以什么样的手段实现这些目的最合适"的疑问所困扰。

在快速工业化的19世纪，这些想法直击人心、不胫而走，最终漂洋过海来到大西洋彼岸，通过拉尔夫·沃尔多·爱默生（Ralph Waldo Emerson）、亨利·戴维·梭罗（Henry David Thoreau）及其超验主义者[①]（Transcendentalist）同僚发扬光大。

---

[①] 超验主义是一种哲学和文学运动，兴起于19世纪初的美国新英格兰地区，这一运动主张人类能够超越感官经验和理性思维，通过直觉直接认识真理。——译者注

尤其是最近梭罗的思想重回大众视野，令人难以忽视。池塘和小屋在博客上出售，这些景色被印在马克杯上、T恤衫上和冰箱贴上。我们都被教导去"寻找我们的瓦尔登湖①（Walden）"。1852年，梭罗在日记中写道："恐怕并没有比现在更清醒的时代了。"他并不是说这是件好事。如果他知道就好了。

浪漫主义者在现代性（modernity）诞生之前就在质疑现代性。这使他们留下了深远的影响。后世的思想家可能认为，那些浪漫主义方案通过艺术的救赎品质来争夺一些失去的统一性太天真了，但他们都是源自最初的浪漫主义对内在的自我分裂的洞察。浪漫主义者这原创性的控诉一针见血，至今仍未过时。

从浪漫主义者对自我觉知的疑虑中，约翰·斯图尔特·穆勒向令其困惑不解的悖论前进了一小步。毕竟，如果自我觉知是问题所在，直接摆脱它不就行了。"随性而为，顺其自然。"问题马上就显而易见：一个人如何能追求无欲无求？突然之间，我们想抓却抓不到的心向往之的目标似乎变得更多了。

长期以来，人们一直认为意图不那么明确或许反而能有所收获。古罗马诗人奥维德（Ovid）有句名言，"他的艺术完全隐藏了他的艺术"（ars est celare artum）。但是，在积极进取的19世纪，

---

① 1845年5月，好友埃勒里·钱宁告诉梭罗："去吧！为自己盖一间小屋，享受生命的伟大历程。"随后梭罗开始在瓦尔登湖畔度过为期两年的独居生活，写下《瓦尔登湖》一书。——译者注

随着中产阶级的崛起以及资产阶级和洒脱不羁者（bohemian[①]）（这个词在19世纪40年代就衍生出今天的含义）里外勾结，"有心栽花花不开，无心插柳柳成荫"这种观点对人们产生了空前的吸引力。即使是没有参与浪漫主义运动的艺术家也开始痴迷于获得那些有心栽培反而得不到的品质。年轻的司汤达（Stendhal）在1813年的日记中这样写道："谈话中要保持克制，不要出风头……要在不经意间给人留下好印象。"

浪漫主义的方案正是基于这一悖论：即一旦我们受到自我觉知的困扰，如何才能摆脱它？[②] 就像克莱斯特笔下那个命中注定会失败的青少年，浪漫主义者徒劳地试图重现一种自发的姿势。他们寻求一种能回到之前天真状态的方法，那就是大脑的肌肉记忆。因此，他们将目光转向大自然，他们不仅重视大自然令人印象深刻的方面，比如云雾缭绕的山脉和波涛汹涌的河流，而且重

---

[①] 波西米亚原指一个游牧民族，但是由于过去一个半世纪以来许多最有才华的欧洲和美国文学名家都具有波西米亚气质，因此在《美国大学辞典》中将bohemian定义为一个具有艺术或思维倾向的人，他们的生活和行动都不受传统行为准则的影响。——译者注

[②] 这个悖论也出现在黑格尔的沉思中，出现在他自己对人类堕落的复述中："恢复'恩典感'（the sense of Grace）的原则存在于且仅存在于思想中：造成创伤的手也是治愈创伤的手……同样的历史在亚当的每一个儿子身上反复上演。"而且，这在克莱斯特笔下那个关于命中注定要失败的年轻人的故事中也再次出现："天堂的大门被锁上了……我们必须绕着地球转，绕到另一边看看有没有能回到天堂的路。""而一旦我们进入天堂，那么我们必须再次吃下智慧之树上的果实，重返无知的状态。"

视其质朴无华的特征。在他们看来，大自然充满激情，不受智慧所累。因此，我们对"新世界"原住民的理想化可以追溯到卢梭（Rousseau），他笔下那些"高贵的野蛮人"（bons sauvages）过着人类堕落前那样的幸福生活。随后，高更（Gauguin）对19世纪塔希提岛（Tahiti）惟妙惟肖的画作中也向我们展示了同样的天性，在一个未被发现的伊甸园中，"高贵的野蛮人"无意识地脱下衣服尽情享受。

## 哪条路才是通往伊甸园的归途

尽管穆勒意识到浪漫主义者有了头绪，但他也意识到他们并不擅长把这些头绪清楚地表达出来。他确信"他们手握很多真理"，但是这些真理被"他们习惯的超验主义和神秘主义措辞所掩盖"。当然，晦涩难懂的散文也是其中固有的一部分。浪漫主义把赌注押在直觉上，而非启蒙运动推崇的条理清晰上。这也是为什么他们写的不是理论和小册子，而是诗歌、中篇小说和戏剧。他们的艺术总是有超前于他们的思想，而思想才是他们应该拥有的。他们一点都不在乎有没有条理。

于是，约翰·斯图尔特·穆勒在这两个世界之间充当翻译：他是诗人中的理性大师，也是政治经济学家中的诗歌贩子。他很清楚自己在做什么："如果我有什么天职的话，那么非这个莫属，就是把别人的神秘主义翻译成论证的语言。"①

结果证明，穆勒是这一角色的不二人选，他在理性和激情之间划清界限，研究驱使个人从一侧走向另一侧的原因，以及他们在尝试跨越边界时可能会遇到哪些障碍。

信仰的转变往往需要付出高昂的代价，约翰·斯图尔特·穆勒也不例外。他在功利主义学会的老朋友无法理解他内心的想法。边沁主义者的守旧派唾弃他。其中有一个人说他是"哲学的叛徒"（a renegade from philosophy），抱怨道穆勒曾经是"最杰出的哲学家，但后来他读了华兹华斯的书，脑子读乱了，自那以后他一直处于奇怪的困惑中，费尽心思地想把诗歌和哲学结合起来"。

1830 年，约翰·斯图尔特·穆勒即将走出忧郁的状态，就在他奋力与诗歌和哲学之间的相互矛盾做斗争的时候，他遇到了一个能调和二者的女人，这个女人最后成了他的妻子。穆勒初遇哈莉耶特·泰勒（Harriet Taylor）时，她已经是个有夫之妇，他们的关系最初是在丑闻的阴霾下发展起来的。然而，他们的相遇来得正是时候。她同时也是一个精力旺盛的知识分子，怀揣着社会改革的雄图伟略，包括提高女性权利，并且具备穆勒后来所描述

---

① 他同样还说："我并不绝望，我分得清真理和谬误，我也能以与我站在同一哲学阵线的人可以理解而不反感的语言将其表达出来。"

的独特的"诗意"。正是她激起穆勒将浪漫主义思想与他从小接受的思想调和起来的第一次尝试。

浪漫主义者直觉地意识到现代性的根本问题：内在的旁观者是一个暴君。并且他们也感觉到解决方案在于自我遗忘，以及对重新获得真实感的渴望。约翰·斯图尔特·穆勒自己的天才之处正在于将这些有点儿神秘主义的洞见用来解决困扰他和他身边的社会改革者的问题。在这个过程中，他遇到了浪漫主义者设想回归伊甸园的纯真状态时所面临的同样的悖论。然而约翰·斯图尔特·穆勒也发现，这个过程本身也是有价值的。他自己的危机几乎葬送了他的生命，但其引发的信仰转变给他此后的职业生涯带来了决定性的影响。

事实上，若不是他自己经历了转变的时刻，穆勒可能永远都不会相信知识分子居然还会转变信仰。如果是这样的话，他可能永远都不会对人类编程（programme）和重新编程的能力有所了解。也许最重要的是，这成为指导他余生工作的核心见解。正是这一点激发了他对社会改革的新信念，即社会改革是为个人提供空间完成自我转变的一种手段。浪漫主义者声称自我改革必须先于社会改革；然而，结构主义者、制度主义者兼社会正义倡导者穆勒却认为，社会改革也是自我改革的必要前提。这一见解促使他从事推进社会平等的工作——他致力于为个人解放创造条件。

## 穆勒的遗产

匮乏并非从伊甸园堕落后的唯一负担。浪漫主义者意识到，自我觉知或许为文明社会奠定基石，但这是有代价的，在我们这个自我意识过剩的时代，这种代价越来越明显。我们看到它表现在我们最向往的一些事物难以捉摸的特征上。正如我在后面的章节中探讨的，我们越来越多的渴望之物都属于约翰·斯图尔特·穆勒所认为的功利主义幸福的形式，比如他人的尊重和体贴、影响力，甚至创造性的灵感。它们无法通过锲而不舍的精神以工具主义的方式实现，只能顺带（en passant）实现。最有趣的地方在于，理应把我们训练成顺从、理性和自利的资本主义市场本身也开始体现相同的悖论，市场越来越多地奖励那些避开市场逻辑的人。由于谨慎的市场参与者对信誉的重视，而且获得这种信誉并非易事，因此商业成功的实现越来越需要追求商业成功之外的目标。

启蒙运动歌颂自我的分裂。从旁观者的角度审视自己，从而预测他人会如何看待自己的行为，这种能力是迈向社会生活必不可少的基础。这种能力不仅能使我们产生对同胞的"同情"，还能使我们内心出现"公正的旁观者"，这种旁观者的存在会促使个人进行自我约束。对浪漫主义者而言，这种自我分裂却意味着失去了自发性、恩典和美德，而所有这些都是被自我觉知诅咒的社会动物所可望而不可即的。

这两种对自我的针锋相对的观点至今仍未平息,一方认为这是文明的动力;另一方却认为这是根本的障碍。约翰·斯图尔特·穆勒是最早思考这一冲突的有影响的西方思想家之一。直到临终之前,他也没有完全放弃边沁的思想。幸福或社会效用最大化仍然是衡量人类行为的目标或标准。但从探索自我开始,他对人性有了更深层次的认知,这种认知表明尽管效用作为一种衡量标准方便省事,但要想实现效用这个目的,最好去追求别的目的。约翰·斯图尔特·穆勒的转变促使他想要带动其他人的转变。他设想了一种允许个人更弦易辙的社会和政治制度。结果是个人自由概念的升华,这一概念为我们带来了现代自由主义。这就是今天我们所成长的土壤。

这纠正了人们对自由主义的普遍观念,人们普遍认为自由主义是一条政治克制的中间道路,视稳定高于一切,是左翼和右翼的过度冲动之间的温和妥协。因为只要自由主义确实重视稳定,只要它通过零敲碎打的改革维持稳定,那么它就是为无数个人起义而服务的。技术官僚和中间派总是将穆勒划到自己这一边,将他描绘成一个温和克制的代表——延迟满足实验(Marshmallow Test)空前绝后的赢家。然而,约翰·斯图尔特·穆勒也强烈地相信,要在理性分析的领域里为激情和放肆行为留有一席之地。在那二十年之后,他的行文中总有华兹华斯的影子。

那次危机是约翰·斯图尔特·穆勒的转折点。我认为，我们现在也到达了我们自己的转折点。更重要的是，无论是穆勒的危机，还是我们自己的危机，都源自相似的挫折感。这是因为19世纪的功利主义思想依旧充斥着我们的思想。和在边沁主义者中长大的年轻的穆勒一样，我们也用工具主义的术语思考，我们做事情以理性为准；我们一心扑在结果上；我们追求自我完善，我们采取的结果主义方式与功利主义者如出一辙。和穆勒一样，我们也遭遇了严格执行工具主义方法的局限性。我们自己的社会转型时机已经成熟。

## 我自己的转变

约翰·斯图尔特·穆勒的故事一直萦绕在我心头。我既不是一个神童，也没有一双野心勃勃的父母从小对我进行填鸭式教育。但是我对工具理性（instrumental rationality）的信念本身就有点过于武断，即我认为工具理性既是对人性最有用的基本假设，也是一种应该追求的境界。我出生在苏联控制下的国家，在蹒跚学步的年纪来到北美，从小到大我都被告知我们没有安全网或家庭关系网可以指望。我妈妈经常说："记着，你没有开工厂的叔叔。"我也没什么有钱的朋友，她的意思很清楚：不要指望靠关系，我们只能靠自己。

结果我形成了一种务实的态度（我怀疑很多移民都这样）：一心一意追求经济安全和社会尊重。享受做事情本身的快乐在我看来似乎是一种游手好闲的消遣。空闲时间最好用来做有产出的事，必须考虑到未来的回报。我选的大学专业就是出于风险规避的考虑。我对人文学科和艺术很感兴趣，但我从未考虑过读文学，因为那是家里有厂的人才能享受的奢侈品。

我认为这是由于经济不稳定而产生的偏见，但现在这种偏见似乎已经蔓延到各个阶层的学生，他们正在集体放弃文科，转而选择有望让他们掌握就业技能的理科专业，这是当今时代的一个标志。无论是因为移民还是结构性经济条件，环境的动荡不安都会使知识分子更加倾向于实用主义，这种务实与功利主义的方法有着深刻的联系。这种工具主义有种"非如此不可"的感觉。

后来，我选择学术研究领域时也同样的过度无端。我在研究政治经济学时发现了一个类似的以个人理性行为为前提的思想体系。有一句话几乎成为政治经济学的座右铭，即那些想达到理性目的却偏离理性手段的人总是"半途而废"。我的母亲说得太对了，市场无情地淘汰那些屡教不改、肆意妄为的人。当然，错误时有发生，想入非非也不可避免，但正如政治科学家斯蒂芬·克拉斯纳（Stephen Krasner）曾经说的那样，"愚蠢行为没什么好分析的"。换言之，理性的行为者有动力从自己和他人的错误中吸取经验教训，这意味着他们不会一错再错。非理性偶尔也会出现，比如在经济学和心理学的交汇点上已经出现了一个完整的领域致力于记录人类行为的系统性偏见，但我们的大多数理论仍认为，当风险足够高时，非理性的异常情况就会得到纠正；追求个人利益对个人行为而言仍是最有益的。

如今，我已不再确信，把关注点放在理性追求个人利益究竟是研究人类行为最有用的分析方法，还是我们在自己的生活中应该追求的目标？在这个问题上，我支持约翰·斯图尔特·穆勒的观点：当我们到达某一个发展阶段时，要想进一步提高个人和社会效用，我们可能需要一改此前默认追求效用最大化的做法。更重要的是，我感觉到随着时间的推移，随着我们已经很发达的社会越来越发达，这一悖论的影响会越来越大，而我们还没意识到其影响。

本书还描述了我自己的转变，曾经的我把利己主义视为一个优雅、包罗万象、内部条理清晰、完美无缺的理论，但现在我认为，如果我们真的想充分利用这一生的时间，就必须在自己内心深处保留一片随心所欲的净土，不受工具主义目的的影响。

如果我们想要始终践行效用最大化，那么我们必须在某个时刻放弃将效用最大化作为我们的方法。在我们这样一个市场驱动的社会，把目光从奖励上移开或许恰恰是拿到奖励的必要手段。正如约翰·斯图尔特·穆勒直觉到的，这对我们选择过什么样的生活以及如何思考社会改革都有影响。

# 第二章　副产品社会

## 从产品到副产品

赢得尊重曾经是一件容易的事情。过去，人们可以像买一磅土豆那样轻而易举地获得朋友和陌生人的尊重和关心。或者买个昂贵的手表也行，拥有并露出这样一块手表本身就能证明一个人的身份——只要赢得尊敬、荣誉和羡慕就够了。

一直以来我们追求的不就是这些吗？当然，我们必须把一部分财富用于购买生活必需品，比如土豆。或者确保吃得饱、住得暖、物质上享有一定程度的舒适度。但一旦满足了这些基本需求，财富就开始发挥不同的社会功能，情况总是如此。随着西方各国的平均财富水平不断提高，用于这些社会功能的财富比例开始超过用于满足基本需求的财富比例。人们似乎花费更多的钱购买昂贵的手表，而非一磅土豆。

当我们说我们生活在一个消费社会中时，我们指的就是这种情况。一旦大部分消费不是用于购买生活必需品，而是用于满足更广泛的社会和关系需求，就可以贴上"消费社会"这个标签。这些社会和关系需求包括其他人的尊重和关心、归属感、良好的公众形象、声名鹊起。人们买书不是为了阅读，而是为了摆在咖啡桌上展示。波尔多葡萄酒被摆上餐桌与其说是因为其口感醇厚，不如说是因为它能在晚宴上给人留下深刻印象。甚至是在农贸市场上买来的有机水田芥也更多的是用来做装饰而非拌沙拉。知名品牌、限量版、独一无二的小摆件……这些令人赏心悦目的商品表明我们属于一个知识渊博、荣华富裕的上流圈子。不要以为这是什么新鲜事，早在1759年亚当·斯密——人们认为是他最早提出"贪婪是好的"这一观念（这是一种误解，但还来得及消除）——就已经在取笑他那个时代的消费主义冲动及其背后的社会功能："这个世界上所有的辛苦和劳碌是为了什么呢？贪婪和野心，追求财富、权力和优越地位的目的又是什么呢？是为了提供生活上的必需品吗？"不是，斯密回答道，"最低级劳动者的工资就能提供它们。……吸引我们的，是虚荣而不是舒适或快乐。"这种虚荣是一切的根源，情况就是如此。"当大自然塑造了人类社会时，她赐给人们对取悦他人的原始欲望。"

请注意，亚当·斯密相信18世纪"最低级劳动者的"工资就能满足生活必需品的需求，当然我们也得牢记"必需品"的含义一直在变化。但更重要的是，斯密很清楚"这个世界上所有的辛苦和劳碌"以及所有的生产和消费，其绝大部分都是为了满足象征性的而非物质性的目的。这为经济增长提供了引擎。经济得以运转的根基与其说是贪婪，不如说是取悦他人和被认可的潜在欲望。"我们所说的人生的伟大目标，即改善我们的条件而谋求的利益"，就是"引人注目、被人关心、得到同情、自满自得和博得赞许"。

一旦搞清楚了这一点，那么人们为了给彼此留下好印象而做出的扭曲行为很快就会暴露出自己的愚蠢。要不是我们都身处其中，肯定会觉得这很可笑。亚当·斯密毫不留情地取笑他那个时代的消费习惯，一反人们对他的看法，人们普遍认为他对个人抱负持赞美态度。他打趣道，人们在衣服上设计各种新颖、反常的口袋，身上佩戴的小饰品也越来越多，这么做都只是为了给身边的人留下深刻印象，其他人觉得自己也不得不这样随大流。

斯密意识到，18世纪的英国已经变成一个消费社会——大部分商品的真正用途与其设计的用途没有什么关系。锡汤匙和银汤匙都能盛食物，但其社会功能截然不同——银汤匙所发出的社会信号是锡汤匙所不能比拟的。斯密总结道，如果一个人发现自己身处一个荒岛上，那么财富的大部分现代功能都会立即变得毫无意义。

当然，并不是每个人都有机会通过炫耀自己的财富来向世界表明自己的地位。事实上，稀缺性是一个必要的前提，这是因为不是每个人都能买得起一块华而不实的手表，正因此，这样的手表成为一种有用的社交信号设备。当然，对那些能买得起的人而言，在亚当·斯密的时代玩这个游戏简直轻而易举。他们坐拥各种漂亮的东西，在专门设计的口袋里塞满花里胡哨的小玩意儿，通过这种方式，富裕阶层获得彼此的尊重，成为上流圈子里慧眼识珠的人。他们越来越满足。对18世纪的有钱人来说，消费作为一种社会区别机制是行之有效的。

随着工业革命的到来，情况变得不一样了。生产力提高，工资上涨，一个新的商人阶级出现了。工厂开始大量生产产品，对外贸易蒸蒸日上。茶、糖、香料、印度印花棉布等之前需要从异国舶来的商品现在能够从殖民地获得定期供应。被亚当·斯密嘲笑为"华而不实的玩物"（trinkets of frivolous utility）的物品不再是富裕阶层的专属。越来越多的人能买得起漂亮的手表，一方面是因为中产阶级的队伍在扩大，另一方面是因为现在可以大规模地生产手表。

富裕阶层突然陷入窘境。他们现在更难和商人阶层的新贵划清界限了。如果运气好的话，吃苦耐劳、有事业心的小商人也能买得起那些奢华之物装点门面，而在不久之前，这还只有富人才能买得起。但对那些以前可以靠华而不实的消费来彰显其社会地位的富人来说，其影响是严重的——消费品实现社会功能的作用下降了。既然现在普通人也能穿上进口的衣服、佩戴高档的手表，他们还怎么把自己和普通人区别开来呢？

富裕阶层的花样越来越多。他们用越来越稀奇古怪的手段来彰显自己的地位，维持同辈对他们的尊重。如果新兴的商人阶层有心通过提高生产力来加入上流社会，那么富裕阶层也可以通过反其道而行之来反击，即不事生产（non-productivity）。游手好闲的休闲及其公开炫耀越来越成为上流圈子的特别之处。比起买买买,这种炫富手段更有效得多。渐渐地,上流社会地位的真正标志不在于有能力通过努力工作过上更好的生活,而在于就算无所事事也能过上好生活的能力,不需要屈尊降贵去工作或办工业之类的。因此,在上层社会中,只拥有华而不实的小玩意儿就变得不足称道了。休闲取而代之,成为社会地位的象征。

这便是美国经济学家托斯丹·凡勃伦(Thorstein Veblen)在其1899年出版的《有闲阶级论》(Theory of the Leisure Class)一书中所描述的著名现象。凡勃伦提出了"炫耀性消费"(conspicuous consumption)这一脍炙人口的概念,用以说明那种积累物质商品主要用于显摆地位的行为。自那以后,这个说法就不断地被人提起。他还论证,出于同样的原因,出现了一个大力倡导浪费的阶层。如果醉心事业的商人阶层非得提高生产力,那么上流圈子就更会铺张浪费。

凡勃伦意在说明,不同时代和文化的特权阶层都会为了相同的目的进行相似的仪式。在凡勃伦风格鲜明的历史观中,一旦人们能够生产出超出基本需求的东西,商品的积累就成为区分强者和弱者的手段。现代社会保留了工业化前封建社会的侵略性冲动,只不过换了不同的形式而已。权贵用财产的积累取代积极行使权力,然后又用非生产性的休闲取代权力的行使。现在最直截了当的区别在于对劳动的禁忌。通过将不事生产上升为彰显一个人社会地位的心照不宣的信号,他那个时代的美国上流圈子开始模仿波利尼西亚部落的首领。因此，那些休闲绅士们下午在俱乐部抽雪茄烟其实是一种仪式，这些仪式跟前工业社会在几个世纪前进行的仪式如出一辙。

凡勃伦的语气一向是戏谑的愤世嫉俗，《有闲阶级论》的文风略带讥讽，这或许可以解释为什么许多世纪之交的小说家都借鉴它作为素材。然而，凡勃伦也意识到，风险是真实存在的。在消费社会，财产的拥有具备社会功能，这也成为自我价值感的主要基础。正是通过审视自己的土地，并且与邻居的土地进行比较，富裕的地主才能完善自己作为地主的身份。

把土地变成草坪，就差不多是现代郊区的情况。美国人花在维护草坪上的钱比美国全部的对外援助预算都要多。这些草坪不是用来散步的，而是用来表明其所有者的消费能力和对草坪的管辖权。修剪整齐、维护良好、绿草如茵的草坪令人羡慕，因为这意味着所有者要么有空闲时间为一块四四方方、没有实际功能的草坪施肥、浇水和割草，还能种上非本地物种的植物，要么有办法雇人来为他做这些事。

在这个意义上，不事生产是这个社会问题最有效的解决方案。凡勃伦表示，休闲的重点不在于休闲本身的乐趣，而在于能大张旗鼓地显示自己无所事事。大声抱怨无聊（ennui）成为19世纪末一种时髦的做作。今天的气氛让人不得不认为是慵懒的游手好闲的牺牲品。但是，这种无聊具有经济功能。它实现了经济学家所谓的"分离均衡"(separating equilibrium),即在每个人都渴望成为相同类型的人的情况下,成功区分不同类型的人。即使每个人都尽最大努力让自己看起来是一类人,也会出现"类型"的分离。那些拼命赚钱的人显然不属于他们。这意味着真正的富裕阶层能高枕无忧,因为他们知道有事业心的阶层不可能仅仅通过模仿就能轻易地和他们平起平坐。

因此,就像亨利·詹姆斯(Henry James)[他也是大量借鉴凡勃伦的作家之一,作品有《美国景象》(*The American Scene*)等]小说里的人物,富裕阶层忙着游戏、养狗、赛马,以及种难养的兰花。他们用各种方式打发时间,只要不会在无意间产生什么有用的东西就行。游手好闲的社会功能甚至延伸到富裕阶层雇佣的人身上。在古代,传统上权力是通过奴隶的所有权来得以明确的,奴隶努力工作,这样他们的主人才有功夫进行更高的思想追求,比如哲学。然而,世纪之交的富裕阶层现在雇佣了大量的仆人,根据严格的礼仪规则(要想掌握这些礼仪,他们必须花大量的时间培训),他们的主要任务就是"侍候"雇主。这些仆人并不生产任何有价值的东西,而这是有意而为之的。上流圈子的女性也是一样的情况。凡勃伦认为,上流社会的妻子也在履行类似的功能,沦为浪费性消费和休闲的代理人,于是她们根据快速变化的时尚没完没了地对房屋进行装饰和重新装饰。

时尚是另一种华丽的铺张浪费。凡勃伦的原型女权主义

（proto-feminism）（这种女权主义使他既能讨好女学生，又不得罪同事的妻子）导致了一场反对紧身胸衣的狂热运动，紧身胸衣在凡勃伦的作品中是一个反复提及的主题。紧身胸衣、高跟鞋、装饰性手杖和其他在着装方面类似的装腔作势，都是对不事生产的崇拜渗透到时尚中的表现。从经济学的角度来看，这些都属于对肢体的损伤行为，"目的是降低主体活动能力，进而使其永久地、明显地不适合于工作[①]"。由于穿着不灵活的着装，她们不适合从事体力活儿，富裕阶层以这种方式毫无疑问地证明她们无须工作。当紧身胸衣开始过时，凡勃伦观察到，在新兴美国的穷乡僻壤，在"那些最近迅速富裕起来的美国一些城市"，人们对紧身胸衣的品位仍有残存。

如果我们要在当代找一种能和1900年的紧身胸衣相提并论的服装，那么非运动休闲裤莫属，一样的格格不入，却能传递出适当的社会信号。在凡勃伦所研究的那类人的追捧下，穿着运动休闲裤现在成为追求实用性的象征。这成为自我完善的典型穿搭，它暗示着一个人随时准备着进行瑜伽体式或参加普拉提课程。这两种服装的目的正好恰恰相反，紧身胸衣旨在限制运动，而运动休闲裤则方便运动，这说明人们想表达的社会信号并非一

---

[①] 译文参考《有闲阶级论》，中国人民大学出版社出版，李风华译。下文同。——译者注

成不变，尽管其根本的目的仍旧是使自己有别于他人。

## 仪式类比

就像凡勃伦所描述的，一方面美国上流圈子仍在传承前工业社会的仪式，另一方面北美政府却在禁止原住民团体进行类似的仪式。

人类学家已经对冬季赠礼节①（potlatch）的仪式进行了大量研究，它甚至已经成为人们津津乐道的对象。这种痴迷始于马塞尔·莫斯（Marcel Mauss）1925年的研究《礼物》（*The Gift*），该书是人类学的奠基作之一，这可能是因为从现代市场社会的角度来看，这种冬季赠礼节背后的动机充满了异域情调。凡勃伦的论点在于，他那富有的城市绅士背后也有同样的动机。很明显，政府并没有一视同仁地对待这两种情况。

Potlatch这个词在切努克②语中是"礼物"的意思。在冬季赠礼节，通常会指定部落里一个富有的成员举办一场盛宴，并期待（但从不会明确说明）能因此提高其社会地位。盛宴包括一起吃吃喝喝、制作手工和送礼，但也包括仪式性地破坏财产。这种破

---

① 美洲印第安人冬季的一个节日。——译者注
② 北美印第安族之一。——译者注

坏作为吃吃喝喝的延伸，可能会将贵重物品扔进大海，并且往往具有竞争性。这种发展合乎逻辑。正如莫斯所言，"破坏在严格意义上似乎构成了高级的消耗形式"。

冬季赠礼节起源于生活在太平洋西北部的原住民民族，并在 19 世纪中期由居住在温哥华岛上的部落组成的夸扣特尔人[①]（Kwakiutl）发展到登峰造极的形式。夸扣特尔人等级制度森严，相当于贵族统治阶级，非常繁荣。因此，他们产生了大量可供今日研究的手工艺品和文本，这在很大程度上能说明为什么他们常常成为学术界关注的焦点。

在他们通过加拿大政府融入更大的市场经济的初级阶段，那些本就富裕的夸扣特尔人曾一度变得更加富裕。那些处于社会等级底层的人开始以威胁到上层社会地位的方式积累财富。结果，艺术和工艺领域不事生产的活动立即蓬勃发展，人类学家大卫·格雷伯（David Graeber）在研究莫斯的著作时将其形容为"冬季赠礼节的超级通货膨胀"。在这些日益复杂的仪式中，贵族捐出了大量财富，企图以此保持其社会地位，同时在与他人的竞争中胜出。但正如格雷伯所言，事实证明这是一场"失败的斗争——精英阶层面对平等化的力量努力重新定义其特权"。

然而，导致传统的冬季赠礼节正式消失的是外部力量。这种

---

[①] 加拿大一个印第安部落居民。——译者注

对财富的给予和公开破坏使西方观察者深感不安，他们认为这无疑是一种颓废的迹象，并导致加拿大在1884年出台《冬季赠礼节禁令》（Potlach Ban）。受到基督教传教士的影响，加拿大政府禁止这种做法的理由是，它与"基督教资本主义社会"不相符。

当然，讽刺的是，在凡勃伦的时代，世纪之交的资本主义已经在西方最核心的上流圈子产生了具有相似社会功能的相似习俗。

历史证据表明，冬季赠礼节的仪式其实在很大程度上培育了原住民的资本主义精神。原住民群体的成员在罐头厂、锯木厂、矿山和其他殖民地产业中有偿出卖劳动力的主要动机似乎是为了挣到足够的钱以便在冬季赠礼节仪式上将这些钱全部捐出去。一旦冬季赠礼节被禁止了，原住民似乎就没那么热衷于从事雇佣劳动了。尽管如此，加拿大的冬季赠礼节禁令还是一直持续到1951年。

## 游手好闲的消逝

没有人禁止凡勃伦所谓的上流社会精英进行铺张浪费的休闲。休闲曾一度在一定程度上保护富人与大众划清界限。正如消费曾一度作为社会区分的工具，游手好闲现在也实现了同样的效果。事实上，凡勃伦笔下的富裕阶层担心的是那个令人烦恼的

问题,即在无人旁观的情况下,如何继续体现他们高人一等的地位。对此,凡勃伦以开玩笑的口吻说道:

休闲绅士的生活中必然有些时间退出了公众视野,为了有个好名声,花在这部分的私人休闲时光也要有令人信服的例证。他们应该找到一些方法,证明退出了公众视野也依然过着休闲日子。

如果一位有教养的绅士斜倚在花园里的躺椅上扇扇子,但没有人看到,那么这位有教养的绅士真的在扇扇子吗?现在我们已经为这些问题制订了现代解决方案。今天,有闲的绅士或者任何同样希望与众不同的人,都可以不断地向周围的人表明自己的地位。社交媒体的用途似乎就是为了向所有人展示无忧无虑的状态。尽管可能也没多少人看到你躺在沙滩椅上悠然自得的样子,但是你现在可以发布一张自己喝椰子水的自拍照,让全世界的人都看到。

但在社交媒体出现之前,有闲的绅士的解决方案主要是,如果没有人看见他们的休闲活动,那么就带一个看得见摸得着的证据回去。他们收集奖杯,比如体育赛事中颁发的金杯,或涉猎探险中猎物的鹿角。如此一来,物品再次被赋予了社会功能。然而,他们现在再也不会挥金如土地炫耀自己的地位,因为这可能只会被嘲笑为粗俗的表演。相反，他们用实实在在的证据证明自己有能力在体育、游戏、狩猎和旅行中投入大量的时间。休闲的证据也可能是习得技术或者精益求精、追求没有回报的知识——精通消失的语言、培养高尚的爱好、开始收藏各种各样的玩意儿、满腹神秘的学问——所有这些都是凡勃伦所谓的主要起社会功能的业余活动。他们从事这些活动并非出于热爱，而是为了让别人对他们的社会地位心服口服。

同样值得注意的是，这些费尽心机的做法在很短的一段时间里似乎真的有用。尽管凡勃伦对世纪之交的富裕阶层不无讽刺，但后者似乎相当满意。通过铺张浪费和装模作样，以及收集各种奖杯作为身份的证据，他们形成了自己的风格。正如在亚当·斯密的时代，消费实现了其社会功能；在凡勃伦的时代，不事生产的追求也实现了这个目的。在一段时间里，休闲作为身份的象征行之有效。

当然，直到失效的那一天。托斯丹·凡勃伦的败笔在于，他没能看见他所处时代的富有绅士未来的前途。他并未意识到，他所批评的世纪之交的有闲阶级是一个濒危物种，而其消亡的原因正是他调侃的那些方面。正如花里胡哨的小饰品一旦进入大规模生产就会失去社会货币属性一样，休闲彰显社会权力的功能也很快就开始削弱。归根结底，凡勃伦所谓的游手好闲只不过是另一种形式的消费，之所以稀有只不过是因为需要以财富家底为支撑。休闲无法作为社会区分问题一劳永逸的解决方案。休闲不可能永远保持体面。

因此,凡勃伦的有闲阶级从一开始就注定会失败。到了战后时期,休闲发出的社会信号再一次发生了变化。经济学家约翰·肯尼思·加尔布雷思(John Kenneth Galbraith)在20世纪50年代出版的《富裕社会》(*The Affluent Society*)一书中表示,"几乎所有的社会,几乎所有的时代,都有一个有闲阶级"。然而,他继续写道,"在美国,至少作为一种清晰可辨的现象,有闲阶级已经消失。无所事事不再被为人称道,甚至完全得不到尊敬"。紧身胸衣已经被运动休闲裤所取代。加尔布雷思的观察切中要点,与此同时,伴随着许多人对生产力崇拜的谴责,这种情况只会愈演愈烈。在不到一个世纪的时间里,生产力从高尚变成低俗,然后又变成高尚。风向即将再次逆转,这又有什么奇怪的呢?

## 凡勃伦的跑步机

物质商品和休闲丧失其社会功能的过程可以被称为"凡勃伦的跑步机"(Veblen Treadmill)。"凡勃伦的跑步机"指的是,无论你跑得多快,跑步机都会跟着加速,而这正是因为你跑得更快了。正是因为富人想要显得与众不同而佩戴价格不菲的手表,导致这些手表最终丧失释放社交信号的功能。同样，正是因为将休闲作为有别于众的手段，才导致休闲最终失去其社交意义。事实证明，恰恰是想要与众不同的意图，使其行为丧失效力。这正是问题所在，因为亚当·斯密和凡勃伦都正确地观察到，这些做法的意图总是为了与众不同。我们无一例外天生渴望获得同辈的尊重和关心，即希望"引人注目、被人关心、得到同情、自满自得和博得赞许"。这就是我们一直以来的目标。

凡勃伦敏锐地意识到奢侈品的积累和展示是如何一步步贬值的。他注意到"花里胡哨的裙子"和过度讲究的衣服为何会丧失区分社会地位的功能，因为它们"表现出一种过分地想要给人留下深刻印象的欲望"。但他未能预见到，按照同样的逻辑，休闲作为身份的标志同样会过时。原因和他反复强调的如出一辙，即休闲也表现出一种"过分地想要给旁观者留下深刻印象的欲望"。而观众并不好糊弄。一旦旁观者发现了蛛丝马迹，那么那些急于给人留下深刻印象的人就会被指指点点、遭人嘲笑。

任何形式的炫耀性消费，无论是物质商品还是休闲行为，其缺陷恰恰在于意图显而易见、昭然若揭。恰恰是那种想要给人留下深刻印象的欲望，使那些招摇过市的行为以失败告终。我们知道这是每个时代暴发户的覆灭，包括我们自己所处的时代。一块花哨的手表或许能显示出佩戴者的身份，除非它太过于招摇，让人轻易看破佩戴者想给人留下深刻印象的意图。作家加里·施特恩加特（Gary Shteyngart）曾经说，一块"看起来像俄罗斯寡头蜷缩在你手腕上并且停止运转"的手表所发出来的信号与所预期的正好相反。它清楚地表明想要给人留下深刻印象是一种无望的努力。新富阶层之所以覆灭就是因为他们用力过猛。由于除了财务上的依靠，他们一无所有，所以他们太过于依赖财务了。他们的汲汲营营给人留下暴发户、装腔作势、自吹自擂的印象。这种时髦的做派立刻把他们变成了时尚的牺牲品。

当一种做法再也无法使人与众不同，就落入俗套。Vulgar（鄙俗），人们总是这么说，而且恰到好处。这个词源于拉丁语的vulgaris（普通的），而后者又来源于vulgus（普通人）一词。俗不可耐的不仅仅是事物，还针对其背后的意图。因为亚当·斯密告诉我们，人们天生想要取悦于人。还有什么比这更与众不同呢？

## 富人的扭曲行为

富人总是不断地成为"凡勃伦的跑步机"的受害者。为了能得体地晋升为上流圈子的一员，他们使证明自己是圈内人的难度不断加码。他们必须诉诸越来越复杂的手段来表明自己的"类型"，直到任何物质对象都无法实现其社会功能，无论这些物质对象多么不易察觉、其属性多么依赖于圈内人的知识。

"凡勃伦的跑步机"使产品变成了副产品。此前可以直接获得的东西，现在只能通过诉诸其他目标来获得。一开始，同辈的尊重就像一块华而不实的手表，出门买就能买得到。然后，内在的旁观者清了清嗓子。突然，人们明白了这背后的意图，佩戴华而不实的手表变成了一种俗套。人们转而寻找其他方式获得体面，比如炫耀性休闲。但很快，懒洋洋的姿势变得做作，人们也开始质疑其动机。再然后，富人可能会尝试把钱捐出去，而不是花在购买手表或无聊的游戏上。休闲时间结束了，接下来便是慈善时间。

今天，富有的美国上流人士大部分的社交活动就包括在各种晚会、筹款活动和慈善活动上围观彼此把钱捐出去。但这种形式也不太可能持续很久。越来越多的人开始探查捐助者的动机。在新交响乐团上用大写挂上自己的名字，变得很俗气。所有引人注目的贵重礼物都会遭到怀疑，它们在上流圈子中发挥的社会功能也会受到威胁。越来越多的批评谴责慈善事业是一种工具性的活动，是一种将上流社会地位具体化的手段，而这只会推动"水涨船高"。蒙田（Montaigne）对高调行善的观察开始成真："这种行为越是高调张扬，我就越要给它的道德价值减分，因为我怀疑它更多的是为了引人注目而非出于善良。"直到最后，唯一值得尊敬的捐赠方式就是匿名捐赠——但这样一来，富人如何才能获得社会回报呢？一旦达到最后一个阶段，一旦唯一剩下的途径就是保密，那么尊重就从一种产品变成副产品；现在，只有那些看起来对获得尊重毫无兴趣的人才能受人尊重——而那些对此感兴趣的人则陷入了困境。

慈善文化常常被形容为"美国特有的",这是对小政府的一种反应,它期待普通公民挺身而出,提供公共品。但这种文化在古罗马就已经存在,当时也容易出现同样的悖论。法国历史学家保罗·韦纳在《面包与马戏》(*Bread and Circuses*)这本书中描述了富有的罗马人向大众赠送大笔礼物的做法:举办节日、游戏、宴会,兴建纪念碑、公共工程等。作为回报,他们可以期待自己的社会地位上升——但前提是他们的慷慨背后的意图不被人看出来。如果这些行为看起来像是精心策划的,那么就会功亏一篑。富裕的赞助者不得不让别人相信他们不在乎馈赠礼物能得到什么。"统治者从其非理性的表达中赢得更多声望,他们自说自话,毫不关心听众,并对此引以为傲。"

"凡勃伦的跑步机"也适用于古罗马。渐渐地,上流圈子慷慨行为的交换性质变得越来越模糊。尽管这些公众人物最初是为了"巩固统治而慷慨解囊",但他们日益把自己的人生看成一种礼拜仪式,直到"统治和给予变成一回事"。通过这些日益复杂烦琐的仪式,达到了一种平衡,一方面允许平民接受馈赠,另一方面允许统治者因深受爱戴而获益。富人得到的社会激励迫使他们隐瞒馈赠的真实意图,而这最终又影响了他们的真实动机。上流圈子会乐善好施,而实际给出的比他们承诺的还要多。他们被要求以自我牺牲的方式进行统治。只要今天的工具性捐赠只是工具性消费的另一种形式，我们就应该期待我们的现代慈善实践也能有类似的创新。

值得一提的是，我们为什么要关心富人为赢得彼此的尊重所做的努力，无论是在凡勃伦时代还是在我们自己所处的时代？在大部分人的稀缺问题尚未得到解决的时候，就在我们把目光转向解决不平等和社会不公正等紧迫问题的时候，富有的慈善阶层费尽心思的扭曲行为关我们其他人什么事？

如果研究这些位居高位的人能让我们对自己的未来窥探一二，那么这种研究就是有价值的。这促使我们提出约翰·斯图尔特·穆勒的问题：假设我们的社会目标都实现了，比如彻底解决稀缺的问题，那么接下来呢？我们会心满意足吗？好吧，我们来看看富人是怎么做的。正如约翰·梅纳德·凯恩斯指出的，他们是"我们的先遣部队，为我们其他人窥探应许之地"。我们都希望我们自己和我们的孩子能拥有用不完的钱，这样我们才能专注于"真正的生活事务"。然而，正如凯恩斯在1930年所观察到的，这些侦察兵发回的早期报告并不乐观。他在当时总结道，富人已经"灾难性地失败了"。正如凡勃伦笔下19世纪的有闲阶级，上流圈子的消费价值总是自我毁灭，其社会效力变得低下。他们通过物质上的安逸所能获得的自我价值感逐渐被他们内心"公正的旁观者"所侵蚀，他们在发现别人的意图后，会对自己的意图进行事后批评。我这么说并不是在怜悯富人。相反，我们要明白的是，随着我们与富人的差距越来越小，加入上流圈子的社会效益也随之降低。此前通过刻意努力（储蓄、语气、购物和欢庆等）能够实现的社会功能越来越难以实现。我们的意愿越强烈，意图越明显，就越不可能给别人留下我们想要的印象。

这给我们的启示是，那些已经实现了富裕的少数人不仅没有志得意满，而且富裕的手段反而还阻碍了满足的实现。因此，富人成了一个特别好的案例，用于说明产品如何转化为副产品。我们所有人都逃不过"凡勃伦的跑步机"的影响。

富人并没有就此认输，这能让你松一口气。"凡勃伦的跑步机"还在不停地跑，富人气喘吁吁地跟着。在亚当·斯密的时代，他们在衣服上缝更多的口袋，装更多的小玩意儿，互相炫耀。在凡勃伦的时代，他们欣然接受铺张浪费。今天，他们反其道而行之。如今，最挑剔的上流人士转而追求节俭的对外形象，转而购买那些标榜实用的商品。要想做到这些，有效的手段包括投资于私人医疗、儿童保育和高等教育。尤其是在美国，高等教育已经变得贵得离谱，以方便的形式达到传递社会信号的目的。然而关键之处在于，当一个富裕的家庭每年为每个孩子的教育花费7万美元，他们可以理直气壮地声称，他们这样做不是为了给任何人留下深刻印象，而是因为他们重视孩子的教育。

这种区分策略能否成功取决于父母的意图是否明显。正因为人们认为名校的学位本身就有它的作用（"在当今竞争激烈的经济环境中，接受良好的教育比以往任何时候都更为重要"），所以它才能发挥其社会功能。医疗卫生以及自我照顾的支出也是如此。

公共政策教授伊丽莎白·科里德-霍尔基特（Elizabeth Currid-Halkett）注意到，这种向非炫耀性、功能性商品的转变产生了很实在的社会后果。由于没有积极炫耀自己的优势，富人更容易否认优势的存在，相较于凡勃伦笔下富裕阶层的公开炫富，这种低调的炫富会对不平等产生更有害的影响。

19世纪的有闲阶级更容易成为民众宣泄经济不满以及代表民众的政治领导人针对的目标。相比之下，住在布鲁克林（Brooklyn）小洋楼的富裕家庭把钱花在昂贵的牙科护理、家庭教师和常青藤盟校的教育上，就不那么招摇过市了。但是，这些商品的功能性质最终可能使阶级分化永久化，而昂贵的手表和游艇只是让这种分化更加显而易见而已。游艇的所有权并不能带来回报，这也不会加深阶级分化。相比之下，良好的教育不仅通过掩盖潜在意图传递出有效的社会信号，而且还可能是将优越的社会地位代代相传的最有效的手段。无独有偶，私人医疗支出（尤其是当它取代了公共部门的投资时）导致贫富阶级预期寿命的差距进一步扩大。

这种向功能性商品的转变，使富裕阶层再一次实现了社会区别的目标。当然，这种情况也必然会改变。"凡勃伦的跑步机"还在不停地运转，任何象征社会地位的商品都难以一直有效下去。

## 培养公正的旁观者

使"凡勃伦的跑步机"保持运转的，正是我们在上一章不同背景下看到的社会学习过程。在这种情况下，亚当·斯密的"公正的旁观者"并不是在呼吁克制人类的暴力激情，而是在耳边低语："太花哨了，太招摇过市了。"斯密表示，"我们必须成为自己品行和行为的公正的旁观者。我们必须努力用别人的眼光来看待自己的品质和行为，或者说像别人那样看待它们。"斯密在说这些话时想到的是对他人的仁慈行为，但"公正的旁观者"也能使我们预测如果自己的领子翻了过来，会不会给人留下放荡或鲁莽的印象。在凡勃伦和斯密的叙述中，我们所处理的都是一种社会学习，这种学习是通过我们对他人的看法和我们认为的他们对我们的看法之间的反馈发生的。在评判他人时，我们也会调整对自己的判断。

这种学习背后的动机是为了区别谁是真正的圈内人或者圈子里的核心集团，谁只是假装自己是圈内人。所有的社会团体都离不开监管边界的能力，而我们每个人都坚持不懈地磨炼这种能力。我们的裁决即刻生效、毫不留情。"他为什么摆这样的架子？""她用力过猛了。""那个演员演得太夸张了。""那个姿势有点做作。""那部电影是不是有点'哗众取宠'了？"在这些例子中，我们通过猜测他人背后的意图来评判他们的姿态。

当你走在大街上，你可能会扭头欣赏一辆驶过的黄色敞篷车，直到你看到司机热切的眼神，发现他们希望能看到你赞赏的目光。你翻白眼假笑，然后喃喃自语道："炫耀。"如果司机比较敏感的话，他们就会知道自己被揭穿了。你把他们赶出了有品位的人的圈子（你天生就属于这个圈子），赶到地狱的第八个圈子①，那是自夸者和吹牛者待的地方。正是在司机和你交换眼神的过程中，学习才得以发生。你会告诉自己：如果我有钱了，打死我也不会开一辆黄色的敞篷车。因此，"凡勃伦的跑步机"加速前进，社会对礼仪的期望不断演变。

人们根据这些经验教训来调整自己的行为。他们仍希望能给别人留下良好的印象。但他们必须面对一个反复出现的挑战，即说服任何旁观的人，如果他们发现自己真的身处亚当·斯密所说的荒岛上，他们的行事方式和此时此刻有观众看着自己的情况应该完全一样。因此，凡勃伦笔下的富裕阶层的社会地位取决于彼此的信服，即使无人见证，他们也还是会穿着不舒服的紧身胸

---

① 在但丁的《神曲》里，地狱有九圈或九层。——译者注

衣，学习拉丁语，种植难养的兰花，饲养有异国情调的品种狗。他们大摇大摆的游手好闲一定只是在公园里散步——为了达到招摇过市的目的，必须让人相信这只是一次单纯的散步。只有在看起来没有社会性目的的情况下，他们的装腔作势才能实现社会效果。他们散步必须只是因为自己想这么做，而不是做给别人看的。

如此，我们看到了本书中心悖论的另一种情况。如果摆出无意识的姿态能获得好处，那么我们当中有意识这样做的人该怎么办？尽管在这个例子中，要害在于人们试图给彼此留下深刻印象，但这里出现的挑战在逻辑上与约翰·斯图尔特·穆勒意识到的功利主义者在追求幸福的过程中遇到的挑战如出一辙。在这两种情况下，我们所面对的都是在没有刻意追求的情况下才能获得的状态。正如约翰·斯图尔特·穆勒对个人效用最大化的结论，他人的尊重也只能顺带（en passant）获得，而无法努力实现。

凡勃伦笔下的富裕阶层和约翰·斯图尔特·穆勒时代的功利主义者面临的挑战还有另一个相似之处。这里先提一下一个后来被证明是很重要的观点，即在这两种情况下，导致悖论的原因都是多重自我（multiple selves）的存在。在第一个例子里，使"凡勃伦的跑步机"加快运转的社会学习机制源于自我和自我对他人看法的预测之间的互动；源于黄色敞篷车的司机和路人之间的互动。对约翰·斯图尔特·穆勒的功利主义者而言，这两个自我都包含在个人心中。自我觉知使自我分裂，导致浪漫主义者所谓的"自我意识的守护灵"（daemon[①] of self-consciousness）的出现。正如尼采所言，我们作为可分割的个体（dividuum）而非不可分割的个体（individuum）行动[②]。正是那个"他者"（other）——无论是内在的"公正的旁观者"还是对我们同辈判断的预测——谴责自我的真实意图，从而将我们渴求的目标推到遥不可及的地方。和功利主义者一样，对富有的绅士而言，由此产生的挑战也是一样的，即以某种方式不经意间做到。

## 消费的悖论

我们今天的处境如何？"凡勃伦的跑步机"还在加速，这可以从富裕社会的年轻消费群体对物质商品的态度变化中看出来。哲学家、生物伦理学家彼得·辛格（Peter Singer）曾经说，"这可能是最后一代会炫耀财富的人"。事实上，"千禧一代"似乎不像前几代那样对招摇的奢侈品牌那么感兴趣，奢侈品供应商已经

---

① daemon也可译为守护神，在希腊神话中，每个小孩都有一个守护天使，被称为daemon。——译者注
② 尼采在《人性的，太人性的：一本献给自由精灵的书》中提到"人类在道德中把自己当作dividuum（指合成的东西，缺少一个个别的本质），而不是individuum（指不可分割的东西，要分割便必然有损其本质）"，参考中国人民大学出版社版，杨恒达译。——译者注

对此感到绝望。市场营销学教授兼品牌顾问吉娜·M. 艾克哈特（Gina M. Eckhardt）这样描述这些企业的困惑："它们的反应是，'我们接下来该怎么办？我们的整个战略都是基于人们会购买我卖的产品来向他人表明自己的社会地位的。'他们所学的 MBA 课程就是这么教他们的。"调查数据显示确实发生了这一转变：相较于之前几代人，"千禧一代"似乎更不喜欢使用物质商品作为社会区别的手段。

随着整个社会经历不同的发展阶段，可以观察到同样的变化趋势。今天，新兴经济体正在重演凡勃伦笔下世纪之交的上流圈子所经历过的变化。当一个新的富裕阶层兴起时，正如柏林墙倒塌之后前社会主义国家出现的情况，这个新阶层一开始会欣然接受炫耀性消费，然后会选择不那么清晰的方式区分社会地位，把炫耀性消费留给新兴的中产阶级。因此，奢侈品牌增长的市场目前都是中国、印度和巴西等新兴经济体。

这种观念的转变发生在富裕社会几代人之间，也发生在不同发展阶段的各个社会之间，反映了消费模式一种固有的变化过程。消费的悖论在于，要买的东西越多（无论是购买华而不实的物质物品、享受休闲还是投身慈善事业），人们获取这些东西的物质手段就越多，能买到的有实际价值的东西就越少。正是随着消费品供应量的增加，它们对我们的作用也越来越少——而这恰恰是因为供应量增加了。

正如评论员罗斯·杜塔（Ross Douthat）在其新书《颓废社会》（*The Decadent Society*）中所说的，消费社会已经奄奄一息，进入了"颓废"的阶段，这种说法很常见。甚至有一些经济学家从一开始就认为消费社会注定要失败。弗雷德·赫希（Fred Hirsch）的经典之作《社会对增长的限制》（*Social Limits to Growth*）可能是这一观点的集大成之作，他声称经济增长改善整体幸福感的程度是有限的，因为这得考虑到个人的幸福感在多大程度上与社会比较和攀比有关。赫希创造了"地位性商品"（positional goods）一词，用来指那些其主要价值在于通过其固有的稀缺性来彰显地位的商品。近年来，经济学家罗伯特·H·弗兰克（Robert H. Frank）成为赫希论点的主要支持者。他经常重复赫希那句令人回味的话：当每个人都踮起脚尖时，没有人能看到更好的东西。

这些信念倾向于马尔萨斯的逻辑：正如托马斯·马尔萨斯（Thomas Malthus）认为，考虑到人口增长率，地球很快就会耗尽资源一样，这些批评者声称，由于消费品彰显社会地位的性质，上流圈子很快就会人满为患，而上流圈子能容纳的人数在定义上是有限的。向上流动给人这样一种印象，即一旦他们能够负担得起自己想象的生活方式，他们最终会得到巨大的满足感。但当（如果）他们最终到达那里时，他们意识到他们想要的商品要么数量有限［比如有市无价的古代画家（Old Master）的画作］，要么容易拥挤［比如在圣马可广场（Piazza San Marco），游客们在那里挤来挤去,试图躲开其他人的自拍杆,以便自己也能拍张照片]。赫希认为,在一个争夺地位性商品的世界里,只有一小部分人才能获得脱颖而出的满足感。其他人肯定会觉得沮丧。

但正如马尔萨斯错了一样——因为他严重低估了地球的地大物博,以及人类的聪明才智——这些论点也低估了我们产生新目标的能力。提香(Titian)的画作可能供不应求,但当代艺术市场不断涌现出新的艺术作品,价格也越来越高(经常超过那些古代画家的作品)。不管怎样,我们都会不断发现新的度假胜地。换句话说,经济增长也可以有助于缓解拥堵,类似于在高速公路上增加额外的车道。因此,尽管经济增长对提高幸福感的贡献确实存在社会限制,但这些限制并不能归结为对相同地位性商品的竞争,因为市场的创造力会不断产生新的攀比对象。

相反,通过消费获得社会尊重之所以有上限,是因为社会学习的结果。随着我们越来越善于察觉他人的意图,我们也会加倍掩饰自己的意图。当然,其他人也在忙着做同样的事情。"军备竞赛"随之展开,结果不言而喻。对每一个最近接受了断舍离、极简主义生活的理念,将其作为传达启迪觉悟之手段的有钱人来说,他们内心的观察者更敏锐,他很快就将这种精心策划的极简主义转变视为"富人可以买到的另一种无聊的产品"——这往好了说是一种明显的阶级象征,往坏了说就是道德上可疑的自以为是。我们获得合适的物质商品的能力赶不上"凡勃伦的跑步机"

转动的速度。结果人们再也无法通过铺张浪费、装模作样、相互攀比来赢得社会尊重。相反，这种尊重必须是与生俱来、顺水推舟、妙手偶得的。在我们这样一个市场社会，这带来了一个显而易见的问题。市场参与者擅长储蓄、计划和努力，不擅长"无心插柳"。

## 芜菁与超越：不断演变的一篮子商品

富裕的消费社会最终变成副产品社会。"凡勃伦的跑步机"是其中的一个原因：产品之所以变成副产品，是因为观众对行为背后的意图抽丝剥茧。另一个原因更简单。在一个勉强维生的经济中，只要能维持住生计人们就满足了。但随着经济的增长，食物和人身安全等维系生计的商品在个人一篮子商品中的占比越来越小。正如亚当·斯密对富裕地主的观察，"他的胃容量……绝不会超过一个最普通的农民的胃"。他们剩余的财富都用于不那么看得见摸得着、更难以捉摸的商品。但这些商品也更有可能作为副产品发挥作用. 它们并不直接反映意图，也不受有刻意努力的影响。

随着社会变得越来越富裕，人们的需求层次也越来越高。我仍记得在高中家政课上了解到亚伯拉罕·马斯洛（Abraham Maslow）及其需求层次金字塔。它给我留下了深刻的印象。这是我第一次遇到一个足以解释所有社会行为的理论。马斯洛将人类的五种基本需求划分为一个层次分明的金字塔，底层的需求需要得到满足后才能满足更高层次的需求。第一层是纯粹的生理需求，比如水、食物和住所。第二层是对安全的需求——一种人身或财务安全感。但接下来是完全不同的需求：第三层是爱情和友谊，第四层是亚当·斯密提出的人类基本动机——尊重。最高层是最模棱两可的，马斯洛最初称之为"自我实现"。

马斯洛不断更新自己的需求层次理论，最终在他的金字塔顶端增加了另一种需求，名称也更加模糊：超越需求[①]（transcendence）。在我的记忆中，我的家政课没有提到"超越需求"，大概是因为对我们的老师来说要向一群12岁的孩子解释如何超越自我太难了，何况他还兼任体育老师。但马斯洛认为，超越才是整个问题的关键所在，这一点得到了19世纪欧洲浪漫主义者及其美国超验主义表亲的认同。

就我们而言，从马斯洛的需求层次理论中得到的启示是，当我们登上金字塔的顶端时，我们的需求就会从唾手可得的东西（比如盘中食物和栖身之地）变成无法直接通过锲而不舍的意志就能满足的需求。随着社会日益富裕，我们花费了更多的时间和精力去追求那些看起来越来越像副产品的东西。换句话说，经济

---

[①] 比如高峰体验、灵性成长。——译者注

发展将我们的注意力从经济学学科所研究的商品类型（即容易产生稀缺性的商品类型），转移到经济学有目的地将其排除在研究范围之外的商品上。日积月累之后，马斯洛本人也开始对其需求层次理论中逐渐升高的层次产生了浓厚的兴趣，在其工作和职业生涯的最后阶段，他将全部精力都放在了其金字塔的顶端，追问人们如何才能实现"超越"。

## 挫败的处方

随着凡勃伦的"跑步机"不停地加速，马斯洛的"金字塔"不断向上攀升，越来越富裕的市场社会变成了副产品社会。越来越多的公民开始追求那种无法通过有意识的努力来实现的东西。这本身就是一件值得庆祝的事情。下一扇打开的门通往的便是凯恩斯称之为"我们真正的问题——生活和人际关系问题、创造和行为问题以及宗教问题"。

然而，问题在于，市场社会之所以能达到这种富裕水平，正是因为采取了市场社会的逻辑，即致力于消费、工具性行为以及由此产生的增长。这就是亚当·斯密的双重见解——富裕阶层为了给彼此留下深刻印象而争相消费花里胡哨的小玩意儿可能很荒谬，但这种行为也促进了经济增长，使我们中的其他人受益；正是这些东西造就了国家的财富。最近人们有一种观点，认为某些人喜爱花里胡哨的小玩意儿可能对其他人的福祉造成有害影响，但抛开这种观点不谈，还有一个更根本的问题。如果市场社会逐渐变成副产品社会，那么这些社会如何摆脱当初带领它们达到物质富足状态的信念？如果无法放弃这种信念又会发生什么？

为目标而奋斗的个体构成了市场社会的基石。他们认为所有理想状态都可以通过计划、储蓄和努力实现。关键是要敏锐地意识到，如果这样做看起来可能会落空，就要在中途予以纠正。正是这种追求目标的行为产生了使命宣言、公司愿景、绩效目标、待办事项清单和年终决议。我们可以告诉自己的孩子，"永远都要相信你的梦想"，"要奔着奖品前进。你可以做任何你想做的事"。但如果正是因为你一心想要做成某事反而导致"这件事"无法实现呢？如果最优策略排除了策略的可能性呢？

当追求马斯洛层次结构的上层目标时，市场参与者继续沿用追求下层目标时所用的手段。但在一个副产品社会，结果是令人挫败的。一旦不能再通过简单的消费实现社会影响，那么继续依赖消费就会导致失望。

关于消费社会如何助长这种混乱，人们已经做了很多研究。运用这里的术语重新定义，广告业可以说是一种通过消费品作为副产品承诺价值的行业。苏打水、香水和漱口水保证能让使用者得到社会的认可和忠实的朋友。致力于自我提升的行业也是如此,比如 Goop 玉蛋和昂贵的面霜,一方面吹得天花乱坠;另一方面又让人失望,二者巧妙的搭配使其蓬勃发展。消费者被商家牵着鼻子走。

想要依靠 19 世纪工业时代中发展的手段实现 21 世纪后工业时代的愿望,这种想法为长期以来负责收拾残局的各种治疗师带来了丰厚的收入。因此,针对这种把副产品当作唾手可得的消费品来对待所造成的社会病症,心理学专业人员完全有能力做出诊断。心理学家莱斯利·法伯(Leslie Farber)这样描述这种结果:"一厢情愿①的后果是,我们会陷入所谓的焦虑之中。"与浪漫主义者所说的诅咒自我相呼应,他们把怀疑的目光聚焦到自己身上,法伯警告说:"既然焦虑也反对这种意愿,如果现在我们试图将焦虑赶走,我们的命运就是会变得更加焦虑。"

包括精神病学家自己在内,人们对这种"一厢情愿"的影响仍然知之甚少。就在我写这篇文章的时候,全球正处于新冠疫情的肆虐之中。报纸纷纷就如何增强免疫力抵御病毒提出建议。从这些千头万绪中,人们了解到免疫力下降与压力增大有关。这导致卫生部门命令人们放轻松,好像它这么说,人们就会这么做似的。因此,西北大学(Northwestern University)精神病学和行为科学教授告诉《纽约时报》(*New York Times*):"我的一般建议是,

---

① 即前面所说的"把副产品当作唾手可得的消费品"。——译者注

人们应该尽量减少压力……压力会影响你的免疫系统,你的压力越大,身体抵抗感染的能力就会越差。"读到这样的建议,人们更容易紧张起来。这种逻辑的失败之处在于,人们认为了解结果是好的就能实现它,但相反的结果反而更有可能发生。比如让一个人"不要去想大象",这样的命令并不能因为多加一句"你的生命取决于不要去想大象"而变得更容易做到。让人们记得给所有植物浇水,或者每天早上努力摸摸自己的脚趾会更有用——通过转移注意力,他们可能比把"减轻压力"作为自己的明确目标更有可能做到这一点。

法伯似乎认为这是一个独特的现代问题。"我们越来越多地将意志……应用于生活中的某些部分,在意志的这种胁迫下,这些部分不仅不会顺从我们的心意,反而会变得扭曲——甚至消失。"前提是,意志曾经有效,而现在不再有效;尽管法伯没有解释为什么刻意的努力会随着时间的推移而变得不那么富有成效。

和其他人一样,法伯也用失眠来比喻一种理想的状态——深度睡眠,而这种状态是无法通过直接努力来实现的:"我可以运用我的意志……躺在床上,但不能靠意志的努力睡着。"同样,我可以买一辆黄色的敞篷车,但不能买来旁人的羡慕,尽管后者才是我的真实意图。在这两种情况下,意图越强烈,就越不可能取得想要的效果。政治学家乔恩·埃尔斯特(Jon Elster)以失眠为例论述，这一段论述毫不留情、一针见血，值得全文引用：

第一步，一个人要努力让自己心如止水，摒弃一切杂念。当然，这种尝试是矛盾的，注定会失败，因为它需要集中注意力，而这与一个人试图达到心不在焉的状态是不相容的。第二步，在意识到这样做行不通时，人们会试图接受失眠的事实。这个人可能会拿起一本书、吃点零食或喝杯酒等，他做这些行为就好像他相信自己睡不着了。但是，在人的脑海中总是有一种想法，认为只要不去想失眠，就能骗过失眠，只要不在乎能不能睡着最后就能睡着。但是，到了第三步，他就会明白这样做其实也没用。接下来，他真的认命了，不再假心假意，而是发自内心地相信长夜漫漫、凄凄楚楚。然后，幸运的是，他终于睡着了。对于那些对游戏了如指掌的资深失眠患者来说，最后这个阶段永远不会到来。他们太清楚接受现实的好处了，所以没有办法接受失眠的现实。

请注意，上述这一段话也反映了"跑步机效应"的特点。这个不幸的失眠患者越是经验丰富，就越难以入睡。虽然失眠患者名义上是一个个人，但埃尔斯特的叙述实际上揭示了有两个自我在起作用，第一个自我试图用各种方法哄第二个自我入睡，同时努力不让第二个自我意识到第一个自我在做什么。一旦第二个自我发现第一个自我的"阴谋",游戏就结束了。直到所有的希望都真的破灭,意志的控制力才得以释放,睡眠才重新成为可能。事实上,这个过程与父母安抚婴儿入睡的过程如出一辙。父母哄孩子入睡最好做些看起来和他们的意图不相关的事,比如讲故事、唱歌、绕着街区兜风等。正如我将在最后两章中所讨论的,这种多重自我是副产品状态的一个基本特征。它甚至可能是解决我们感兴趣的悖论的一把钥匙。

另一位心理治疗师、畅销书《活出生命的意义》(Man's Search For Meaning)的作者维克多·弗兰克尔(Viktor Frankl)认为,这些问题是由他所谓的"意图太明显"(即意念过度[①])引起的。弗兰克尔也将失眠与一系列其他疾病归入此类。例如,他将性无能患者视为同样悲剧难题的受害者:"一个男人越是试图展示自己的性能力……他们就越不可能成功。快乐是且必须始终是一种副作用或副产品,如果把它本身作为目标,它就会被破坏和变质。"社会尊重和深度睡眠是如此,身体欲望也是如此。事实证明,意图过强会适得其反,伴随意图而来的一切,比如构思、计划和努力等也会适得其反。在这里,我们再次面对一个分裂的自我。情欲的关键在于,我们向自己无法控制的东西让步。这既让我们感受到弗兰克尔笔下性无能患者的苦恼,也让我们感受到

---

① 参考《活出生命的意义》,华夏出版社,吕娜译。下文同。——译者注

圣奥古斯丁（St Augustine）截然相反的煎熬，他尝试做个好人，却在错误的欲望面前无能为力。

弗兰克尔将这一问题诊断为由"过度的意念"（excessive will）引起的，这个结论很有启发性。市场社会对任何类型失败的普遍反应恰恰与之相反，即失败被视为意志薄弱。别人会说，失败是因为"他们想要的欲望还不够强烈。他们应该更努力一点"。然后叹口气。圣奥古斯丁认为，解决之道就是强化意图，坚定我们的意志。在这种情况下，事实证明这个补救措施大错特错。

## 经久不衰的想法

赌注各不相同，但游戏却始终如一。消费的悖论是，当我们越来越买得起我们所追求的东西时，我们却越来越无力购买，这与埃尔斯特笔下的资深失眠症患者或弗兰克尔笔下的性无能患者所遭遇的悖论如出一辙。所有这些都是约翰·斯图尔特·穆勒在 19 世纪 20 年代陷入生存性抑郁时所面临的困境的新瓶装旧酒。

新的想法可能会在人们心头萦绕几十年、甚至数百年，然后人们才会认识到其本质，为其命名，然后广而告之。这次也一样。"唯一的机会是不把幸福当作人生目的，而是把某种与幸福不相干的目的当作人生目的……不纠缠于它，也不思考它，既不在想象中阻止它，也不通过致命的盘问让它飞走。"穆勒的见解在很大程度上被忽视了，因为这个见解仅出现在描述他抑郁时期的寥寥数笔中。

然而，穆勒却不断看到同样的悖论以不同的面目出现。以教育的益处为例，穆勒对这一话题进行了长时间的思考，这可能与他自身成长经历的特殊性有关。他在1846年的一篇文章中写道："塑造性格与其说是有目地教导，不如说是制度和社会关系的无意识教导。"因此，刻意的灌输无法形成良好的性格。性格只会受到那些看起来不像是教训的教训的影响。①

但是，另一位功利主义思想家传承了约翰·斯图尔特·穆勒的思想，他首先给功利主义换了一个脍炙人口的标签，使之发扬光大。亨利·西季威克（Henry Sidgwick）与边沁和穆勒构成了功利主义神圣三位一体的第三个分支。他在1874年出版的《伦理学方法》(Methods of Ethics) 通常被认为是功利主义学派的巅峰之作，也是公认的有史以来伟大的道德哲学著作之一。正是在他这里，我们找到了被称为享乐主义悖论的经典论述。西季威克

---

① 我对此深有体会。我的政治学课程中那些不言而喻的次要目标，如培养批判性思维的条件反射，学生对自己作为公民的概念、对自己的动机如何影响周围人的动机的理解，往往比重商主义历史这种主要的课程内容更重要。但我怀疑，如果把这些次要课程内容作为课堂教学的核心内容，其教学效果可能就会大打折扣。

写道:"在这里,我们可以看到所谓的享乐主义的基本悖论,享乐的冲动如果过于强烈,就会违背自己的目标。"从西季威克开始,享乐主义的悖论就在哲学家中得到了认可,自此以后,享乐主义的悖论被越来越多的人所接受和讨论。

最近,哲学家彼得·雷尔顿(Peter Railton)写道:

> 享乐主义者环顾四周,可能会发现,有些人比他更不关心自己的幸福,对人和事物的看法也不如他那么工具化,尽管他执着地追求幸福,但实际上别人却过得比他更幸福……看来,享乐主义者称不上是享乐主义者。

同样,哲学家托马斯·斯坎伦(Thomas Scanlon)在提出他所谓的"目的论①悖论"时,也引用了西季威克对约翰·斯图尔特·穆勒思想的完善。他写道,我们承认友谊是宝贵的,但我们也可以看到,友谊在某种程度上违背了功利主义的推理:"建立友谊是好事,建立友谊的前提是人们必须被什么事情所打动,但这件事情本身不能是为了促进友谊的建立,这就是所谓的'目的论悖论'。"浪漫的爱情也是如此。爱和被爱有很多好处。但是,如

---

① teleology,即认为事物的发生和发展都是为了达到一定的目的。——译者注

果在婚礼宣誓时,你解释说,你之所以缔结神圣的婚姻,是因为你读到了令人信服的研究,表明一夫一妻制会延长预期寿命,而且被另一个人拥抱会使多巴胺水平飙升,从而增加幸福感,那么你的配偶很可能会把结婚戒指扔到你的脸上。诱惑游戏的前提是让别人相信自己不感兴趣。

在所有这些情况下,对理想事物采取以目的为导向的方法,即试图最大限度地利用我们认为有价值的东西,这样做只会搬起石头砸自己的脚。一旦这些成为你有意识的目标,它们就会从你的视野中消失——用穆勒的话说就是,它们会"打水漂"。如果这听起来像东方哲学某些老掉牙的故事,那是有道理的。西方思想大多关注我们缓解稀缺和实现富足状态的能力,而东方传统则长期以来对无为状态(privative states)表现出更大的兴趣。这些状态的特点是"无"(absence),无论是分心、骄傲、意志还是意识本身。

正如法国中国文学学者葛浩南所指出的:"我们发现,在道家思想史上很早就有这样一种直觉,即能够改变一个人的决定性行动和行为,只有在没有意识到的情况下才会发生,也就是说,只有在这些行动和行为在精神上没有表现出行动的自发目的时。它们本质上是为其他目的而采取行动的间接结果。"因此,虽然穆勒可能是西方思想界第一个明确提出副产品所带来的挑战的人物,但像《庄子》这样的道家典籍早在两千多年前就提出了类似的观点。

葛浩南提到中国政治哲学家韩非子写于公元前3世纪的一段话，这段话与我们感兴趣的中心思想非常接近，值得全文引用[①]：

> 所以贵无为无思为虚者，谓其意无所制也。夫无术者，故以无为无思为虚也。夫故以无为无思为虚者，其意常不忘虚，是制于为虚也。虚者，谓其意无所制也。今制于为虚，是不虚也。虚者之无为也，不以无为为有常。不以无为为有常，则虚；虚，则德盛；德盛之为上德。故曰："上德无为而无不为也。"

全部对号入座了，不是吗？克莱斯特笔下那个注定会失败的年轻人，凡勃伦笔下的富裕阶层，韦纳笔下的罗马皇帝。夸扣特尔人贵族竞相攀比赠礼，现代慈善家们也在做一样的事。还有资深失眠症患者和性无能者的例子。除此以外，接下来的章节还将讨论争夺顾客的面包师和啤酒酿造商、寻找灵感的诗人、寻求心流状态的硅谷编码员以及试图赢得选民信任的政治家。他们都面临着同样一个反复出现的悖论——渴望得到的东西越难得到，为得到它所付出的努力就越大。

作为副产品才能实现的理想状态所带来的挑战在19世纪就

---

[①] 语出《韩非子·解老篇第二十》。——译者注

已经令人生畏，这种状态对功利主义世界观的影响之大，使当时继承了功利主义观点的年轻的穆勒被击垮了。但正如我在本章中试图说明的那样，自穆勒时代以来，这一挑战的棘手程度只增不减。穆勒、西季威克、雷尔顿、斯坎伦以及最近那些观察到某种享乐主义悖论的思想家们所没有意识到的是，这个问题正变得越来越让人难以应对。随着市场社会的日益富裕，越来越多的人开始面临消费的悖论：人们发现，他们所追求的东西（比如他人的尊重）能够通过消费来获得的越来越少，而他们的购买力却不断提高。在获得生活必需品之后，这些人发现自己在越来越多地争夺渴求之物，而这些渴求之物之所以难得并非因为稀缺，而是因为无法通过刻意的努力得到。市场社会变成了副产品社会，但市场参与者依然沿用着和过去同样的手段来达到目的。这导致了挫败感。

如果我们最珍视的目标不是通过努力实现的，而是无关行为的意外结果，那么这正是发达市场社会的首要缺陷。这一缺陷从未像今天这样显而易见，也从未像今天这样影响深远。穆勒的功利主义告诫从来没有像今天这样应时对景。市场社会是由有刻意的意图和深思熟虑的努力所支配的，那么，如何才能适应其变异为副产品社会的过程呢？这就是我们接下来要讨论的问题。

# 第三章　无私为什么有回报

没有比亚当·斯密《国富论》(Wealth of Nations)中的这句押头韵更能概括"个人利益推动世界运转"这一信念的了："我们获取的食物并非来自屠宰商、酿酒师和面包师的恩惠，而是出于他们的利己思想。①"

亚当·斯密笔下的面包师之所以早起揉面，是因为他们可以从中获益，而不是出于对人类的慈善之心。亚当·斯密的意思是，我们都相信面包师对个人利益有认识。相比之下，正如他在后来的一段话中补充的那样："我从未听说那些宣称为了公共利益而交易的人究竟做了多少好事。"

然而，今天的面包师更倾向于声称，他们制作发面面包是出于对这件事的爱好，或是对面包制作工艺的热爱等，就是不提是为了他自己的利益。流行的说法夸大了这种无私的动机。"这是我们俩的爱好。我们不是为了钱。"华盛顿州（WA）克拉克县（Clark County）的一个面包师这样说道。"虽然他们说自己不是为了钱，但他们却在互联网上掀起了一场轩然大波。"《以色列时报》(Israeli Times)的一则头条新闻这样写道。他的烘焙搭档表示同意，并向我们保证"她做面包不是为了钱"。无独有偶，魁北克（Québec）加蒂诺河（Gatineau River）畔的另一个面包师也

---

① 译文参考华侨出版社版，高格译。——译者注

说了相同的话。这位曾是银行家的面包师腼腆地承认:"很多人都说我疯了。"当地新闻在一篇题为《面包师的幸福》的报道中写道:"他知道自己需要扩大规模,但不希望以牺牲产品或愿景为代价。'对我来说,'这位从银行家转行而来的面包师说,'这关乎手艺。'"接下来才是必不可少的高潮部分,他说:"我不想当一个商人。我想当个工匠。"

在某种程度上,这些对热情的诉求反映了大多数人上班的目的并不只是为了支付房租。只有当付薪工作成为人际交流的场所和自我实现的源泉时,它才是可以忍受的。但是,这些充满热情的声明还有另一个原因:承认自己的动机是赤裸裸的利己主义,多少会让人反感,甚至可能会影响生意。这是因为,恕亚当·斯密直言,今天的大多数消费者可能会选择热爱烘焙的面包师,而不是一心挣钱的面包师。如果我们的面包是出自一个热爱烘焙而非只为挣钱的人之手,我们会感到更温暖和安心。不知为什么,我们更相信前者:我们本能地感觉到这两种人做的面包中哪一种更有可能含有溴酸钾[①]和添加糖,并据此做出选择。

"不图挣钱、为爱奉献"的面包师的出现,只是工匠在当代

---

① 溴酸钾曾被认为是最好的面团调节剂之一,但会引起慢性中毒,许多国家包括我国已禁止在面粉中使用溴酸钾。——编者注

商业中令人费解地重出江湖的一个例子。更奇怪的是,在高科技知识产业和服务业等经济领域的中心,工匠的身影却层出不穷。管理顾问摇身一变成为手工果酱制作者,这已经变成了一个比喻。一位这样半路出家的人在转而将自己的技能和精力用于制作小批量芥末之后,表示"麦肯锡并不是我想要的"。知识工作者[①]似乎最热衷于消费和支持为爱奉献的生产者——手工面包师和农贸市场的生意最红火,标价也最高,这些地方都是富裕的沿海城市飞地,远离内陆真实的农场。

就像亚当·斯密笔下的面包师一样,酿酒师也是如此。在过去的几十年里,啤酒行业经历了一个令人困惑的发展过程,过去寡头垄断企业通过与全球企业集团合并来追求规模经济效益,而现在啤酒行业的效率实际上在急剧下降,随着微型啤酒厂的兴起,酿造同样数量的啤酒所需的成本和人数成倍增加。在一个反复出现的模式中,"歌利亚正在倒下,大卫正在崛起。"

追求利润与工匠精神背道而驰。所谓"手工制作"的产品必须出于热爱而非为了盈利,尽管这个标签的滥用已经迅速腐蚀了它的意义。如果一个软饮料、意大利面酱、有机果汁或康普茶(kombucha)品牌要想做大,就必须宣称自己志在追求小

---

① 知识工作者从事的不再是人们已经知道该怎么做的、重复性的工作,而是需要挖掘机会和问题,以及有效地利用机会和解决问题的工作。——译者注

而美，把生产力、效率或标准化生产等考量都抛之脑后。他们做这些事的初心必须纯粹只是想做这件事而已，根本不考虑其商业成功与否。那些淡泊名利的人，越来越能在世界上占据举足轻重的地位。

我特意将这些例子说得稀奇古怪，但这一现象远远超出了最近在城市飞地蔚然成风的手工面包和芥末酱。为什么亚当·斯密的措辞似乎对我们失去了一些吸引力？为什么比起那些追求个人利益的宣言，我们反而会被为爱奉献的声明所吸引？

可以肯定的是，亚当·斯密以面包师为例提出的洞见在经济的许多方面仍然有效。我们相信"他人追求利己主义"的信念仍能让我们安心。正如斯密相信面包师会提供面包，是因为烘焙面包能挣到钱一样，美国的经济在很大程度上也是建立在通过合同实现这种信任的基础上的。我们之所以相信飞机不会坠毁，除了有政府的安全规范外，还因为我们知道任何事故都会对航空公司的声誉造成难以估量的损害，因此航空公司的管理人员完全有理由保持良好的安全记录，因为他们能否保住饭碗和年终奖金，取决于能否为公司股东创造价值。我们对经济法律体系如何在我们的利益与我们所购买商品的生产者的利益之间构建复杂的和谐已经了然于心，我们相信这种和谐。我们之所以登机，是因为我们信赖该体系能够井然有序地运行。

因此，正规经济的大部分仍然建立在利己行为者之间的这种互补关系之上,而这种互补关系也能相互约束彼此的行为。事实上,大部分经济活动都是为了创造和维护这些平衡个人利益的链条。正如我在下文所论述的那样,这一庞大的制度大厦所需的巨额成本,实际上提高了为爱奉献对利己行为者的吸引力。

但是,对于这位为爱奉献的面包师来说,事情并非如此。这位面包师不愿意接受典型的市场激励机制,而这似乎带来了积极的市场效应。在这种情况下,无私是有回报的,市场会奖励那些拒绝市场逻辑的人。除了城市富人区的手工面包,这种现象还有其他意义吗?当然有。事实上,无私的经济价值正是资本主义创造神话的核心所在。

## 最初的(不情愿的)资本家

另一个思想家,另一个精神崩溃的人。我们来到1897年的德国城市海德堡(Heidelberg),这是德国理想主义和浪漫主义思想家云集的中心之一。马克斯·韦伯(Max Weber)既非理想主义者,也不是浪漫主义思想家。相反,他是一个不折不扣的工作狂,一个容易陷入焦虑和抑郁的失眠患者。三十多岁时,他发现自己已经精疲力竭,无法继续讲课,不得不辞掉在海德堡大学(University of Heidelberg)令人羡慕的职位。

然而,正如穆勒的精神崩溃使他产生了影响其后半生工作的洞见一样,韦伯也在 1904 年从自己的焦虑中走了出来,写出了社会学的奠基之作之一《新教伦理与资本主义精神》(*Protestant Ethic and the Spirit of Capitalism*)。韦伯的后半生都在修改这本书,愤愤不平地为其辩护,并不断增加内容。后来的版本中所附带的对批评者的回复很快就超过了原书的篇幅。因此,《新教伦理与资本主义精神》很可能是有史以来关于工作狂的最伟大的学术论文,这种说法是再恰当不过了。①

韦伯举的例子之一就是本杰明·富兰克林(Benjamin Franklin),韦伯将他视为自己所研究的"精神"(spirit)的化身。《新教伦理与资本主义精神》开篇大段引用了富兰克林于 1748 年写的《给一位年轻商人的建议》(*Advice to a Young Tradesman*),距离韦伯所处的时代已经过去了 150 年。正是有了这次布道,我们才有了"时间就是金钱"这句话:

---

① 一些传记作者认为,韦伯对《新教伦理与资本主义精神》的敏感以及他对批评者采取的防御态度,是因为他将这些批评视为对自己狂躁性格的攻击。韦伯的妻子玛丽安妮(Marianne)抱怨说,他们的婚礼不得不安排在一个工作项目的前后。韦伯自己也说,他痴迷工作是为了避免抑郁倾向:"在经历了多年可怕的折磨之后,我担心自己会患上严重的抑郁症。但这并没有发生,我相信这是因为我不停地工作,没有让我的大脑和神经系统得到任何休息。除了我天生就需要工作,这也是我非常不愿意让自己的工作出现真正意义上的停顿的原因之一。"引自 1894 年 7 月 20 日马克斯致玛丽安妮·韦伯的信,载于约阿希姆·拉德考(Joachim Radkau)所著《马克斯·韦伯传》(*Max Weber: A Biography*),Polity Books 出版。

记住，时间就是金钱。一个每天能靠自己的劳动赚取十先令（英国的旧辅币单位，于1971年被废除）的人，如果有半天是在闲逛或赖在家里，那么即使他只花了六便士在这休闲上，也不该只计算这项。除此，他实际上还多支出了（或毋宁说浪掷了）五先令。①

韦伯试图解释一个长期以来令人费解的事——自古以来，商业一直被认为是不光彩的事，被谴责为贪婪。那么，它怎么会在北欧部分地区被视为美德，又是如何在美国欣欣向荣的？正如韦伯在该书开篇所阐述的那样："那么，这种在道德上充其量只不过是能被容忍的行为，是如何成为本杰明·富兰克林所理解的'召命'的呢？"其次，新英格兰②（New England）清教徒及其后裔（富兰克林就是其中之一）为何能在这个赚钱游戏中取得如此惊人的成就？

韦伯所讲述的是所有社会科学中最著名的故事之一。很少有一本书能像《新教伦理与资本主义精神》这样被反复研读、反复推敲。它已与美国的建国神话永久地融为一体。就像所有这些神

---

① 译文参考《新教伦理与资本主义精神》，上海三联书店版，康乐、简慧美译。下文同。——译者注
② 新英格兰在美国本土的东北部地区，该区域的早期欧洲定居者是为了逃避宗教迫害的英国清教徒。——译者注

话一样，韦伯讲述的故事也迎合了各个时代各个流派的需求。它既被视为对盲目消费文化的警示，也被视为相反的警示；既是一部关于如何在商业中取得成功的管理学论文，也解释了为什么有些社会比其他社会更擅于经商。这种可塑性正是该书持续具有现实意义的原因，每一代人都在为自己的目的重写韦伯的故事，重点强调与他们的时代和地点最相关的角度。

现在请允许我一一道来。在韦伯看来，"资本主义精神"（Spirit of Capitalism）是由宗教改革以一种不太可能的方式发扬光大的。只有一套叛逆的宗教思想才能摒弃自基督教诞生之初就镌刻在基督教思想中的赚钱不道德的形象。作为 17 世纪加尔文主义（Calvinism）的产物，英国和荷兰的清教徒主张过一种勤奋、自律、清心寡欲的生活，以此作为确保自己是选民（elect）的唯一手段。他们就是本杰明·富兰克林的祖辈。韦伯不厌其烦地提醒我们，富兰克林的父亲本身就是一位加尔文教牧师。清教徒们带着这些加尔文主义的勤劳和克制的理想，远渡大西洋，来到新英格兰，以历史上前所未有的热情投入到各自的工作中。

清教徒的信念使他们自己受益匪浅。新英格兰殖民地空前繁荣。清教徒憎恶奢华，谴责一切肉体享乐。读过玛格丽特·阿特伍德（Margaret Atwood）的《使女的故事》（*The Handmaid's*

Tale）的人都知道，他们还偏爱一种相当索然无趣的风格。[①] 他们如苦行僧般地强迫自己储蓄，这意味着他们几乎不花钱，所以他们把所有的利润都重新投资到了新成立的企业中。这位清教徒面包师日复一日地穿着同样的亚麻衬衫，用赚来的钱又开了几家分店，直到他发现自己已经成为横跨整个郡的连锁面包店的老板。清教徒面包师的同行、屠夫和酿酒师也都这样做，不久之后，清教徒发现自己已成为我们今天所描绘的欣欣向荣的美国工业之子。

这就是传统的叙事：清教徒之所以日子越过越好，是因为他们花得少、存得多。然而，这却忽略了故事中最有趣的部分。延迟满足感和利润再投资是非常中规中矩的商业建议，并不是什么管理秘诀。作为一种有效的工具性战略，它是很容易被效仿的。

其实，清教徒面包师的秘诀在于其意图的本质，而商业管理教科书并没有很好地领会这一点。事实在于，清教徒们从未将利润作为他们追求的目标。对韦伯资本主义精神的创始人而言，讽刺之处在于，将富足作为他们辛勤工作的目标在当时反而会被视

---

[①] 韦伯从这种对朴实无华、整齐划一的着装偏好中看到了资本主义标准化生产方式的精神支柱："今天，资本主义对生产'标准化'的兴趣为生活方式日趋统一的强大趋势推波助澜，而这种趋势的精神基础则是对造物崇拜的拒绝。"同样有可能的是，清教徒的服饰偏好和资本主义工业之所以向标准化生产方式靠拢，都是因为功利主义和效率之间存在天然的联系。

为应受到严厉谴责。路德和加尔文都毫不含糊地谴责高利贷和见钱眼开。清教徒在盲目坚定地追求他们的召命时,从未想过要催生任何资本主义精神。他们的追求完全是另外一码事。清教徒之所以在赚钱方面无人能望其项背,是因为只有他们觉得赚不赚钱无关紧要。

韦伯推翻了亚当·斯密的论断。清教徒面包师努力工作并不是因为这能让他挣到钱,而是因为从清晨开始制作面包是他的召命,通过努力工作,能使自己和周围的人确信,他是上帝的选民之一。就像来自华盛顿州克拉克县的面包师拉里一样,烘焙的确源自一种热爱,在最充分的意义上是一种超越一切世俗动机的活动。召命的盲目性抹除了对效率的任何考虑,并在此过程中增加了产出。[①] 即使挣不到钱,清教徒面包师也会起早贪黑地工作。当然如果能挣钱也可以,因此他便挣得盆满钵满。

碰巧的是,富兰克林的祖辈继承了这样一种信仰体系,即一个人可以通过辛勤劳动获得救赎。因此,人们容忍财富的积累,将其作为辛勤工作和禁欲主义的副作用,但也仅仅是副作用

---

[①] 由于清教徒关心的是投入的最大化,而不是产出的最大化,因此效率不在考虑范围之内。沿着这种思路,欧内斯特·盖尔纳(Ernest Gellner)写道:"对召命概念的刻板依恋,由于这种依恋的根深蒂固,它本身就不受工具性效率考虑的影响。"欧内斯特·盖尔纳,1987年,"避免出丑的动物",《相对主义与社会科学》(*Relativism and the Social Sciences*),剑桥平装书图书馆(Cambridge Paperback Library),第75页。

而已。清教徒并不是像传统说法那样偶然发现资本主义的,是资本主义发现了他们。资本主义意识到清教徒是多么理想的市场主体——正是因为他们不受市场激励的驱使——所以资本主义向他们敞开了大门。

更重要的是,如果清教徒实际上就是被市场激励所驱使的,如果他们只是想最大限度地提高自己的收入,那么他们就不会那么卖力地工作了。韦伯在谈到北方各州的蒸蒸日上与南方各州的相对贫困时,也提出了同样的看法。富裕的新英格兰殖民地是由传教士出于宗教动机建立的,而邻近的南方各州殖民地则是"由大资本家出于商业目的建立的"。事实证明,不情愿的资本家更擅长资本主义游戏,而一心追求利润的资本家则举步维艰。

为什么会这样?是什么让资本主义精神最初的传承者不情愿地证明了成功的秘诀?为了找到答案,让我们回到韦伯的案例分析本杰明·富兰克林,他是韦伯假想的资本主义精神的化身。在韦伯大篇幅引述的富兰克林的"传教"中,其主要关注的原来是商人如何获得并保持自己的信用分数(*credit score*):

> 足以影响个人信用的任何行为,不管再怎么不足为道,都必须小心留意。无论是早上五点或晚上八点,你的下槌声响传到债权人耳朵里,都会让他安心个半年;倘若在你理当劳作的时刻,他却看到你在撞球场的身影或听到你在酒馆里的话声,那么第二

天早上他就会来催你还钱，甚至在你还筹措不及时就要你还清。

富兰克林接着说："除此之外，你的槌声还显示出，你对自己的债务并未忘怀，这让你看起来像个既小心又诚实的人，将会提升你的信用。"

富兰克林笔下的商人渴望的不是诚实，而是塑造一个令人信服的诚实形象——在这种情况下，他是通过实实在在的敲敲打打来做到的："听我辛勤劳作的声音，就知道我是个孜孜不倦的人。"对诚实的强调令人忍俊不禁，因为富兰克林说得很清楚，抢锤敲打是做给别人看的，而且只针对特定的观众，即债权人。

这让我们不禁想起上一章中凡勃伦笔下的有闲绅士所面临的巨大窘境。如果无人见证，那怎么才能让别人知道他悠闲自在？也许凡勃伦笔下的绅士可以借鉴富兰克林的方式，纵情高歌，让所有路人都能听到，从而体会到他有多么游手好闲。这也让人联想到我们今日的自拍者，他们担心如果没能抓拍到某个瞬间，并将其发到网上广而告之，那就好像没有真的发生过一样。

我们在这些案例中发现了两个共同点。第一个共同点，这三种人的行为都是工具性的，富兰克林笔下的商人勤勤恳恳地工作，就是为了让自己看起来讲信誉，从而提高自己的信用。凡勃伦笔下的有闲绅士陈列战利品，以证明其无所事事。当代自拍者在社交媒体上发布照片是为了维持其努力塑造的人设，比如喜欢冒险的旅行者或慈爱的父母。在上述所有情况下，行为的做出都不是为了行为本身的目的，而是作为达到外部目的（external end）的一种手段。

这就引出了这三个人的第二个共同点，即目的的性质。在每种情况下，他们都试图使观众相信他们实际上就是他们表现出来的样子：一个诚实的商人、一个地位崇高的绅士、一个富有冒险精神的旅行者或一个慈爱的父亲或母亲。他们都费尽心机地想让别人相信自己——他们在争夺信誉。

富兰克林笔下的商人如此心无旁骛地保护和维护自己的信用，确实合情合理。"Credit"（信用）一词源于拉丁语的 creditum 及其词根 credere，意思是相信或信任。在所有这些情况下，关键就在于要"获得别人的信任"。一个人得有信誉，才能获得信用。富兰克林明白，对清教徒而言，上帝站在债权人一边，债权人对此心知肚明。通过将自己与上帝联系在一起，清教徒煞费苦心地提高自己的信誉。因此，债权人就很愿意借钱给清教徒。

这才是清教徒取得商业成功的关键所在。在努力证明自己能够获得神圣救赎而非经济利益的过程中，他们获得了前所未有的商业信誉。想象一下与新英格兰清教徒做生意的情景，如果你知道工作是他们存在的意义，而不是达到外部目的的手段，你就可以完全相信，他们绝不会剥削你或卷走你的钱。因为他们没有必要这样做。如果他们承诺下周给你钱，你只管相信他们就好了。

事实上，你对他们的信任可能超过对你自己的信任，因为你知道自己的动机不那么纯粹，也更容易变卦。同样，你永远不必担心你的清教徒商业伙伴会为了节省时间走捷径而牺牲你的利益，因为在清教徒的世界观里，努力并不是为生计所迫，而是工作的重点。

现在，想象一下两个清教徒彼此打交道的情景。他们可以完全信任彼此正直和勤奋的品格。他们会毫不犹豫地立刻提供服务以换取以后的报酬，也不需要检查彼此的工作是否尽职尽责。事实上，清教徒雇主与工人的关系就是这样的。随着面包店加盟店越开越多，清教徒面包师雇用了其他像他一样兢兢业业的人帮忙，这些人都是不可多得的好工人。韦伯看到了这一点："宗教的禁欲力量又将冷静、有良心、工作能力强、坚信劳动乃神所喜的人生目的的工人交在（清教徒雇主）的手中。"资本家还能再奢求什么呢？这些劳动者不顾世俗的回报，不管有没有人监督都勤勤恳恳地工作。他们期待从天上获得更丰厚的赏赐；他们更关心上帝严厉的目光，而不是工头的目光。他们在一种信仰体系的谆谆教诲下辛勤劳作，这种信仰体系"赞美不求利得而忠于职业的劳动者，认为他们是以使徒为人生的榜样，亦即具有耶稣门徒的卡里斯马[①]（charisma）"。换句话说，这就是管理者梦寐以求

---

[①] 原意为"神圣的天赋"，来自早期基督教，初时指得到神帮助的超常人物，引申为具有非凡魅力和能力的领袖。——译者注

的啊！

清教徒的道德观一箭双雕，不仅为管理者提供了一支忠心耿耿的信徒兼工人大军，还免除了他们的主人对剥削他们劳动成果的心理负担，因为这一切都是为了一个神圣的目的。正如韦伯所言，"基督新教的禁欲又视企业家的营利为'天职'，从而正当化了这种特殊劳动意欲的剥削利用"。当这些不情愿的资本家回顾所取得的成就时，他们从偶然的致富中看到了自己被神选中的一个迹象。

用上一章介绍的术语来说，清教徒将财富视为工作的副产品而非直接成果，这正是他们在尘世中取得成功的原因。致富是一个无关紧要的副作用，甚至在事实上完全背离其初衷。我们此前遇到过这种逻辑。用穆勒的话来说，清教徒的致富是"顺带"的、偶然的、无心的——正因为他们无心致富，所以才能致富。

这就是为什么有人认为 17 世纪加尔文教派的新英格兰后裔是偶然进入资本主义的原因。事实证明，清教徒是资本主义思想的典范，因为他们缺乏资本主义的动机。反而是资本主义发现了清教徒并积极向他们示好。到了富兰克林的时代，资本主义已经成功诱惑了清教徒，二者完成了结合。上帝黯然失色，但追求利润的动机依然存在。在此之前，财富一直是意料之外的副产品，而现在，它已经变成了预期获得的产品。

结果，富兰克林只能鼓吹一些和耍花招差不多的把戏。以看起来诚实的表现取代真正的诚实,这种表现之所以有用是因为诚实曾经是真正的重点。韦伯巨著的标题本身就包含了这种对立的共舞:"新教伦理"和"资本主义精神"就像两块磁铁,既相互吸引又相互排斥。

韦伯目睹了这场共舞的部分过程。在后来一篇关于美国教会的文章中,他描述了在北卡罗来纳州(North Carolina)看到的成人洗礼,这件事给他留下了深刻的印象。一位牧师让十名穿戴整齐的男女浑身浸没在冰冷的山涧水中。韦伯询问了其中一位"看起来很聪明的年轻人"的新皈依者,问他是什么原因让他接受了这种"受洗仪式"。作为回应,他得知这位年轻人"打算在艾里山(Mount Airy)开一家银行,需要一大笔贷款"。在他的追问下,才知道"进入浸礼会(Baptist)之所以如此重要,并不是因为潜在的浸礼会客户,而是为了吸引非浸礼会客户"。这位年轻人知道自己在做什么,通过让人看到他接受浸礼会严格的宗教仪式和信仰,他在未来的顾客眼中赢得了信誉——尤其是那些非浸礼会教徒,他们可能会对他的虔诚程度印象更加深刻,这是他们自己永远也假装不来的。

这种对立的共舞在三个时刻上演。在第一个时刻,路德和加尔文最初的新教伦理都认为挣钱的动机是有罪的,哪怕露出一丁点儿这种动机都会遭到谴责。在第二个时刻,新英格兰清教徒认为不知疲倦的工作是得到救赎的证明,这一信念被证明是经济成功的意外关键。在第三个时刻,到富兰克林所在的时代,资本主义精神已经吞噬了新教伦理,商人只能模仿清教徒的姿态来给自己塑造形象。原本自发的行为也受到了影响。原本做这些事是为了增加上帝的荣耀,现在却是为了说服债权人。通过这三个阶段的嬗变,清教徒的禁欲主义成功地转变成了韦伯所说的"贪婪哲学"。禁欲主义是野心的侍女,最终却被野心扼杀。

不过,让我们在共舞的第二个时刻稍事停留。事实证明,最早的资本家不情愿的心态正是他们取得经济成功的关键。这又有何不寻常的呢?用无私的心态换来经济上的成就绝非特例,而是资本主义的主流。

## 无私为什么有回报

如今布鲁克林的面包师和最早的清教徒面包师有许多共同之处。首先,他们都充满热情。清教徒面包师追求的是韦伯所说的"天职"(Beruf)——一种宗教意义上的召命。不过,这位布鲁克林的面包师也声称自己追求的是一种热情,一种以面包制作工艺本身为目标的热情。在这两个例子中,他们可能都惊讶地发现自己的热情得到了回报。债权人信任他们,客户也信任他们。他们为爱奉献的行为似乎模仿了市场激励机制,但这种雷同纯属偶然。他们发现自己活出了罗伯特·弗罗斯特(Robert Frost)理想的状态,他在那可能是他最著名的诗句里写道:"我生活的目标是将我的爱好与职业结合在一起,正如两只眼睛使视力合一。"① 在这两位面包师的例子中,职业和爱好恰好不谋而合,而他们也因此变得更加出色。

无论是布鲁克林的面包师还是清教徒面包师,他们勤勤恳恳地制作面包都不是出于亚当·斯密认为的动机,即对市场参与者的激励机制。与亚当·斯密笔下的面包师相比,他们都受益于同样的悖论,得到了更大的收益。债权人给他们提供更宽松的贷款条款,客户愿意为他们的发面面包支付溢价。更重要的是,他们之所以拥有这些优势,都是因为同一个原因——他们得到了别人的信任。他们之所以被人信任,是因为他们是无私的。

在这种情况下,"无私"并不意味着漠不关心,完全不是一回事。毕竟,布鲁克林的面包师和清教徒面包师都是热情洋溢的人。但他们的热情是针对活动本身的,即源自宗教的召命或对手工艺的热爱,而不是因为这样做能给他们带来更多的个人利益。人们可以将"无利害关系方"(disinterested party)称为争端中的中立仲裁者,即与任何一方都没有外部利害关系的人,因此这里的"无私"和法律上的"无利害关系"意思差不多。仲裁者并非

---

① 出自罗伯特·弗罗斯特的经典诗作《泥泞时节的两个流浪汉》(*Two Tramps in Mud Time*),译文选自《未选择的路——弗罗斯特诗选》,湖南文艺出版社,远洋译。下文同。——译者注

没有私心，只是在这场争端中没有。因此，双方都相信她能提供公正的意见。因此，当一项活动是为了获得某种外部收益时，人们就会以"有私心的"方式进行这项活动。一个人只要缺乏这种外在目的，从事某种活动只是为了该活动本身，就是"无私心的"。在这里，我们不妨将上一章中的副产品概念联系起来，无私心的企业家指的是那些认为商业利益只是某种非商业目的（比如热情、使命、愿景）的意外副产品的企业家。这种真正无私奉献的企业家是一种理想类型，而且这种理想类型仍然凤毛麟角，但这并不影响以这种形象示人的企业家获得商业回报。

因此，布鲁克林的面包师和清教徒面包师揉面团是一种无私心的行为，他们的动机与商业利益无关，而亚当·斯密笔下的面包师则是"出于自身利益"而烤面包。[1] 现在，当个人利益和热情

---

[1] 这里有人可能会提出异议，认为清教徒面包师也在追求另一个目的，即保住自己作为选民的地位。同样的，布鲁克林的面包师事实上不也是在追求作为外部目的的个人满足感吗？那么，这两个人不也是和亚当·斯密笔下的面包师一样在追求个人利益吗？这样解读有无私心的风险在于，它等同于一种我们熟知的循环概念，出于任何动机而采取的任何行动都被说成是为了促进该动机而采取的行动。然而，根据个人动机与任务的内在联系有多大，可以对有私心的商业和无私心的商业进行有意义的区分。就清教徒面包师而言，宗教信仰把工作变成了一种召命或天职，召命的概念本身就甚于该一内在联系，召命本身就提供了动力。同样，为爱奉献的布鲁克林面包师也是出于对烘焙本身的热爱。尽管亚当·斯密笔下的面包师很可能会从自己的劳动中获得一些满足感，但由此带来的商业成功才是他的主要动机，而斯密也正是将他的信任寄托在了这一动机上。个人满足感是实现商业成功后才产生的，它不会使面包师对利润的关注变成意外的副产品。

碰巧一致时，情况就变得有趣了。这似乎是一个令人羡慕的结果，今天许多人趋之若鹜。亿万富翁投资者瑞·达利欧（Ray Dalio）就是其中之一。正如他在畅销书《原则》（*Principles*）中所建议的，"让你的激情和你的工作成为同一件事"。这已成为越来越多的创意自由职业者和企业家的口头禅。但是，正如接下来的章节所显示的，任何人如果真的试图遵循这一建议，刻意地使自私的动机和无私的动机保持一致，都会遇到一个棘手的问题。

我们已经可以想象这样一个人可能是谁了。亚当·斯密笔下的面包师可能是利己主义者，只受利益驱使，但他也是一个明智的商人。他很快就会发现，那个为爱奉献的面包师正吸引越来越多的顾客。因此，这个利己的面包师有理由把自己伪装成为爱奉献的面包师。问题是，他能做到这一点吗？精心策划表现出为爱奉献的样子能令人信服吗？当顾客想要购买发面面包时，对这两个面包师他们会相信哪一个？

## "相信我"：资本主义的基石

我所说的"市场"指的是通常所说的意思，即它是一种非人格化的力量，我们都徜徉在其中。但现在我们可以更准确地定义"市场"的含义。我们所说的"市场"究竟是什么意思，它与自私和无私又有什么关系呢？

借用《伊甸园》第一章中浪漫主义者最喜欢的比喻，在伊甸园里不存在市场，因为不需要市场。亚当和夏娃只要伸出手，就能够到成熟的无花果，因为成熟的无花果总是唾手可得。他们之间没有必要交换任何东西。如果亚当说："夏娃，如果你给我一个橘子，我就给你两个无花果。"夏娃会回答说："干吗？我想吃多少无花果就吃多少无花果，你想吃多少橘子就吃多少橘子。"但是，一旦他们被逐出伊甸园——因为吃了另一种水果——情况就不一样了。

堕落带来的惩罚是，亚当和夏娃从此必须每天为果腹而劳作。上帝愤怒地许诺："你必须汗流满面才得以糊口。"这对人类来说是不幸的一天，但对经济学家来说却是个值得庆祝的日子——他们的学科诞生了。

经济学源于稀缺性。莱昂内尔·罗宾斯勋爵（Lord Lionel Robbins）于1932年提出了这个简单的经典定义："经济学是把人类行为当作目的与具有各种不同用途的稀缺手段之间的一种关系来研究的科学。"一旦成熟的无花果不够所有人吃，研究哪些人可以吃多少以及如何决定分配就变得很有趣了。突然间，那些碰巧住在无花果树下的人就有了很多无花果，而其他人却什么都没有。幸运的是，其他人可能发现附近有一片橘子林。稀缺性和禀赋差异（differences in endowments）的结合为互惠交换创造了条件："我用两个新鲜的无花果和你换一个橘子。"面对稀缺性，效率突然变得重要起来——我们希望用最小的投入获得最大的产出，用最少的资源获得最多的收益。

但事实证明，光有稀缺性和禀赋差异还不足以形成市场。正如经济学家奥利佛·威廉姆森（Oliver Williamson）所说，认为"市场从一开始就存在"这种想法并不完全正确。接着前面的寓言继续讲，人类一旦被逐出伊甸园，就会发现自己处于另一种自然状态，这个状态更接近霍布斯的世界，那里的每个人都惧怕其他人，每个人都必须为自己着想。人生之所以"肮脏、野蛮而短暂的"，部分原因就在于每个人都只能依靠自己来满足生存需求。

克服被剥削的恐惧是人类必须面对的挑战。一旦我们超越了自己，或者超越了我们最小的单位——家庭，或者最多是部落——对被剥削的恐惧就会使交换变得困难。我不能保证你会拿出无花果来交换我的橘子。尤其碰巧的是，无花果比橘子晚三个月成熟——如果我现在交付橘子，我怎么知道你会不会在三个月后信守诺言交付无花果？随着市场规模的扩大，信誉这一根本问题也日益突出。突然间，向遥远的市场扩张会带来更大的收益，那里的人从未见过橘子，但风险也更大。我经常需要依靠陌生人才能进入那些遥远的市场。我可以相信一个表亲或一个邻居会用橘子来换我的无花果，但我肯定不会把我的货物托付给某个不知名的船长，尽管他承诺会把货物运到一个遥远的港口，并在一个月内把收益带回来。

至关重要的是，船长说服商人后能获得的好处与商人相信船长的好处一样多。富兰克林时代的商人和债权人也是如此。既然交换顾名思义是互惠互利的，那么只要能让对方相信自己，那么双方就都能获益。事实证明，这是一个极其难以解决的难题。但这也是任何市场得以运作的必要条件。

社会科学家认为，信誉就是让他人相信自己是某种"类型"的人。我可能属于那种靠谱的商人——脚踏实地、勤勤恳恳、"信用很好"。麻烦的是，还存在另一种商人，他们会携款潜逃，从人间蒸发。这给勤勤恳恳的商人带来了一个挑战，尽管他很想表明自己是靠谱的，但只要那些招摇撞骗的商人能完美模仿，他就没有办法让别人相信自己。例如，他不能只是大声宣布自己为人诚实，因为骗子也可以同样大声地宣称自己诚实。信誉的准则是空谈无用（*talk is cheap*）。事实上，"空谈"（Cheap talk）是博弈论者用来形容空洞承诺的专业术语。

信誉问题也是政治市场（political market）形成的基础。未来的政治领导人希望公民将权力赋予他们，但他们却无法令人信服地证明自己是那种不会滥用权力的领导人。这些公民意识到，如果他们面对的实际上是一个伪装的专制者，那么后者一旦掌权就再也不会放手。历史上不乏这种情况，一些本应仁慈的领导人最后被证明是伪装的专制者，他们通过民主手段上台，然后拒绝下台，在这个过程中使自己的国家陷入混乱。由于担心这种情况，公民可能从一开始就会拒绝授权。结果，每个人的处境都恶化了：公民无人领导，而领导人也无法进行统治。那么，一个自诩不专制的领导人该怎么办呢？

这个问题很普遍。所有交易都包含一定的风险因素：无花果可能会被下毒；船长可能会携货潜逃；看似仁慈的领导人可能会摇身一变成为暴君。商业和政治中的诱惑游戏，很多都是为了让别人相信自己，比如说："我为人忠诚可靠，不像别人那样反复无常、背信弃义。"但是，光是口头上说说可能还不够，因为口说无凭，谁都可以这么说。随着市场规模的扩大，这个问题只会越来越严重，因为我们对任何特定个人的了解越来越少。我们所有的交易都变成了非人格化的交流。为了将自己与"坏人"区分开来，好人必须以坏人无法模仿的方式行事。

对于信誉问题，目前只有两种已知的解决方案。第一种解决方案深受经济学家的青睐，它包括投入某种代价高昂的赌注（costly stake）。也就是说，让不守信用的人付出极高的代价。比如其他人看到我因为不诚实、不勤奋而受到很大的惩罚，那么他们就更有可能相信我会诚实、勤奋。这种成本的存在需要制度来保障，它可以是一种非正式的制度，让我把自己的声誉寄托在可靠和忠诚上；也可以是一种正式的制度，对任何不信守承诺的人进行制裁。在前一种情况下，食言的代价是被人瞧不起，受到社会的指责，而在后一种情况下，代价则是会被罚款、监禁或制裁。

第二种解决方案不是依靠昂贵的赌注,而是让别人相信自己的有意或无意。如果前述清教徒商人或为爱奉献的面包师能够让别人充分感受到他们的清教徒精神或对自己手艺的热情,那么其他人就会认为他们诚实勤劳,因为他们知道他们是受物质私利以外的东西驱使的。相应的,这种说服的诀窍在于其行事方式是非清教徒或不热爱的人无法完美模仿的。换句话说,解决市场资本主义的根本挑战——信誉问题的第二个解决方案就是表现出自己的无私。

## 两种商业

苏格兰启蒙运动的重要人物大卫·休谟在其《人性论》(Treatise of Human Nature)中区分了两种不同的商业:"有私心的商业和无私心的商业"。无私心的商业历史更久远。它依靠的是出于感激之情自然而然产生的义务感,就像人们对亲密朋友或亲人所期望的那样。但休谟认识到,在现代社会中,人们大多数的交易都是在陌生人之间进行的,其基础并非感激之情,而是期待产生某种互惠。在这种情况下,正如休谟所说:"我对你没有什么好感,也知道你对我同样没有什么好感。"由于缺乏友谊或感情的自然基础,两个陌生人可能对彼此有利用价值,但却永远无法同心同德、互利共赢。你可以利用我的帮助，而我也可以反过来利用你的帮助，但由于我无法确保，我履行了我的承诺之后你是否会回报我，所以我选择不帮助你。结果我们双方的情况都更糟了。或者，如休谟所说："那我就不打扰你们独自工作了，你也用同样的方式对待我。春去秋来，我们双方都会因为缺乏信心而未能丰收。"

休谟之所以要区分有私心的商业和无私心的商业，是因为他看到，现代形式的有私心的商业带来了一个过去没有过的问题。只要是出于善意向熟悉的人提供帮助，就自然而然地会产生交换行为。但是，一旦市场规模扩大到需要在陌生人之间进行非人格化的交换，就出现了一个新问题，即信誉问题。

休谟认识到，一个依靠陌生人交易的市场需要不断地放手一搏，因为我的橘子比你的无花果早三个月成熟："双方对承诺的履行不可能在同一时刻完成，必须有一方愿意接受不确定的状态。"同样，我们可能都想给对方帮工，但我们永远无法同时做到这一点。我无法在你帮我搬家的同时去帮你搬家；我们之中必须有一个人先去给另一个人帮忙。大自然使人与人之间能够互利互惠，但这并不足以确保人们一定会通过互惠行为受益。

要实现互惠互利，我们还需要得到别人的信任，而事实证明这是极其困难的。这是因为正如休谟所言，许诺并不自然地产生任何义务。我们无法诉诸任何人类的基本品质来说服他人相信我们的承诺，这并不像父母照顾子女那样是一种天然的倾向。当我们向某人许下诺言，或承诺只要他们帮了我们，我们就会帮他们搬家，如此一来我们便凭空创造了一种道德义务。作为一个彻头彻尾的经验主义者，休谟对此充满了敬畏，义务感怎么可能无中生有？他将其描述为"一个人可以想象的最神秘、最难以理解的操作之一"，并将其比作"变体论"（TRANSUBSTANTIATION）或"圣秩圣事"①（HOLY ORDERS）（休谟自己用夸张的大写字母强调）。那么，这个像面包变成基督身体一样神秘的过程是如何进行的呢？

答案是，通过一项变革性的人类发明完成。即，由"某些象征和符号"组成的一系列约定俗成的词语，一旦说出口，就产生了义务。比如说"我发誓，如有食言，天诛地灭"，或者写下一份公证过的宣誓书。以及诅咒违背誓言的人："一旦确立了这些符号，那么无论谁使用这些符号，都会立即受到利益的约束，必须履行自己的承诺，如果食言，就永远别再指望能获得任何人的信任。"

休谟将世界整齐划一地划分为人类活动的两个领域，而它们之间的分界线就是人类发明的"许诺"——这是一种典型的启蒙

---

① 又称"神品"或"圣品"，指的是基督教会神职人员权力、职分的品级。——译者注

运动的做法。没有许诺的能力，市场就无法出现，陌生人之间也就无法互通有无。尽管休谟的大部分例子——玉米收成、葡萄酒贸易、房屋买卖——都属于经济上的交换，但其影响却远远超出了经济范畴。事实上，在休谟所处的时代，"commerce"[①]一词的含义远比现在更广泛。它涵盖了从交谈对话到感情纠葛等各种类型的人际交流。

"commerce"一词的含义演变至今，现在仅限于经济含义，在这一演变过程中我们很容易发现一种更普遍的现象。正如下一章所讨论的，商业领域有一种趋势，能够逐步融入形形色色的人类活动。没有经济意义的活动逐渐让位于有经济激励的活动。值得一提的是，往往是那些不仅与经济动机无关，而且与其截然相反的追求，才会被最热切地纳入商业领域中，这正是因为它们的无私性使从事经济活动者趋之若鹜。

## 早期市场中的"有私心的商业"

经济史学家通过比较世界不同地区真实市场的出现，重新讲述了休谟的风格化故事。在大多数情况下，这些说法都是为了

---

[①] commerce现在多译为"商业"，除此之外还有"交往、社交、交际"之意，但现在比较少见了。——译者注

让人们信以为真而想出来的。在一个小市场里，比如在一个村子里，每个人都互相认识，那么只要说到做到就行了，因为一旦被视为骗子，社会的谴责本身就是一种很严厉的惩罚，这足以确保没有人会食言。其结果就是经济学家所说的"自我实施"（self-enforcement），即没有人有动力公然藐视规则。但在更大的市场中，如中世纪（Middle Ages）横跨大陆的香料贸易，或14世纪在地中海（Mediterranean Sea）周边国家之间发展起来的密集贸易网络，依靠商业伙伴的亲身经历来判断一个人的信誉已变得不可能。商人们不得不采取更复杂的手段来获得他人的信任。

早在14世纪，热那亚（Genoan）商人就建立了一套复杂的汇票和提单系统：每艘船上都配备一名办事员，负责登记船上的所有货物，用于确认船长收到货物，然后由船长对货物负责，直到收货人在目的港验收货物为止。

无独有偶，从13世纪开始，马格里布（Maghribi）商人也使用另一套系统来解决同样的问题。他们依靠的不是由专职办事员记录的正式承诺，而是非正式的声誉网络。事实证明，这套系统在本地非常高效。但最终，马格里布商人对个人化关系的依赖限制了其贸易网络规模的发展。经济史学家阿夫纳·格雷夫（Avner Greif）认为，这种差异说明了为什么热那亚商人的后裔最终能将其业务遍布整个西半球，而马格里布商人却止步不前。热那亚人想出了一种可推广的方法，解决了信誉挑战，证明了称霸世界与偏居一隅之间的区别。

马格里布商人的实施系统实际上需要一连串的绅士协议，而绅士之间需要彼此了解。马格里布人最初能够依靠声誉链条做生意，是因为他们是一个紧密团结的少数民族，他们是逃离巴格达（Baghdad）地区前往突尼斯（Tunisia）更安全的地方落脚的犹太商人的后裔。这种最初的优势最终被证明是有其局限性的。相较于热那亚的体系，马格里布的国内贸易不必依赖复杂的法律文书，这是其一大优势，因为热那亚制度需要复杂的簿记，每艘船上都要雇用办事员。但是，一旦马格里布商人的声誉网络扩张到了极限，贸易就无法再继续进行下去了。没有什么好办法能获得别人的信任。当信誉问题无法跟进解决时，资本主义就止步不前。

特别是随着市场规模的扩大，违背诺言的诱惑也随之增大——不仅因为交易双方不可能互相认识，所以就算食言了也更容易逃脱惩罚，而且欺骗带来的回报也更高。正如经济学家道格拉斯·诺斯（Douglass North）所言，"在复杂的社会中，投机取巧、欺骗和推卸责任带来的回报会更高"。在过去，你顶多也就能骗走邻居的一头牛，而在现代社会，运用欺诈手段可能会帮助你获得大量财富。欺骗的诱惑增加了，这就让人更难相信别人；突然之间，每个人都有更多理由来怀疑别人的动机。

在资本主义市场中，信誉问题依然存在。时至今日，信誉缺失仍是现代市场发展最大的障碍。大量关于"社会资本"的文献记录了无数例子，这些例子说明了当信誉缺失、人们无法相互信任时会发生什么。对此，哈佛大学政治学家罗伯特·帕特南（Robert Putnam）在其最著名的一项研究中对比了意大利北部和南部的差异。时至今日，生活在北部的意大利人比生活在南部的意大利人表现出更高的社会信任度，他们更可能会在紧急情况下信任陌生人，也比较不会认为其他人会趁机占他们的便宜。帕特南将这一现象与不同的文化传统联系起来，这些文化传统可以追溯到一千年前，其影响延续至今。

事实上，韦伯所引述的本杰明·富兰克林的布道中主要关注的贸易信用制度，正是在中世纪意大利北部共和国发明的，也就是在人们常说的但丁时代（Age of Dante）。与其他情况一样，国家的参与及其通过法院发挥强制执行职能的意愿使信贷的使用成为可能。

我们有一个方便的衡量标准来衡量人们在多大程度上相信彼此的承诺，那就是贷款利率。对承诺的普遍怀疑程度越高，贷款或将资金委托给陌生人的利率就越高。在某些情况下，隐含利率[①]高得令人望而却步；中世纪时期以及之后几个世纪的意大利南部就是这种情况。因此，在巴里（Bari）和巴勒莫（Palermo）

---

① 指买方在赊购商品时，无法在折扣期内付款而要支付的费用。——译者注

等意大利南部城镇，非个人使用的信贷实际上是闻所未闻的，在那里无论以多高的利率都得不到任何信贷。与此同时，随着金融法律体系的日趋完善，意大利北部的利率稳步下降，国家作为强制执行者的角色也日益重要。人们变得越来越容易获得信任，信誉的现货价格（spot price）也随之下降。

到了今天，北部的意大利人发现与陌生人的交换变得更容易；而生活在南部的意大利人则局限于他们可以真正信任的小圈子里，圈子里的大部分人是他们的亲戚。

社会资本研究中经常提到的一个经验教训是，家庭成员之间的"强联系"（strong ties）对促进繁荣的重要性最终还是比不上商业伙伴之间的"弱联系"（weak ties）。更重要的是，在一些地方和文化中，人们越是把希望都寄托在强联系上，依靠亲缘关系来解决信誉问题，弱联系出现的可能性就越低，整个社会的发展轨迹也会因此受到影响。

## 信誉与交易成本

从热那亚商人与马格里布商人、意大利北部商人与南部商人截然不同的命运中，我们得到的启示是，信任是无价的。但这需要昂贵的制度设计，比如办事员和法院。经济学家将这些成本的总和称为"交易成本"（transaction costs）。

交易成本之于经济世界，就如同摩擦之于物理世界——一种麻烦但似乎无法避免的障碍。今天，资本主义制度的大部分内容包括了这种成本，其存在的唯一目的就是管理市场主体的信誉。对冲基金如果抢先发现一个公司违背了诺言，就能大赚一笔——金融体系鼓励任何能够发现公司存在欺诈或其他欺骗行为的人对该公司下注，如果他们的怀疑被坐实，就能获得意外之财。更不用说还有公证人、承保人、中间人、法庭和评级机构，它们都致力于履行监督、执行和评分的职能。所有这些行为者的工作就是确保别人的许诺真实可信。这往往是它们存在的唯一理由。

市场需要靠这些行为者来解决信誉问题。虽然企业界总是对过度的监督和监管耿耿于怀，但如果没有这些机构，企业界很快就会分崩离析——成功的企业迫切希望评级机构能够查看它们的账簿并评估它们的声明，因为不这样做的话，就没有人会知道它们与隔壁管理不善、陷入困境的企业之间有什么区别。要证明他们的"品行好坏"，就需要一个复杂的金融体系，奖励守信的市场参与者（分析师、会计师、保险公司等），谴责其他失信的市场参与者。因为正如休谟所意识到的那样，许诺并不是自然而然的事情，只能被人类发明出来。我们赖以执行这些规定的制度设计也是如此。

经济学家认为，生活在这样一个"次优的"世界我们需要这些制度设计。他们的意思是，尽管我们可能希望生活在一个"最优的"、无摩擦的世界,在这样的世界里无须怀疑他人的意图,尽管大多数人可能在大多数时候都是出于好意,但为了让市场发挥作用,我们必须时刻假定每个人都意图不轨。因此,我们设计人类制度的前提是,正如休谟所说,"必须将每个人都当作一个无赖,他的所有行为除了追求一己之私外,别无其他目的"。①

当然,所谓的"最优世界"只是一种虚构。用经济学家阿维纳什·迪克西特(Avinash Dixit)的话说,"整个世界充其量也就是个次优世界"。某种程度的低效率是不可避免的,因为这需要制定规则来应对人类的缺陷,还需要指定守卫来执行这些规则。除非我们能找到一种在无摩擦环境下进行交易的方法,就像在一个没有重力的胶囊里运动,在这样一个环境里所有的公证人、法警和评级机构都是多余的。

这个世界事实上是存在的,休谟很清楚,它并没有因为现代市场的出现而消失。如果说有什么不同的话,那就是它与有私心

---

① 休谟在阐述这一点时承认,政治体制建立在一个明显错误的前提之上,即社会是由不道德的利己主义者组成的,这是多么奇怪的事情:"政治作家们将其奉为至理名言,即在制定任何政府制度、确定宪法的若干制约和控制措施时,必须将每个人都当作一个无赖,他的所有行为除了追求一己之私外,别无其他目的。尽管他贪得无厌、野心勃勃,但我们还是必须用这种对一己之私的追求来管理他,并通过这种方式使他与公共利益合作……因此,必须把每个人都视为无赖,这是一条公正的政治格言:尽管这一句格言在政治上是正确的,但在事实上却是错误的,这似乎有些奇怪。"(休谟,《人性论》)

的商业之间存在矛盾。尽管休谟对现代市场所激发出来的人类创造力充满敬畏，但他显然更喜欢传统的商业形式："但是，尽管人类的这种利己主义商业方兴未艾，逐渐在社会中占主导地位，它并没有完全摈弃更为慷慨高尚、建立在友谊之上的交往。"

有对比才有差异，这两种形式的商业因另一种形式的存在而变得更加鲜明，无私心的商业现在因没有工具性目的而脱颖而出，并受到追捧。这是一种不以获取任何利益为目的的交换形式，因此不需要做出许诺。我们之所以认可它，是因为其采取的行动并不期待互惠互利。这是充满友谊、礼物和自发交换的世界。这是新英格兰清教徒和为爱奉献的布鲁克林面包师的世界。

无私心的商业是一种理想的无摩擦交换形式。这种交换形式没有恐惧和风险，因此也不需要我们费尽心机地去猜测对方的真实意图。令人难以置信的是，无私心的商业反而提高了效率。这是经济学家无法企及的最优世界。

## 风险资本主义与无私心

尽管我们已经开始接受并依赖一套次优的法律制度，这套制度致力于构建和维护经济行为者的信誉，但市场不曾忘记无摩擦商业环境的梦想。越是接近这个梦想，就越能获得丰厚的奖励。这就是为什么潜在的商业伙伴会寻找充满热情的面包师——无论是17世纪新英格兰的面包师,还是21世纪布鲁克林的面包师。因为他们可以信任"这一类"面包师,他们可以相信面包师不会磨洋工,更不会卷走收银机里的现金。如果他们能确定对方真的热爱自己所做的事,那么他们就能摒弃资本主义赖以维系许诺可信度的昂贵的制度体系。

出于同样的原因,所有充满热情的雇主都希望雇用同样充满热情的员工,而不想雇用那些仅仅只是混口饭吃的员工。因此,韦伯指出,清教徒的雇主拥有一支"冷静、有良心"的工人队伍,"他们坚信劳动乃神所喜的人生目的",因此无须监督。事实证明,现代投资者也喜欢投资"有热情"的人。今天,在那些为其巨额资金寻找投资机会的风险资本家中,"热情"已成为有前景的投资的代名词。

2019年8月,全球共享办公空间领域增长最快的公司WeWork准备启动价值650亿美元的首次公开募股(IPO)。WeWork已成为世界上最大的房东,其商业模式包括在全球数十个城市购买办公空间,按照统一的风格为这些空间配备弹球机和散装啤酒,然后将其出租给那些寻找全包式员工住宿解决方案的科技公司。韩裔日本人投资者孙正义(Masayoshi Son)的投资助推了WeWork令人眼花缭乱的崛起,他是愿景基金(Vision Fund)的成员,该基金市值1 000亿美元,主要投资于科技初创企业。孙正义并没有投资WeWork这家公司,而是投资了其首席执行官兼联合创始人亚当·诺伊曼（Adam Neumann）。

孙正义初识诺伊曼是在 2016 年印度的一次创业会议上。在那里，诺伊曼从演讲一开始就表明了他属于哪类人："对于这样一个充满灵性的国家，我很惊讶听到这么多关于估值、融资、泡沫和建立大公司的讨论。这不是我要的。我们的目标是找到自己真正喜欢的东西。"诺伊曼清楚地表明，他不是亚当·斯密式的面包师；他是热情的布鲁克林面包师。然而，孙正义却把自己的晚餐托付给了他，而且还远远不止于此。第二年，孙正义向 WeWork 投资了 44 亿美元。第三年，他又投入了 42.5 亿美元。

诺伊曼成功地将一个以物业管理为核心的企业转变成一个崇高的企业，在这个企业中，利润似乎只是一个更高的目标的意外副产品。"我们站在这里是为了改变世界。"他宣称道。诺伊曼津津乐道自己在以色列基布兹[①]（kibbutz）的成长经历，在那里，人们并不会把经济繁荣当成目标，这只不过是共同愿景的副产品。他畅谈建立一个全球性的"资本主义基布兹"，在那里，工人因共同的目标而不是个人的一己私利团结在一起。为了与这一愿景相匹配，他塑造了一个狂放不羁的形象。正如《金融时报》（Financial Times）所报道的："诺伊曼有时会赤脚（出席与孙正义

---

[①] 以色列的一种集体社区，过去主要从事农业生产，现在也从事工业和高科技产业。——译者注

的谈判会议），或者鼓励他的团队手拉手祈祷。"这些都被认为是特立独行的异常行为，但另一种可能性是，诺伊曼只不过是迎合了市场的需求。这些热情洋溢的样子都是精心设计的。正如一份商业报纸的题记所写："关注热情和目标，资金将滚滚而来：亚当·诺伊曼。"在市场高度流动和信息高度发达的时代，传统的投资机会要么枯竭，要么收益微薄，而这些一本正经的投资银行却在追求资本主义的终极梦想——利用无私心的热情来达到有私心的目的。

当然，如今的WeWork价值已经大跌，其IPO计划已被搁置，诺伊曼被赶出了他创建的公司，而孙正义则一直在收拾烂摊子。十年华梦轰然溃败，这就是这家企业的故事。该公司的兴衰起伏被津津乐道地描绘成又一个资本主义狂妄的故事，但事实比这更有趣。这是一个利己的投资者被无私的光芒所左右的故事。

投资者希望通过押注无私心的行为来获取非正常回报，这并非特例；风险资本主义的标准口号是，投资那些充满热情的创始人，而不是投资他们的公司。像诺伊曼这样的故事屡见不鲜，我们不能认为这是一种偶发现象。相反，这是在当前激励措施下的一种可预见的现象。如果雌孔雀选择羽毛更鲜艳的雄孔雀羽毛，那么这些雄孔雀就会进化出稀奇古怪的羽毛，哪怕这些羽毛在所有其他进化论观点看来都是不合理的。在当代的市场上，包装热情的外衣也是如此。

孙正义的弟弟、风险投资家孙泰藏（Taizo Son）如是说："我的投资标准是看创始人。因此，我不会审查任何商业计划、任何经济预测和电子表格；相反，我会关注创始人的心态（和）热情。"这也不仅仅是这一家人的偏好。斯德哥尔摩（Stockholm）的一项研究发现，风险资本家在做出投资决定时最看重的个性特征里，"首当其冲的就是'热情'。"正如作者总结的那样，"风险资本家寻找的是能为自己的事业燃烧生命的企业家"。冰岛国有基金 NSA Ventures 的一位投资者用了一个冰岛词"eldmóður"来形容，意思是"企业家满腔热血与昂扬斗志相结合"。研究报告给出的解释是，eldmóður 意为"坚韧不拔和言出必行"。这就是充满热情的面包师和唯利是图的面包师之间的区别：后者在努力似乎徒劳无益时就会停下脚步，而前者则会一直坚持下去，直到把自己燃烧殆尽。投资者希望听到的是，创始人追求的是一套本质上非经济的目标；他们不会固守常规的经济激励机制；他们会与其他志同道合的人为伍，所有人都是为了愿景而非利润奋斗。他们想要的是一个清教徒面包师，而不是亚当·斯密式的面包师。

## 信誉的美学

社会规范一经确立，往往会固化成道德和审美准则。有了这些准则,我们就能以最快的速度作出评价——只需看一眼,就能判断戴着寡头手表的人"真是个人渣"。19世纪的商人摆出一副养尊处优的绅士架子——显然他是个暴发户。我们不需要走过场似的评估其诚意与能力,我们只需立即做出反应。对庸俗的判断对我们来说是本能的、下意识的,就像判断一道菜太咸或一杯饮料太苦一样直截了当、不假思索。这些判断带有感情色彩。我们越来越愤愤不平。这些努力奋斗的人一旦被发现,不仅会被视为过于野心勃勃,还会被众人视为应受谴责、可耻、彻头彻尾的罪人。

我们为确定一个人是否有信誉、区分有私心的商业领域和无私心的商业领域方面所做的不懈努力,产生了一些特殊的道德和美学范畴。如今,最引人注目的或许莫过于当代对真实性的崇拜。如今,这个标签已不再被用来区分真伪,比如评判一幅画是否是伦勃朗的真迹,而更多地被用来描述感觉有意义的旅行、似乎身临其境的体验、尝起来像是自制的食物、有历史"传承"的服装品牌以及素颜的名人。

在不同的情况下,声称真实性都有一个共同点,就是试图证明无私心的意图。刻意追求真实性恰恰说明了缺乏真实性。大品牌花大价钱进行市场调查,了解到消费者想要的更"真实"的产品,但这些消费者会立即表示任何带有市场调查气息的产品都是不真实的。一份葡萄酒贸易出版物提出警告:"当某些东西看起来太过聚焦于某类人群……顾客就会望而却步。"当然,焦点小组的意义在于发现人们想要什么,以便投其所好。但是,意图太明显就会适得其反,因为急于取悦于人本身就会造成一种负担。突然之间,酿酒师面临着与当代艺术家类似的激励机制;他们通过吸引受众但又不表露出吸引受众的意图来获得成功。他们努力奋斗,但必须秘而不宣。

然而,他们还是努力做到了,因为成功表现出真实性就能获得巨大的市场回报。与信誉的概念一样,我们对真实性的强调反映了这样一种情况,当一个人有动机惟妙惟肖地模仿他人为证明自己的信誉所可能提供的所有证据时,获得信任就变得难上加难。

这也是为什么,正如我们将在下一章看到的那样,伪装者一旦被发现,要付出如此高昂的代价,甚至比毫不隐讳的利己者还要被人看不起。因此,亚当·斯密笔下的面包师只受利益驱使,可能会被认为不如为爱奉献的布鲁克林面包师那么真实,但最不真实的是试图冒充后者而失败的面包师。最让我们愤怒的不是这种赤裸裸的自抬身价的企图,而是这种掩人耳目的行为。以此类推,我们更看重"真实性"这个标签,而不是被贴上这个标签的事物。以踏踏实实做事的面目示人,比实际做了什么更重要。

在无伤大雅的一端,我们看到了诸如名人因为出名而出名这样的现象。起初这种现象令人费解,这些名人没有创作任何有文化价值的作品（比如电影、歌曲、戏剧或书籍等），但如果从对真实性的崇拜的角度来看，这种现象就变得合乎情理了，因为这种崇拜是建立在对创作意图的集体怀疑之上的。在这样一个时代，任何实际产品的生产都变得可疑。不生产具有明显价值的东西实际上却成了一个卖点。由于没有可识别的产品，就没有任何人可以指控其有取悦于人的意图。突然之间，一个既不演戏，也不唱歌，更不写作的名人产生了意想不到的吸引力。这群名人不是在兜售产品，而是在展示自己。这也是他们的粉丝对他们提出的一个不容讨价还价的要求，要求他们在任何时候都要开诚布公。

如果这种对真实性的崇拜只是扭曲了网络名人的激励机制，那就没有什么好担心的了。但这种"真实之审美"的表现形式尤其令人担忧。2008年经济大衰退之后，世界各地的民主国家都受到了政治民粹主义浪潮的影响。美国、巴西、印度、英国、波兰、匈牙利和菲律宾等国都转而青睐类似的右翼政治企业家。

民粹主义领导人利用政治生活中对真实性的崇拜脱颖而出。政治学家通常将民粹主义（这个概念本身就有许多相互冲突的含义）定义为真正的、"真实的人民"（民粹主义者的受众）与不真实的人民（视情况而定，由沿海精英、移民或少数群体和少数民族组成）之间的对抗。民粹主义的核心主张是"只有一部分人才是真正的人民"。而民粹主义领导人代表的是人民中真正的人民，与"他者"相对立。因此，我们会反复提到生活在美国内陆的"真正的美国人"。英国独立党前领导人奈杰尔·法拉奇（Nigel Farage）曾宣称英国脱欧是"真正的人民的胜利"。

民粹主义者的胜利离不开其政治受众对意图的觉察。信誉是民粹主义者的通行证。以美国最近的领导人为例，鉴于民粹主义领导人经常说谎和歪曲事实，这样的说法似乎很不寻常。但他们之所以团结在这些领导人周围，是因为后者愿意说那些不可言说的想法。追随者们惊叹于只有民粹主义领导者才能这样"直言不讳"。这种意愿本身就比所说的"内容"更重要。因此，比起政治信息的内容本身，给外表、语气、举止和姿态贴上"真实性"的标签要容易得多。社交媒体是"因出名而出名者"和民粹主义政客强大的助推器。两者都依赖于对现实的直接感知，而这恰恰是深夜推文的肆无忌惮所能提供的——包括拼写错误和感叹号。

就像在经济环境中通过代价高昂的赌注能够获得信誉一样，情愿招致主流谴责也要提出惊世骇俗的主张，这种意愿证明了民粹主义者的真实性。民粹主义者通过这种方式将自己与精于算计、循规蹈矩的政治圈子划清界限。因此，与中间派政客相比，赤裸裸的谎言显得更加真实，因为中间派政客必须拐弯抹角地说话来避免歪曲真相，更不用说还要考虑礼节或体面的问题了。对真相的执着导致了一种折中的处境。因此，对真实性的认知可能需要通过谎言来实现——通过说谎来打破现有规范的意愿被解释为一种忠诚，这真是极大的讽刺。当标签本身变得比标签所指的内容更重要时，撒谎就会成为一种对可信度（believability）的投资。

政治中真实性美学的甚嚣尘上对主流职业政客的打击尤为严重。在辩论中，他们必须假装自己率性自然，然后推出精心策划的信息。虽然他们可能会用装腔作势的即兴台词骗过一些人，但其他人会认为这些做法"太有针对性"而不考虑给他们投票。作为回应，他们的政治顾问在未能把握意图悖论的情况下，往往会推出"自发性战略"，却无视这种努力如何都不可避免地适得其反，从而加重了听众的疑虑。

对真实性的重视在一定程度上解释了民主社会中选举政治的另一个令人费解的方面，即它是一个罕见的不奖励专业化的领域。在大多数情况下，人们选择一个专业领域刻苦钻研，在职业生涯中积累经验，然后从中获利。他们成为行家里手，成为专家。懂行往往是从业的一个条件。我们想知道我们的外科医生做过多少次手术，然后才会把自己托付给他；我们并不看重刚来的毛头小子，也不会觉得没有经验是什么优势。这也是为什么机修工不可能在一夜之间成为厨师，工程师也不可能突然变成护士。但是，政治似乎不受专业知识的影响；它奖励的是自封的半吊子，有时是真正的半吊子。由于普遍存在的现任者优势，大多数高层政治家实际上都是职业决策者，但他们很少承认这一点。这是为什么？

因为政治是一项说服工作。这是一门"把自己的私欲伪装成国家利益的艺术"。但是，谁又愿意被一个道貌岸然的说服专家说服呢？我们害怕被精心策划的推销绕进去。相反，我们更愿意被那些笨手笨脚的外行人说服，而这些外行人的说辞碰巧又很中听。

社会学家大卫·理斯曼（David Riesman）最近指出："无论是在大众文化还是政治领域，对真诚的关注都会导致观众对拙劣的表现网开一面……当被迫在技巧和真诚之间做出选择时，许多观众更倾向于后者。只要领导人尽力了，他们就能容忍磕磕绊绊和明显的力不胜任。"在改变人们的想法时，无能的表象会让人感到安心。

这就是民粹主义者期望的效果。民粹主义政客往往自诩缺乏实际的政治专业知识，就像那些因出名而出名的名人一样，他们除了真情实感的自我，没有任何产品可以推销。如果无能代表着没有算计的能力，那么无能就显得令人欣慰，因为算计的能力已被视为最大的风险。对真实性的崇拜，以及随之而来对非真实性蛛丝马迹的锱铢必较，转化成一套审美准则，而这些准则可能会带来可怕的影响。

## 政治市场中有 / 缺乏统治欲望

领导人缺乏统治欲望对选民的吸引力并非当今民粹主义者的新发现。在政治思想史上,"缺乏统治欲望"实际上发挥着核心作用。正如不断扩大的商业市场规模要求提高专业化程度、承受更大的交换风险一样,社会规模的扩大也要求更多的权力下放。社会契约的基本理念众说纷纭,但可以归结为一种持久的需求以及相对应的恐惧。我们才刚从不安全感的自然状态中解脱出来,把权力委托给领导人,让他来执行一套基本规则,而后就开始担心领导人会滥用权力,损害我们的利益。

政治市场的风险可能比商业市场更大。就商业而言,如果把货物托付给一个奸商,就可能血本无归。就政治而言,将权力委托给一个暴君则可能意味着失去自由。

政治的根本问题是:"谁来看管守卫?"今天,一本正经的人在正襟危坐地谈论监管和监督时都会引用这句名言,但它其实起源于一个关于通奸的小品。它出自生活在公元 2 世纪的罗马剧作家尤维纳利斯(Juvenal)创作的一个讽刺喜剧。在这出两千年前的戏剧中,一群士兵兴高采烈地出征,但他们担心自己的妻子会在他们离家的时候出轨。幸好其中一个人想出了一个绝妙的办法——让他们指定卫兵来看管他们的妻子们!接着,有人提出了一个显而易见的问题。

无论是通奸还是暴政，问题的关键还是信誉——我们需要一个领导人，然而一旦我们任命了一个领导人，我们就可能面临他们的背信弃义。从未来的领导人的角度来看，信誉问题同样令人头疼。

常见的解决方案与商业市场的情况殊途同归，即承认社会世界中存在摩擦，建立一套次优的规则和制度。于是我们有了三权分立。上议院制衡下议院，两者都制衡行政部门，而这三个机构都仰赖监管机构提供共同标准，如对其解释存在分歧，则需要法院来裁决。这些不同的制衡机制共同构成了与支撑资本主义的经济大厦相对应的政治大厦。在这两种情况下，建造这些大厦都是为了应对信任的难题。

这些机构代表了我们所能找到的最佳解决方案，但所有这些刻意制造的低效率也付出了必要的代价。比如哗众取宠的立法机构、"拉布"①、国会僵局……这些都是这一解决方案中不可避免的部分。由此，我们得到了一个经常被引用的概念，即民主是最坏的制度，但其他已尝试的制度更糟。人们常常忽略的是，民主政治的美中不足是人为设计的。

然而，这并没有阻止我们畅想未来。对无摩擦政治体系的向

---

① 即冗长辩论，指的是在议会中处于劣势的一方为达到特定政治目的，在取得发言权后采取马拉松式的演讲，达到瘫痪议事、阻挠投票、逼迫优势一方做出让步的策略。——译者注

往与这种政治思想本身一样古老。事实上，它是西方第一部政治哲学著作柏拉图的《共和国》（Republic）的核心内容，书中描绘了一种朝气蓬勃的幻想。柏拉图在书中对"谁来看管卫兵"这个问题提出了一个准无摩擦解决方案。解决之道就在于他想象中的"美善之邦"（Kallipolis）挑选卫兵的方式。

柏拉图笔下的这位哲人王（philosopher-king）在千百年来一直遭人诟病，这是有道理的。20世纪的历史让我们对一个等级森严的社会感到寒心，这个社会里有一群守护者兼仁慈的独裁者，要求公民相信他们的远见卓识。

然而，当我们急于否定柏拉图的"哲人王"概念时，却往往忽略了它最有意思的一面。柏拉图对领导人的主要标准是，他们必须无意统治。所有自愿就任的人都将立即被排除在考虑范围之内，柏拉图告诉我们："当然，必须由不想统治的人来统治。""否则恋权之人就会为了争权夺势大打出手。"

因此，"美善之邦"的领导人必须从无意统治的人中挑选。唯一合适的领导人是那些急于退位让贤的人，因为他们不认为统治是一种有吸引力的权力或个人致富手段。"勉为其难"变成了选人标准。培养合适类型的领导人成为"美善之邦"的教育体系的职责所在，该体系旨在让未来的统治者拥有超越统治的热情。这座城市向未来的统治者灌输了对美、沉思和哲学等价值观的向往，然后强迫他们违背自己的意愿统治这座城市。正如苏格拉底在对话中所说的:"只有当你能为你们未来的统治者找到一种比统治国家更善的生活时,你才可能有一个管理得好的国家。"缺乏统治欲望不是缺点,而是特点,目的是培养一批不情愿的领导人。

然而,就像在商业市场中一样,我们不得不屈就于次优的、有摩擦的政治制度。事实上,在摸索解决信誉问题的办法时,我们现行的民主制度无意中产生了与柏拉图想象中的"美善之邦"统治者截然相反的激励机制。我们把竞选公职变成了推销、握手、亲吻婴儿和筹钱的活动;这是一种乏味的游戏,只能吸引那些贪图权利之人,他们可以忍气吞声,只为胜选后飞黄腾达。我们正在四处寻找与"不情愿"相反的东西。因此,这些人往往无法满足于为公共利益服务也就不足为奇了。我们发现自己选择的是"追权逐利者",这些人把竞选公职当成追求高官厚禄、中饱私囊的手段,或两者兼而有之。

然而,惺惺作态的游戏并没有完全消失,而是继续在邻里合作社、家长教师协会等较小的政治环境中上演。每隔三年,我所在的大学系必须投票选出一位系主任,得票最多者当选。而每一次,所有的潜在候选人一开始都声称他们不想要这个席位,推脱说他们没有时间,他们缺乏必需的管理技能,他们一心扑在自己的研究上。这种推诿的姿态已成为竞选这个职位的首要标准。急于毛遂自荐的人总会立即被否决,因为担心他们主动请缨的背后动机不纯。结果直到最后一刻,似乎也没有人会自告奋勇。然而,不知怎么回事总有人会临危受命。

## 扭曲的激励措施

休谟猜测得没错,随着市场规模的扩大和复杂程度的提高,市场将出现有私心者和无私心者之间的分裂。他还恰如其分地指出了有私心的商业的根本问题,如何获得他人的信任?他所描述的解决方案,即人类发明的许诺,仍然是当今最普遍采用的解决方案。现代社会就是由规则、契约和制度构成的。但休谟的错误之处在于,他以为这两个领域——依赖于正式承诺的有私心的领域和正式承诺毫无用武之地的无私心的领域——之间的界线会一目了然。

在休谟看来,有私心的商业的出现使现代市场有别于更古老、更"高尚的"无私心的商业。正如历史学家皮埃尔·弗斯(Pierre Force)所说,市场通过其宣誓书、承销商、中间人和公证人,"澄清了有关交易性质的所有模糊之处"。在这种情况下,我们同意以彼此的利益为重:"按照惯例,利己主义是现代商业的动力。"

但休谟从未料到的是,人们可能完全有理由打破这一惯例。这样做的结果可能会事与愿违——两个领域之间的模糊性不仅没有烟消云散，反而可能会增加。谁会想到有一天，有私心的商业竟然会以无私心的商业形象示人？尽管人类发明了"许诺"这一了不起的东西——它实现了无中生有这一听起来不可能的把戏——但更好的把戏是完全不需要许诺，而全凭热情。或者是神圣的召命、爱情、友谊，或是别的什么；事实上，只要不是个人利益就行。

因此，休谟两次假定了善意。首先，他想当然地认为，每个人都会信守诺言，只要他们清楚别人出于利益考虑也会遵守诺言。事实证明，要确保双方都信守诺言，需要大量的律师和审计人员。两百年后，这一法律大厦在发达市场中占据了巨大的比重。但更重要的是，休谟还假定，人们总是会在约定的时间履行约定的协议，而且会愿意使用这种新颖的许诺技术，并以这种方式表明他们之所以有履行约定的意图，是因为存在利害关系，而不是没有私心。而事实上，这两种类型的商业都在不断地相互渗透。换句话说，休谟没有看到伪装也能使人获益。伪装者表现出好像不需要做出正式许诺的样子，因为伪装者虚情假意地坚称，这种情况属于"更慷慨、更高尚、建立在友谊之上的交往"。

休谟也从未想象过诱惑的对立面，即叛变（selling out）。事实上，要做到高尚的无私，就得不断经受住诱惑，即从为爱奉献到追名逐利，从无私到利己，这种转变蕴含着巨大的前景。这种诱惑之所以存在，是因为市场认识到它们可以从无私的行为中获得无限收益,并且想要抓住这种收益。更糟糕的是,这种诱惑只会与日俱增。一个人坚持无私精神的时间越久,那么人们就越相信这个人是无私的,而越过鸿沟到达另一边的潜在收益也就越大。伪装者(faker)和叛变者(sellout)这两种悲剧人物的出现正反映了市场过度追捧无私精神所带来的诱惑。

# 第四章 关于伪装者

我们已经确定了无私是如何带来回报的，它是信誉的源泉，而信誉是市场社会的基础。在市场上，一旦被视为无私，就会吸引来青睐可靠品性的商业伙伴、物色坚定信念的投资者和追求真实性的消费者。它甚至可以降低信贷成本。在政治上，当被统治者因害怕暴政而迟迟不愿放弃权力时，缺乏统治欲望会帮助潜在的统治者获得权力。

由于投资者的钱财、消费者的生意以及权力的获得都会引起有私心者的兴趣，结果我们看到了一套自相矛盾的激励机制。利己者有理由以无私的面目示人，目的是使人信服。如果为爱奉献的面包师无意中通过自己的热情获得了成功——如果不为金钱所动被证明是商业成功的秘诀，那么亚当·斯密式的不动感情、一心挣钱的竞争对手——面包师可能会看在眼里，并获得某些启发。看着为爱奉献的面包师因有热情而生意好，利己的面包师也就有了动力……反过来变得有热情。

这种效果就像是一个闭环。要想使有私心的商业最大限度地获得成功，就必须将自己变成或至少伪装成无私心的商业。利己主义通过自我搁置而得以继续发展。

伪装者就是在这种矛盾中诞生的产物。它们的出现不仅仅是一种可能性，而是市场参与者根据市场激励机制采取行动的必然结果。也就是说，那些完全出于利己主义行事的人，在某一个时刻会发现搁置自己的利益反而符合自己的利益。在此过程中，他们面临着一个我们在其他情况看到过的问题——利己的面包师必须以某种方式忘记自己的目标是挣钱——这样才能更好地实现这个目标。即使退一步讲，这也是一个很难完成的任务。向热情的转变是为了复制热情在无意中创造的商业成功，但这似乎反而排除了任何真正的转变。一个人越是渴望采摘热情的果实，就越不可能成功。因此，利己的面包师只能假装自己不在乎钱。这个面包师就变成了伪装者。

伪装者的面目多种多样，比如奋斗者和装腔作势者；暴发户和新贵；潮人和装模作样的吹牛者。我们已经在凡勃伦笔下那些渴望跻身上流社会的中产阶级中看到了伪装者的身影。而如今的新贵们也试图通过一掷千金来赢得尊重。我们对伪装者的心理状态如此如数家珍，正说明了揭穿伪装者能带来极高的社会价值，也说明了社会进化的过程把我们都变成了这方面的专家。

顾名思义，伪装者的动机都不纯，但他们都不会承认。正是在这一点上，伪装者左右为难。因为伪装者的动机可能是获得成功、晋升、权力、影响力、良好的信用等，但承认这种动机就等于完全失去了实现这些目的的任何机会。这样就会丧失假装无私带来的优势。为了达到自己的目的，伪装者必须掩盖自己的意图。

这有可能吗？有人说，这绝无可能。现代心理学之父威廉·詹姆斯曾庆幸自己在一英里①之外就能识别出伪装者，后者试图模仿真正绅士漫不经心的姿态。詹姆斯声称，即使坐拥金山银山，有专业人士出谋划策，伪装者也毫无翻案的机会。实际上，他设定了一个年龄上限，过了这个年龄就回天乏术了。

在威廉·詹姆斯看来，有教养的绅士的风格就像普通话的声调。詹姆斯认为，如果一个人到了20岁还没有完全融入上层社会，那么他以后就再也没有希望了。过了这个年纪，就无法令人信服地学会所需的待人接物的方式，也就永远无法指望"被认可"。詹姆斯嘲笑那些妄图证明他是错的人：

事实上，无论他口袋里有多少钱，他都很难学会绅士的穿衣打扮。商人们像对待最"了不起"的人一样热心地为他提供商品，但他就是买不到称心如意的。有一种看不见的规律，就像万有引力一样强大，使他保持老一套做派，今年和去年没什么两样；他到死都想不明白他那些养尊处优的老相识是从哪儿买到他们所穿的衣服的。

我只想说，具备足够灵敏的嗅觉来辨别真伪，拥有识别伪装者的能力，这才是真正绅士的标志。通过识别被暴发户打破的规

---

① 1英里约为1.61千米。——编者注

则,威廉·詹姆斯暗示了自己在圈子中的地位。发现伪装者肯定是一家人茶余饭后的谈资。威廉·詹姆斯的弟弟、作家亨利·詹姆斯是凡勃伦《有闲阶级论》的忠实读者,他以描写那些拼命伪装自己以进入上流社会的文学人物为职业。

因此,伪装者是一个悲剧英雄,他徒劳地试图"以假乱真",但注定要失败。我们在前文已经见过这种形式的悲剧。这是因为伪装者所追求的东西是无法直接追求得到的,而只能作为追求其他目的而采取的行动的副产品来获得。然而,尽管困难重重,伪装者依然前仆后继。这很可能是因为一旦成功就能一劳永逸。

博弈论的一个流行观点认为,对于一个理性、自私的人来说,最理想的情况是成为一个合作社会中的背叛者。与之相反的另一端则是最可怕的情况,自己的仁慈被人利用;当被别人背叛时,自己还要继续与之合作。在"囚徒困境"这个博弈论中最基本的博弈中,正是"成为唯一的叛逃者"的诱惑和"成为唯一的合作者"的恐惧之间的相互作用,推动了博弈的激励机制,该机制确信每个人都会背叛,从而使整个社会的状况变得更糟。换句话说,梦想就是成为披着羊皮的狼——在一个其他人都认为自己从事的是无私心的商业的世界里,当一个有私心的人。做到这一点,就能收获无穷的回报。

这就是 2009 年半红不紫的喜剧电影《谎言的诞生》(The Invention of Lying)背后的巧妙前提。影片的背景是一个没有谎言的平行世界，在这个世界里，每个人都言出必行，没有人会欺骗别人。直到一位名叫马克（Mark）的编剧不小心说出了谎言。由于每个人都会欣然相信别人告诉他们的一切，因此还不存在信誉问题。马克充分利用了这一点，他发明了上帝、宗教和来世的观念。他把自己变成了一个可以直接与"天上的人"接触的预言家，变得富有和出名，并试图赢得他的梦中情人安娜（Anna）的芳心。这个先按住不表。

在马克生活的平行社会中，人们对他的谎言毫无招架之力，因为他们无法想象事实能被歪曲。好在我们的社会并非如此，我们有一系列内在的防御机制，可以抵御那些企图利用他人的狡诈的阴谋家。事实上，正如我们在前一章中所看到的，资本主义制度的存在在很大程度上是为了评估我们对彼此的要求是否正当。这有利于"名副其实的"人、真诚的人，即这个世界上像威廉·詹姆斯那样努力将自己与可能的伪装者划清界限的人。因此，圈内人就像凡勃伦笔下的富裕阶层一样，投资于精心设计的社交活动，以确保圈外人被适当地排除在外。

当现有的规范不够完善，当社会壁垒过于松懈，当太多的圈外人得以进入时，就到了重新划定界限的时候了，就到了改革的时候了。清教徒之所以被称为"清教徒"，是因为他们追求比新教徒（Protestant）同胞更"纯洁"——当然，新教徒同胞也追求比天主教徒（Catholic）更纯洁。凡勃伦笔下的游手好闲的富人也是如此，他们不断试图盖过崛起的资产阶级的风头，直到第一次世界大战后的某个时刻，他们才被资产阶级完全击垮。

## 伪装的风险

不过，即使我们不是凡勃伦笔下游手好闲的富人，我们也已经能熟练地识别伪装者。我们是如此信手拈来，甚至我们都没想过这一切是怎么发生的。但是，就像捕食者已经进化到可以在两英里外嗅到猎物的气味一样，我们已发展出了敏锐的社会感官能力，能够听出他人的话外之音。

近年来，行为科学家已经证明了这些社会意图雷达的复杂程度。自从欧文·戈夫曼（Erving Goffman）在20世纪50年代发表了关于自我呈现的奠基性著作以来，各路社会心理学家对试图自我保护的受众如何适应这些伎俩越来越感兴趣。所有这些研究反过来又说明，在试图给人留下好印象时可能会踩无数的坑。

北卡罗来纳大学教堂山分校（University of North Carolina at Chapel Hill）的奥武尔·塞泽尔（Ovul Sezer）及其同事、哈佛商学院（Harvard Business School）的弗朗西斯卡·吉诺（Francesca Gino）和迈克尔·诺顿（Michael Norton）最近针对一种特殊的自

我介绍形式——谦虚自夸[①]（humblebragging），进行了近十项的系列实验。谦虚自夸是一种普遍存在的策略，人们打着谦虚的幌子来掩饰自己的自夸，比如说："我简直不敢相信他们居然会想到提名我获得这个奖项，还想让我在成千上万的人面前发表演讲……我比你更惊讶！"

因此，"谦虚自夸"是一种左右逢源的做法，既抬高自己的地位（"我获得了一个奖项，并受邀在众多听众面前发表演讲"），同时又表现出谦逊（"我简直不敢相信""我比你更惊讶"）。自夸的目的是自抬身价，而谦虚的表现则是为了掩盖自夸的利己本质。总之，它是伪装者百宝箱中的一个工具，问题在于它是否有效。

这项研究的作者得出了两个耐人寻味的结果。首先，他们表明这种做法是多么普遍。在一项全国性调查中，他们发现70%的受访者都能回忆起最近的一次谦虚自夸：往往与外貌、财富和事业成就有关。不出所料，事实证明社交媒体上的谦虚自夸尤其泛滥成灾。正如作者总结的那样，"在日常生活中，谦虚自夸无处不在"。这说明人们认为这种自我呈现的方式屡试不爽，否则他们就不会这样做。

为了验证是否果真如此，作者随后进行了一系列调查实验。

---

[①] 类似国内网友所说的"凡尔赛"。——译者注

他们把样本分成两组,向第一组受访者提供谦虚自夸的例子,而向第二组受访者提供直白自夸的例子("我得奖了!")。然后,他们要求所有受访者对这个人的喜欢程度以及他们认为这个人的能力进行评分。从我们的角度来看,最有趣的一点是,受访者还被问道:"你认为这个人的话可信吗?"

研究结果表明,尽管谦虚自夸无处不在,但它似乎"格外地不奏效"。那些试图左右逢源的人在所有问题上的得分都不尽如人意:与那些自吹自擂的人相比,他们既不讨人喜欢,也没显得多有能力。最重要的是,人们之所以给出负面评价是因为人们觉得他们不真诚。事实证明,丧失信誉的代价最为惨重。换句话说,试图用无私的外衣来掩盖利己主义的做法一败涂地,甚至还抹杀了告知他人个人成就的任何好处——而这种失败是由于人们认为对方装模作样地掩盖他的意图。没人喜欢自吹自擂的人,但人们真正无法忍受的是那些谦虚自夸的人。

其他一些研究也得出了类似的结果。自我呈现的成功与否取决于人们认为你的意图是什么。自我推销要想有效,就必须成功地"掩盖别有用心的动机(即想给人留下好印象),让人觉得你是真诚的"。这些研究给我们的启示是,人们很善于发现那些假装无私的姿态背后的利己主义,他们会惩罚那些想要左右逢源的人。此外,惩罚的力度之大,足以抵消为了个人利益自抬身价的企图所带来的任何好处。伪装者处心积虑的做法适得其反,与其费尽心机地装腔作势，还不如直截了当地承认自己的私心。

"晚期资本主义"的许多奇特之处都可以追溯到这种试图驾驭伪装者所面临的自相矛盾的激励机制的尝试。人们意识到无私有回报，而出于利己的原因冒充无私者又要承担相当大的风险，伪装者一旦失败就会招致惩罚。在一个将真实性凌驾于所有其他价值之上的社会中，最可怕的罪过就是被人看到自己正在试图冒充一种自己并不具备的真实性。

## 揭穿伪装者：一个延续 350 年的传统

大卫·休谟可能没有想到，有私心的商业会试图把自己伪装成无私心者。哈佛商学院的社会心理学家直到最近才开始评估我们识别不真实的自我呈现伎俩（如谦虚自夸）的能力。但是在大约 350 年前，一群作家就已经对此洞若观火，辛辣地嘲讽了这种社交活动。

17 世纪，法国公爵、著名的箴言作家和才气过人的愤世嫉俗者弗朗索瓦·德·拉罗什富科（François de La Rochefoucauld）写下了大量的文章，他的职业生涯就是揭穿那些企图假装无私以谋取私利的骗子的精心伪装。拉罗什富科的箴言如枪声般震人心魂。他盯上的都是贵族圈子里的骗子和王公贵族宫廷里的廷臣。"利益使人能说会道，扮演各种类型的角色，甚至是不感兴趣的角色。"

休谟认为，善意甚至友谊都是无私心的商业的典范，但都无法避免人们将其吸纳为实现一己之私的手段："然而，善意其实是自爱[①]实现目标最快捷的方式，它是一条秘密通道，通过它带回更大的财富和成功；它是一种无私，可从中赚取纷至沓来的利益。"在这些俏皮话中，最切中要害的其实是拉罗什富科的一位密友——鲜为人知的雅克·埃斯普里特（Jacques Esprit）："善意是一种魔法，一个人可以用这种魔法让自己即使人在家中，也好似身处他乡。"如此一针见血，几乎无人幸免。

在政治理论家们将人类行为的根本动力归结为利己主义之前，所谓的法国道德家就已经揭示了他们称为"*amour-propre*"（自爱）的运作原理。从这个意义上说，正是这些法国文人绞尽脑汁地创造出让巴黎沙龙的赞助人啧啧称奇的妙语连珠，才孕育了现代利己主义的概念。[②]

因此，贵族宫廷的环境成为观察为了自抬身价而佯装无私的

---

[①] 这里的"自爱"不是今天的"自我尊重"的意思，而是"自私自利"的意思，如前文所说，这是当时法国道德家发明的说法。——译者注

[②] 不得不提的是，在斯宾诺莎（Spinoza）谴责政治哲学家"没有按照人们本来的面目来看待人，而是按照他们所希望的样子来想象人"的十年前，拉罗什富科的《箴言集》（*Maxims*）就已问世，碰巧还获得了相当大的成功，而斯宾诺莎的这个论断在1676年成为了所有积极政治理论的试金石。这比贝尔纳德·孟德维尔（Bernard Mandeville）写出《蜜蜂的寓言》（*Fable of the Bees*）早了整整半个世纪，后者揭示了"私人恶德"（private vices）如何转化为"公共利益"（publick benefits），这本书仍是后来所谓"利己主义学说"最早的参考文献。

早期实验室。道德家们发现,宫廷曾经是贵族荣耀的象征,如今却成为阴谋诡计的滋生地,内部的阴谋家伪装成和蔼可亲、通情达理、温文尔雅的样子,为了一己之私各行其是。

在宫廷社会科学家这派人中,法国道德学家确实有一位杰出的前辈,他的兴趣所在正是如何达到梦寐以求的优雅境界。在意大利文艺复兴的鼎盛时期,也就是在拉罗什富科的《箴言集》写就一个多世纪之前,有一本名为《廷臣论》(Il Cortegiano)的小书问世了,作者是巴尔达萨雷·卡斯蒂廖内(Baldassare Castiglione)。该书以对话的形式写成,是雄心勃勃的廷臣在残酷的宫廷环境中寻求晋升的手册,此书一经出版便成为文艺复兴时期的畅销书,并被证明是这一时期最具影响力的意大利文本之一。卡斯蒂廖内本人是乌尔比诺(Urbino)小公国的一名廷臣——更不用说他还是个衣冠禽兽、迂腐之徒,而且经常捉襟见肘。在《廷臣论》一书中,他描写了一个"完美的廷臣",他赢得了王子的尊重,在宫廷中平步青云。

明明所有人都在争夺同样的机会,为何偏偏是这个廷臣能够脱颖而出?秘诀就是,表现出漫不经心的样子。当他发言时,他的演讲一定是即兴的。当他跳舞时,他必须跳得随心所欲。当他奏乐时,他必须引入一些不协调的和弦,避免"和声过于动人"。比被人视为不学无术更糟糕的是,在卖弄才艺时显得刻意或紧张。宫廷骗子必须使尽浑身解数表现出漫不经心的样子。

如今,《廷臣论》因卡斯蒂廖内为描述这种优雅状态而创造的术语"sprezzatura"（潇洒）而广为人知。用这样一个今天不带感情就读不出来的词语来形容这种看似不费吹灰之力的技艺,真是再恰当不过了。Sprezzatura 是一个意大利语单词,但现在使用它的更多的是一些追求精致的英语使用者,而不是真正的意大利人,据我所知没有多少意大利人知道这个词。它的词根是"sprezzare",意思是蔑视。在这里,蔑视的对象是任何努力或意图的迹象。Sprezzatura 经常出现在"无法翻译"的词汇表中；在英语中,它通常被译为"nonchalance"（漫不经心）,这完全无法充分表达卡斯蒂廖内的意思。该词首次在历史上出现是在下面这段话中：

我发现了一条普遍规则,它似乎比任何其他规则都更适用于人类的一切言行,即不惜一切代价避免矫揉造作,就好像它是一块崎岖而危险的暗礁,而且（或许用一个新颖的词来形容它）在所有事情上都要表现出某种潇洒的姿态（sprezzatura）,这种姿态掩盖了所有的技巧,使人无论说什么或做什么都显得不做作、不费力。

相比之下,卡斯蒂廖内继续说,费尽心机做出效果"会显得一个人非常没有风度,导致他无论做什么,无论其价值如何,都会大打折扣"。

显然比起成就，卡斯蒂廖内对矫情饰诈更感兴趣："真正的艺术得是看起来不像是艺术的东西；最重要的是要隐而不显，因为一旦被揭露出来，就会让一个人身败名裂。"由此可见，最危险的就是在装作漫不经心时显得很勉为其难。在描述一位老相识的舞蹈风格时，卡斯蒂廖内认为："他的漫不经心显得做作和不得体，结果会适得其反。"① 言下之意是，在宫廷的环境中，每个人都要争先恐后地想给人留下深刻印象；只不过有些人更善于韬光养晦，也只有他们才能成功。

法国道德家把《廷臣论》中的含沙射影发扬光大。每个人都在努力博人眼球，尽管每个人都得承认，最夺人耳目的是那些看似漫不经心的人。优雅只是我们识别最游刃有余的伪装者的一

---

① 请允许我们再多说两句：卡斯蒂廖内在讨论了"sprezzatura"之后，解释了他为什么决定用自己的家乡伦巴第（Lombardian）方言而不是更广博的托斯卡纳（Tuscan）方言来写作《廷臣论》的原因。他在本书序言中不无讽刺地指出："那些批评我的人说得没错，我不懂他们这种艰涩难懂的托斯卡纳语言；我承认，我是用我自己的语言写作的，我说话也是用这种语言，而且我写作是为那些和我用同样方式说话的人写的。"后来，书中的对话本身也是使用平实的口语而不是更正式的语言，这正是整本书所关注的不矫揉造作的 一个例子："很多人都有矫揉造作的恶习，有时我们的伦巴第人更甚，如果他们离家一年，一回来就马上开始说罗马语、西班牙语或法语，天知道他们在说什么。而他们这么做只是因为他们太过急于表现自己有多么见多识广。"这个评价用来形容当代讲英语的人使用sprezzatura一词的情况也是恰如其分的，该词通常专用于指努力表现自我的尝试。

个术语。困扰野心家的问题在于，他们不可能不努力就能出人头地。自我为中心的野心或许并非法国道德家的发明，但他们是第一个将其置于人类行为中心的人，而宫廷的环境为他们的实地调查提供了第一个场所。

贵族宫廷作家的有些判决是毫无转圜余地的。面具一旦被揭开，就再也戴不回去了——这种启示是自我实现的。因为一个善意的举动可以服务于我们的自爱，所以接下来所做的一切都必须被认为是为了服务于我们的自爱。为了保护自己，我们必须不断掩饰自己的企图，同时怀疑其他人也是如此。

或许拉罗什富科自己也不知道，他确实留了一扇门没有锁上，我们将在最后一章试着撬开这扇门。这是他的第119条箴言，表达了道德主义者反复出现的一个观点："我们太习惯于在别人面前伪装自己，以至于我们最终连自己也被欺骗了。"拉罗什富科的意思是，这进一步说明了人能伪善到什么程度。然而，如果我们以伪善的方式对待自己，已经到了滴水不漏的程度，这又何尝不是一种救赎。不过这里暂且按下不表态，后面再回过头来看。

我们承认这些箴言入木三分，因为我们都见过伪装者的行径，我们也在自己身上观察到类似的冲动。在拉罗什富科看来，我们都是伪装者。因此，我们怀疑其他人也一样。当我们觉得自己可能会在交易中吃亏时，我们就会条件反射地对套近乎的举动保持警惕。我们也会仔细观察爱人的一举一动，寻找隐藏的意图。我们从他人身上看到了自己的缺点。

休谟将所有人类交易分为有私心的商业和无私心的商业，意在消除模糊性。相反，由于其对伪装者动机的影响，这种区别有可能会达到截然相反的效果。醉翁之意不在酒反而能得到最大的利益；看似心不在焉，实则心思都在这里。这其中蕴含着一种险恶的含义：如果表现出无私心的姿态所带来的回报足够大——正如我在下文中所说，这种回报最终会足够大，就像彩票中的奖金一样，只要没有人领取，奖金池就会不断膨胀——那么有私心的商业就有可能会完全吞噬无私心的商业。现代市场的出现不仅没有将这两个活动领域明确区分开来，从而为友情、爱情和热情保留一片天地；相反，这种区分带来的风险是，其中一个领域会攻占另一个领域。而且正如我们将会看到的，这不是一场公平的战斗。

一方面鼓励虚伪做作，另一方面又鼓励揭穿虚伪做作，在这种你来我往的博弈中，无私心的商业能幸存吗？拉罗什富科不以为然，人们总能找到有私心的动机，任何与此相反的主张无一例外都是试图最大限度地提高自己的社会收益。即使像卢梭（Rousseau）这样不那么愤世嫉俗的思想家，也认为无私心的交易可能并不存在，尽管他是通过不同的推理得出这一结论的。在卢梭看来，并不是自爱的意识将每一种姿态都简化为某种版本的自爱。相反，卢梭得出了一个令人遐想的、但又奇怪地能自圆其说的信念，即唯一不被污染的交易就是从未发生过的交易。历史学家皮埃尔·弗斯写道："就好像真正纯粹的礼物只能是一种给予的意图，一旦付诸行动就变得不纯粹了。"这不仅仅是说"意图才是最重要的"——而是说意图才是唯一重要的，因此也是最应该具备的。

当然，一个人决不能夸耀自己曾有过赠礼的意图，但为了保持礼物的纯洁性而放弃了赠送——那是最糟糕的，是明显的自抬身价。因此，卢梭认为，我们唯一能做的无私心的事就是交换从未消费过、从未分享过的意图。真是太遗憾了。

尼采（Nietzsche）也认为这是一种遗憾。他深受拉罗什富科著作的影响，并称后者为"最伟大的心理学箴言大师"，而他自己的著作也常常与法国道德家的作品有异曲同工之妙。在揭示人性真相方面，尼采从不自命清高，但他对16世纪法国作家为了好玩而深究无私心的行为感到不安：

> 拉罗什富科和其他法国反思大师……就像神枪手，一次又一次地击中靶心——但那是人性中的靶心。他们的艺术让人惊叹不已，但最终还是有一些观众，不是出于科学精神，而是出于人道主义情怀，咒骂那种似乎在灵魂深处植入了一种贬低和弹劾人类的趣味的艺术。

有时，无论我们的目标多么明确，都不该受到诘难。相反，某种程度的羞耻之心，"一种对灵魂赤裸裸的羞愧感"，可能会对我们更有益。归根结底，我们可以训练内在的旁观者去发现伪装的利己主义，但如果从一开始就排除了无私的可能性，那就可能招致我们的毁灭。值得注意的是，尼采暗示，培养对"完满无私的仁慈"的集体信念，即使会给我们自己带来一些风险，最终也可能会被证明这更有利于人类的幸福。

毕竟，我们也知道存在真正的无私，因为我们自己也曾瞥见过。就像我们根据自己最低级的直觉训练出来的内在的观察者使我们怀疑他人公开表达的热情的真实性一样，我们也认识到，我们有时也容易陷入真正的无私奉献的时刻。如果我们完全站在拉罗什富科一边，我们就会否定自己的奇思妙想、善意和爱，以及我们在接下来的章节中将看到的真正的休闲。正如尼采所警告的，这可能不是我们想要生活的世界。

我们还可以更有力地论证这一点。我们不可能都是伪装者，因为那样的话伪装者将无从模仿。对某些人来说，伪装在战略上是值得的，这必然意味着其他人的行为是非战略的——一定有真正热情的面包师，他们真的不是为了钱；一定有禁欲主义的清教徒，他们唯一的目的就是追求神的召命；一定有真正的朋友，他们对我们的奉献不求回报。如果我们完全倒向拉罗什富科派的阵营，我们不仅会失去坠入爱河的可能性，也会失去为工具性目的假装坠入爱河而能得到的好处。

这又让我们回到了瑞奇·热维斯（Ricky Gervais）的爱情喜剧《谎言的诞生》。故事建立在拉罗什富科式的前提之上——无法撒谎，每个人都会无法掩盖激励他们的基本动机。片中说谎的主人公有一个梦中情人名叫安娜，她公开承认自己在主人公和一个更帅的情敌之间摇摆不定。马克或许能让每个人都相信他是上帝的直系亲属，但正如安娜所解释的那样，他那自负而野蛮的对手显然"基因上更胜一筹"。搞笑的是，我们所有的浪漫欲望不过是达尔文式寻找优良基因的过程。

但这部电影却无法做到一直冷嘲热讽。在最后一幕中，上帝和来世都证明了美貌所向披靡，安娜选择了更好看的情敌，他们很快就会结婚。在婚礼上，编剧马克有机会谎称上帝反对这桩婚事，从而打断了婚礼的进程。这是他无可匹敌的王牌，但他拒绝这样做，他说"这不算数"。事实证明，这种无私的姿态是制胜的法宝，当马克坦白了他的秘密能力，安娜意识到他本可以用谎言俘获她的芳心，而他却没有这么做时，她便真正爱上了他。因此，皆大欢喜。

因此，即使在拉罗什富科式的故事中，爱情的成功也是无私的结果。它战胜了长得更帅的对手公开的利己主义。但是，冒着将一部轻松愉快的爱情喜剧置于其本不应该承受的批判之下的风险，我们可以追问一下《谎言的诞生》是如何处理我们感兴趣的那个反复出现的悖论的。

这部电影试图两全其美——人们的日常生活遵循拉罗什富科式的利己主义,从不遮遮掩掩,但他们似乎还是能够坠入爱河。然而,如果要让相爱成为可能,似乎就必须让这个没有谎言的平行社会中的居民能对自己撒谎,尽管他们可能无法对彼此说谎。也就是说,以基因适合度为择偶标准的女性在某些时候需要说服自己,基因适合度实际上并不是她的选择标准。否则就谈不上"坠入爱河"。①

当然,好莱坞总是试图两全其美。而《谎言的诞生》的大结局也是我们熟悉的套路。好莱坞比任何人都清楚,无私不仅能带来回报,而且无私的故事也能卖钱。这在很大程度上正是好莱坞的拿手好戏。我们总是不厌其烦地讲述这样的故事——务实的人们在某天清晨抛弃了按部就班的职业和一本正经的婚姻,去追求自己真正的热情,踏上自我发现、创造和精神觉醒之旅,不惜一切代价。于是,好莱坞就这样一次又一次地推出了这种作品。

---

① 有人可能提出以下反对意见:事实上,安娜并没有爱上这位"基因优越"的情敌,但在马克表现出无私精神后,她确实爱上了马克。这样一来,影片就保持了内在的逻辑自洽,即安娜是这个平行世界中第一个坠入爱河的人,因为她是第一个瞥见无私之可能性的人。事实上,由于影片拉罗什富科式的前提是,每个人的行为都有明显的利己动机,因此不可能存在无私。耐人寻味的是,在这个拉罗什富科式的国度里,只有不存私心才有可能坠入爱河,而只有发明了谎言之后才有可能出现无私。也就是说,谎言让爱成为可能。

这种吸引力是可以理解的。这些故事让我们确信，即使在我们这个自我觉知、工具主义的、精于算计的时代，无私仍然是可能的。我们翘首以盼，并乐此不疲地掏出钱，为昏暗的剧院里两个小时的慰藉买单。

然而，即使在好莱坞，爱情也必须是副产品。与约翰·斯图尔特·穆勒的幸福观，或凡勃伦的富裕阶层所追求的尊重一样，好莱坞的爱情是无法通过刻意追求得到的，它必须是坠入其中的。而在大多数情况下，作为一种选择，选择生活伴侣这个行为是无私的，或者最终会变成无私的。骗别人难，骗自己可能更难。这需要日复一日的口是心非，从长远来看，为了一己之私而维持必要的伪装是不可持续的。真正的交易关系是一种折磨。所有听起来真诚的爱情（拥有工作体面、从外貌上能看出"基因更好"和家底殷实的伴侣）都会被归入个人效用的最大化，但完全没有真诚的爱情似乎又是完全难以想象的。坠入爱河的过程就是将这些功利主义的资产升华为不受控制的、非功利主义的情感的过程。人们可以筹备婚礼，却无法筹备爱情本身。

借用一句话，心有着心的理由，只是这种理由并不为理性所认识。这句名言出自17世纪法国思想家布莱士·帕斯卡（Blaise Pascal），人们最喜欢在爱情喜剧中引用它，用来描述浪漫的欲望促使我们做出的种种愚蠢行为，而且往往是为这些愚蠢行为开脱。不过这有点词不达意。

## 欺骗他人、自己和上帝

帕斯卡赌注（Pascal's wager）之所以被人铭记，通常更主要是因为它的结论——对上帝是肯定的——而不是得出这一结论的方法所提出的挑战。帕斯卡本人既是一位狂热的信徒，也是一位自成一派的思想家。最终，前者战胜了后者，他放弃了数学领域的开创性工作，投身于苦行僧式的宗教沉思生活。

这个赌注背后的思想实验反映了帕斯卡头脑中两个维度的罕见结合。在思考理性能否理解对上帝的信仰时，帕斯卡求助于哲学中第一个明确的期望值计算实例。这相当于将商业管理的成本效益方法应用于神学。这个想法是这样的：如果存在某种结果，其值要么是无限好，要么是无限坏，那么即使其发生的概率真的非常小，我们也应该把这种结果当作会发生：无限大的量乘以小概率，仍然是无限大。比方虽然说小行星撞击地球的概率非常小，但其结果将导致人类灭绝，那么我们就应该投入所有资源用于思考如何避免小行星撞击地球。帕斯卡认为，就神学而言，如果上帝真的存在，那么信徒获得的好处将是不可限量的："生命和幸福是永恒的。"因此，从期望值的角度来看，人们应该相信。

对帕斯卡思想实验的复述通常到此为止，目前看来还不错。不过，最有趣的部分其实还在后面，如果我们被帕斯卡的推理说服了，那么我们该如何实现这种拯救灵魂的信仰呢？因为信仰和其他任何形式的信念一样，都是一种副产品——它不能直接以意志为转移。

帕斯卡赌注是第一章中约翰·斯图尔特·穆勒在顿悟后所面临的悖论的又一个例子。首先，帕斯卡赌注在很大程度上是以功利主义计算为前提的——它关注的是在考虑回报及其可能性的基础上可能出现的最佳结果。但是，如果一个人相信帕斯卡的话，他就会被这种方法所困住，就像约翰·斯图尔特·穆勒认为所有功利主义者都会被他们的方法所困住一样，通过计算得出结论之后，他们就必须忘记得出这一结论的推理。将宗教信仰认定为最佳结果的能力与实现这一最佳结果的能力产生了冲突。

这是个相当大的挑战。就像《谎言的诞生》里描绘的平行宇宙中的公民一样，急于实现帕斯卡赌注的人必须欺骗自己，让自己相信他们的信念并非工具性的——尽管我们都知道它就是工具性的。同样，影片中的安娜最初爱上了"基因更好"的情敌，她需要在某一时刻成功地骗过自己，让自己相信她的选择背后的真正原因是某种难以言喻、无法控制的浪漫情怀，而不是她所知道的、达尔文式的对基因适合度的追求。

在这两种情况下，都必须让心灵篡夺斗篷，即使头脑知道是它把斗篷带到了领奖台上。而这种自谦本身似乎就是理性的范畴，它需要像一个隐蔽的女仆，在不被人察觉的情况下完成自己的任务。理智必须向心灵诉说理由，然后心灵必须想办法忘记这些理由。

帕斯卡本人相信这种花招能成功吗？赌注之后的一段话暗示了他认为能成功。在那里，帕斯卡向一个假想的非信徒提出了建议，他的推理将使这个非信徒信服，言下之意是，非信徒可以通过诉诸理性而皈依。

在帕斯卡的时代，即17世纪后半叶，利己主义在宗教信仰中的作用是一个迫切的问题。无独有偶，就在拉罗什富科等思想家抨击过去建立在荣誉之上的贵族社会，揭穿其虚伪做作，为自爱、野心和贪婪所驱使的时候，具有神秘主义倾向的神学家也开始对宗教实践背后的伪装进行类似的思考，揭露它们同样是一心谋私利的。

其中最有说服力的是神秘的康布雷大主教（Archbishop of Cambrai）弗朗索瓦·费奈隆（François Fénelon）。如果人们向上帝求助是为了寻求内心的平静，或者是出于对死亡的恐惧，或者是为了确保自己来世投个好胎，那么上帝会如何看待这种工具性的行为呢？"上帝不会接受，"费奈隆回复道。把信仰作为个人幸福的手段是上帝所不齿的。相反，所有信徒都需要以费奈隆所说的"神圣的漠不关心"（holy indifference）为目标——除了遵循上帝的旨意之外，完全不在意自己能不能得到救赎。就像今天的发面包消费者一样，上帝关心的是其背后的意图。

宗教当局肯定担心，这对普通的周日教徒来说标准有点高。

1699年，太阳王法国路易十四（Louis XIV）和教皇英诺森十二世（Pope Innocent XII）都谴责费奈隆的著作是异端邪说。如果你对神学有兴趣，那么这就是18世纪之交席卷欧洲教会的寂静派之争的核心。

长达三个世纪的神学争论与我们对伪装者的研究有何关联？正如欧洲启蒙运动前最优秀的艺术是宗教艺术一样，当时最敏锐的人类思维运动也致力于研究宗教问题。因此，这些神秘主义神学家的思考为后来的思想家们提供了大量的素材，后者在此基础上创建了自己关于利己主义的论点，以及为了推进利己主义而搁置利己主义的能力。

因此，大主教费奈隆可以像"神枪手"拉罗什富科一样，能铁面无私地寻找有私心的动机：

> 你看，他并不是无私的，不管他费多大劲让自己看起来像是无私的样子……他想要去爱，是因为这样别人也会反过来爱他，是因为这样别人也会被他的无私所感动；他似乎忘记了自己，只是为了让自己更好地融入这个世界。

然而，费奈隆似乎对伪装者的努力充满了理解，他似乎在说，怎么会有人能够抵挡得住无私的吸引力呢？一个理性的利己主义者在看到热情带来的好处之后，还能怎么办呢？"舍己为人显得如此伟大,以至于自爱本身也想模仿它,并发现最能带来荣耀的莫过于表现出淡泊名利的样子。"

与过去或现在的任何其他作家相比,费奈隆对伪装者的遐想着墨甚多:

他不会自言自语道:"我想做出无私的样子欺骗世人,让每个人都喜欢我、崇拜我。"不,他不会对自己说这些粗俗不堪、不值一提的话;但他通过欺骗别人来欺骗自己;他对自己无私的形象沾沾自喜……他对别人投射的幻觉也会照耀到他自己身上。

还是在这一段,费奈隆对那些打算散尽家财的人也泼了冷水——他们也是在自欺欺人。关于这样一位苦行僧,他写道:

他无法忍受那些纸醉金迷的人,他希望通过他的自我节制,超越财富本身,从而为自己创造空前绝后的成就……那就是,他希望像路西法(Lucifer)一样,成为与上帝平等的人。

现在,我们已经熟悉了这种两难境地。但是,从神学的角度来考虑这个问题是有益的,因为它提出了一个最难回答的问题,毕竟,我们骗得过别人,甚至骗得过自己,但怎么可能骗得过上帝呢?如果我们被帕斯卡赌注中的推理所说服,也许我们就能让自己相信，甚至忘记当初出发的原因。但上帝会忘记吗？

如果我们有康德主义的倾向，那么我们在处理友谊或慈善问题时，可能会对自己施以类似严格的神学要求。我们可能会试图拒绝让自己从行善中获得满足感，因为我们担心自己的善行是出于某种隐秘的企图。正如席勒（Schiller）所调侃的，"我向我的朋友伸出援手，这感觉好极了／直到我担心这样做不道德。"要想一直维持帮助朋友的那种心满意足的感觉，唯一的办法就是不要意识到这种心满意足。

## 伪装者注定会失败吗？

因此，我们又回到了最开始的问题：伪装者注定是悲剧人物吗？这个问题事关重大：首先，它关系到现代市场的命运。这将决定面包师能否让顾客相信他的热情，因为他们清楚地知道他也能从中获利。每当一种无私的姿态获得回报时，观察者所得出的结论也会影响到我们真正去爱的能力、建立真正友谊的可能性以及获得宗教信仰的能力。那么，在揭示了"无私能获得回报"之后，我们是否注定要成为郁郁不得志的伪装者呢？

拉罗什富科是这样认为的：任何表现为无私的动机都应被看作是乔装打扮的利己主义。尽管帕斯卡认为有可能"假装直到成功"，但在他后来的著作中，他也提出真正的信仰只能是恩典的结果：即上帝的恩赐。费奈隆怀疑所有动机不纯的努力——堕落天使路西法也曾试图在善意方面超越上帝。哥伦比亚大学（Columbia University）的政治学家乔恩·埃尔斯特（Jon Elster）对伪装者的前景同样持悲观态度，他说："如果起作用的是别人相信一个人有某种信念，而不是信念本身，那么伪装拥有一种信念当然是可能的，但我不认为一个人能以同样的方式欺骗自己。"综上所述，我们得出了一个暗淡的结论。

然而，我们依然回到了一个简单的事实，无私的行为确实存在——我们在自己身上也看到了这种行为的蛛丝马迹，我们知道其他人也完全能够做出这种行为。我们都认识一些真正充满热情的酿酒师和面包师。事实上，正是因为我们善于识别伪装者，所以当我们遇到真正有热情的人时，我们也能识别出来。这些苦行僧、痴迷者、狂热者让我们敬畏。那么，当我们终于遇到这样一个真正有热情的人，而有一天他却转身背叛了我们，这将是何等的不幸啊。因为尽管我们对他们寄予厚望，但事实证明，面对诱惑，为爱奉献的人有时会比我们所希望的更经不起考验。我们捶胸顿足——为爱奉献的人都是叛变者。

# 第五章 关于叛变者

在通往"以无私的方式实现飞黄腾达"的伊甸园的康庄大道上，伪装者可能会遇到朝相反方向前进的人，那就是他的对立面——叛变者。虽然和伪装者一样，叛变者也招致骂名，但他们往往罪不至此。就像我们偶尔会发现自己能对伪装者感同身受，有时我们会发现自己也能设身处地地理解叛变者。

叛变是一种启示。就像亚当和夏娃突然意识到自己的裸体一样，真正为爱奉献的人最终也会意识到别人是如何看待他们的热情的。这种新发现的意识标志着他们已经长大成人。突然间，他们意识到市场会奖励他们一直以来所做的同样的行为——无论有没有收益，他们都会一如既往地做下去。

从那一刻起，吸引他们转变效忠对象的诱惑只会越来越大。起初，这种转变不易察觉。他们的实际行为可能一仍旧贯，但其背后的潜在意图却开始慢慢地偏离初心。热情的酿酒师继续酿造他的微型啤酒，而清教徒则继续履行他的召命。但现在，他们有了新的认识，即"无私有回报"。

第三章中提到的19世纪德国浪漫主义作家海因里希·冯·克莱斯特在描写浴池中俊美的少年时，形容他"仅仅表现出因妇女的青睐而滋生的虚荣心的一丁点蛛丝马迹"，他想到的就是这两种境界之间过渡的刀锋。这个年轻人这时才开始意识到自己的美貌，而之前他对此一无所知。朋友们随即拍手叫好，并催促他重复刚才无意间做出的那个姿势，这使他突然坠入毁灭。他已经从无私心的领域进入了有私心的商业。从为了擦干脚上的水而不假思索地摆出的姿势，到现在为了取悦朋友而尝试摆出的姿势。从行为到表演。他声称是同一个姿势，这个年轻人竭尽全力想忠实地再现它。然而，不管怎样摆，感觉还是有些不对劲。从这一刻到另一刻，究竟发生了什么？

在这里，马克斯·韦伯再次证明了自己的作用。因为韦伯研究的主题正是最早对资本主义的叛变。这恰恰体现在他巨著的标题里：《新教伦理与资本主义精神》。前者完全属于无私心的商业领域，而后者则生动反映了有私心的商业原则。叛变者从前一个阵营走到后一个阵营。在韦伯看来，这就是所有新英格兰清教徒的最终结局，他们将目标从追求宗教召命转变成追求经济召命。"当然，"他写道，"此种清教徒的人生理想，在面对那连清教徒自己都十分熟稔的财富的'诱惑'如此巨大的考验下，也会有动摇的时刻。"

通常的情况是，无私心的领域（即叛变者的故土）不仅对市场的诱惑无动于衷，而且与之针锋相对。这一点在清教徒身上体现得最为明显，他们对财神玛门[①]（Mammon）的任何暗示都深恶痛绝——因此他们穿着朴素，对所有装饰品都充满怀疑。正如韦

---

[①] 即贪婪，基督教所谓的七大罪之一。——译者注

伯所言，他们"将财富的追求视同为目的本身是极不可饶恕的"。只要是无意的，赚取财富就没有问题，甚至值得称赞。

与背叛信仰的清教徒一样，叛变者混淆了手段和目的。过去做某事是为了这件事本身，现在则是将其视为工具性的手段。或者更准确地说，原本是为其他目的而采取的行动的意外副产品，现在却成了目的本身。面包师仍在烘焙他的发面面包，但他现在这样做是为了扩大业务，而不是出于内在的热情。很快，为了实现更大的规模经济，揉面工作交由机器完成。

但我们知道，一旦把副产品作为目的会发生什么。我们又回到了约翰·斯图尔特·穆勒最初的洞见。我们又回到了塞奇威克（Sedgwick）的享乐主义悖论和斯坎伦的目的论悖论。当我们追求的目标只是副产品时，我们的追求只会适得其反。

这就是清教徒的命运。可惜他们对自己神圣召命的理解是，无论追求的目的是精神的救赎还是尘世的利益，他们的日常行为表面上都可以保持不变。从一个目标到另一个目标的转变几乎难以察觉：财富曾是神圣追求的意外副产品，而现在它成了目标本身。这个转变以迅雷不及掩耳之势完成。谁又会知道这其中的区别？

我们可以向无数的乐队追问这个问题，他们在意外走红的过程中无可挽回地让最早的歌迷大失所望。我猜想，对大多数人来说，"叛变"一词并不会让他们立刻联想到韦伯笔下的新英格兰清教徒。我们更有可能想到的是一支我们年轻时都喜欢的乐队，只有我们自己和一小撮狂热爱好者知道这支乐队，而这一小撮爱好者恰好是我们最亲密的朋友；这是一支我们曾在一个狭窄、闷热的酒吧里看过一次的乐队，我们对它肃然起敬，直到他们居然厚颜无耻地大红大紫起来。

从那天起，他们对我们来说就是死人了。我们捶胸顿足，就像摇滚乐迷一提到金属乐队（Metallica）就唉声叹气；当史努比·狗狗（Snoop Dogg）与凯蒂·佩里（Katy Perry）合作时，嘻哈迷们简直无法直视；当鲍勃·迪伦（Bob Dylan）使用电子乐时，摇滚乐迷们大喊"犹大（Judas）！①"。他们都是叛徒，放弃初心以换取电台播放量，出卖灵魂博得更大的名利，艺术家把自己变成了流行明星。

## 艺术家作为叛变者

音乐家无疑最经常会被扣上"叛变者"的帽子。这也是情有可原的。在一个普通乐队收入不足以维持生计的行业中，迎合主流的诱惑是巨大的，尽管经济拮据也是作家和画家的常态。但

---

① 《圣经》人物，耶稣十二门徒之一，由于出卖了耶稣被视为"背叛"的象征。——译者注

是，音乐比其他任何媒介都更容易成为早期青少年形成身份认同的手段。年轻的听众将自己与音乐流派、乐队和音乐家联系在一起，从而把自己的信誉与音乐偶像的信誉绑定在一起。此外，他们还会密切追踪大众的音乐偏好，每周更新市场成功的微观动向。比如公告牌百强单曲榜前 40 名。没有任何一种艺术媒介能像音乐一样，在大众认可度的排名上有如此直观的变化。

这一切导致了一个看似令人费解但又似曾相识的现象，艺术家的成功让他们在最初的拥护者眼中变得可疑。仅仅是迎合越来越多的人这一事实就会引起怀疑，并成为坐实他们变节的证据。

而这正是所有"叛变"指控背后的责难：艺术家被指控从无私创作、只对艺术本身负责，变成了关心人们如何看待他们的作品。他们从一种商业形式走到另一种商业形式。一旦人们认为他们关心的是如何赢得认可，甚至是如何追求市场回报，他们就会永远被钉在耻辱柱上。

艺术家所面临的挑战与所有人类商业活动一样：即如何获得他人的信任？与充满热情的企业家一样，他们必须让受众相信自己的正直。要说服他们的观众，相信他们属于为了追求原创艺术愿景而搞创作的那类人，而不是为了追求世俗回报才搞创作的那类人。值得一提的是，人们恰恰是用关于信誉的说辞来谴责妥协之举：音乐家没有"忠实于"他们的承诺、他们的声音、他们的初心。通常情况下，这些妥协之举甚至与音乐本身无关，而是涉及与任何以经济利益为目的的举动，比如音乐家与主流演出团体合作，在更大的场地演出，将其歌曲的版权卖给大众汽车的广告等，①而他们的老歌迷却对这些做法嗤之以鼻。

就像债权人可能不太愿意借钱给一个背弃信仰的清教徒，而更愿意借钱给真正的信徒一样，有鉴别力的听众也不太愿意把精力投入一个他们认为是为了迎合大众而出卖自己的音乐家。迪伦币或史努比·狗狗债券的货币随之贬值。这种贬值类似于其他方面的货币通胀——艺术家的粉丝群越大，对该艺术家的忠诚度就越低，就越不能作为鉴别品位和圈内人的标志。

"sellout"最早的用法是完全褒义的，指的是门票场场售罄，首场演出更是一票难求。它的贬义用法首先出现在政治语境中，指屈服于强大利益集团的压力。比如一个人把自己出卖给大企业，或出卖给工会。20 世纪 50 年代，当这一标签的嘲讽之意传入音乐界时，它首先被黑人听众用于谴责那些被视为试图迎合白人听众的爵士音乐家。

在 20 世纪 50 年代的美国，种族是宣称可信与否的主要分界线，这一点不足为奇。在同一时期，"潮人"这个用于描述 21 世

---

① 在向大众听众推出独立音乐人方面，没有哪家公司比大众汽车做得更多，因此也没有哪家公司像大众汽车那样因为践踏老歌迷内心神圣不可侵犯的原则而招致后者那么多的冷嘲热讽。可参考尼克·德雷克（Nick Drake）的《粉红月亮》（*Pink Moon*）、灰熊乐队（Grizzly Bear）的《两周》（*Two Weeks*），以及 Wilco 乐队的全部歌曲。

纪初文化伪装者典型的标签也出现了，这在某种程度上说明了伪装者和叛变者之间的对称对立。正如"叛变者"一词被用来形容迎合白人观众的爵士音乐家一样，"潮人"一词在20世纪50年代也被用来形容崇尚"黑人趣味"的美国白人，他们试图捕捉一些与黑人文化相关的异国情调和活力。这种"潮人"与"垮掉的一代"（the Beats）[想想艾伦·金斯伯格（Allen Ginsberg）的诗歌《嚎叫》（Howl）中的"天使头的潮人"]有交集，这是一场白人中产阶级运动，是对白人中产阶级趣味的反击。爵士乐处于这两场运动的中心：叛变者生产，伪装者消费，每个人都被指责为图谋自抬身价。

## 叛变者的自然生境 ①

由于"叛变者"所提供的是他们最初的无私，因此他们往往来自那些声称致力于超越利己主义的原则和价值观的稀有领域：从音乐到独立电影和当代艺术的各个文化领域，以及科学和公共服务领域。在每一种情况下，叛变者都从追求无私的目标，比如原创艺术理念、科学真理、公共利益等，转变为追求有私心的目标，比如金钱、名声、选票等。比如音乐界的"叛变者"将歌曲

---

① 生境是指物种或物种群体赖以生存的生态环境。——译者注

借给汽车广告；文学作家转而创作通俗小说，并将版权卖给好莱坞制片厂；被视为"大师"的电影导演签约拍摄一部观众喜闻乐见的暑期大片等。

在艺术评论家的字典里，再没有比把一件当代艺术作品描述为"花里胡哨"更糟糕的了。在科学领域，学者变身"公共知识分子"，从而出卖了自己。人们在学术会议上听到冷嘲热讽："看看保罗·克鲁格曼（Paul Krugman），他曾经是一位优秀的经济学家，但后来他获得了诺贝尔奖，却成了——什么，一个意见贩子？"克鲁格曼不是一个人。"约瑟夫·斯蒂格利茨（Joe Stiglitz）？他之前做过严肃的研究，后来他们给他颁布了诺贝尔奖，他就摇身一变成了左翼活动家。"就像听众嘲讽音乐家为了赢得广播听众而弱化自己的原声一样，人们也指责公共知识分子为了向大众读者提供简单的金句而降低了自己的科学标准。人们嘲笑他们把华而不实的研究成果和哗众取宠的标题看得比严谨的方法还重要。

即使是在以迎合大多数人的偏好为前提的民主政治，他们也难免被指责为背叛了自己。在政治市场上，叛变者就是机会主义者，他们为了迎合更多人的喜好，不惜泯灭自己最初的理想。因此，政治叛变者通常来自政治外围团体，他们赢得公职的前景十分渺茫，因此可以放手一搏，支持激进的观点。胜选无望被视为口无遮拦的通行证。但是，当表面上的无私开始得到回报时，当政治"局外人"开始从其局外人身份中获得回报时，当胜选不再是痴人说梦时，趁热打铁、通过向政治中心靠拢来争夺中间选民的诱惑也会带来疏远原有热心支持者基础的风险。这些政客必须小心翼翼地行事，因为他们即使已经身在其中，也要努力保持局外人的身份。一种越来越常见的策略是，塑造一个足够软化的形象以迎合主流选民，同时提出足够尖锐的"狗哨"问题①，吸引原本选民的注意力。如果不同的受众都能以自己喜欢的方式解读同一篇演讲，那么政治叛变者就能左右逢源，既能讨好主流选民，又能留住更激进的选民基础。

## 伪装者与叛变者狭路相逢

局外人—局内人—政客所面临的挑战说明了伪装者和叛变者这两个角色是如何经常以相同的行为而殊途同归的。最精明的叛变者意识到，他们的市场号召力取决于他们无私心的出身，因此，即使他们跨过了利己主义的门槛，也会继续做出无私心的姿态。

想想韦伯的案例分析富兰克林。韦伯意识到富兰克林已经跨

---

① 指政客们以某种方式取悦特定群体的问题，以掩盖其他容易引起争议的信息。——编者注

过了这个门槛："在富兰克林那儿，禁欲主义的宗教根基也业已枯萎衰亡。"事实证明，诱惑太过强烈，清教徒弃甲投戈了。不知从何时起，他们的后代（富兰克林就是其中之一）丧失了终极目标——精神救赎，转而开始追求精神救赎的外在表现——物质富足。韦伯认为这是所有精神激进主义者的叙事轨迹："修院纪律的整部历史，在某种意义上就是与财富世俗化的问题相抗争的循环史。"

但世俗化也意味着放弃其独一无二的信誉之源。富兰克林意识到了这一点。这就是为什么他提倡做做样子，建议年轻的商人早上5点就开始敲敲打打——不是为了修理屋顶，而是为了糊弄债权人。最初的清教徒不需要这样的装模作样。债权人之所以乐意相信他们，正是因为他们不按市场规则办事，主动拒绝市场原则。然后，一旦他们把市场的目标当作自己的目标，一旦债权人与他们称兄道弟，他就又会对他们起疑心。债权人会要求为贷款增加风险溢价、额外的投资担保以及在合伙企业中获得更高的股权。他现在想要的是签字文件、宣誓书、善意合约，这些都属于有私心的商业的摩擦。清教徒服软了，他们不再像以前那样激烈地谴责玛门，反而失去了玛门的青睐。他们的市场优势被挥霍殆尽。

最精明的叛变者意识到了这一点，他们知道不能完全越界。他们就像是脚踏两条船一样。他们的意图可能已经改变，但他们仍摆出一开始就有的那种无私心的姿态。通过这种方式，富兰克林继续使用清教徒的语言。富兰克林在其广为流传的《穷理查年鉴》(Poor Richard's Almanach)中,在民间谚语汇编的基础上,重申了勤劳、禁欲和节约的调子。他看不清睡眠("我们花在睡眠上的时间远远超过了所需的时间!忘记了沉睡的狐狸抓不到家禽,也忘记了入土之后有的是时间睡觉"),看不起懒惰["懒惰(像铁锈)比劳动消耗得更快——使用中的钥匙总是发亮的"],蔑视各种无聊的活动"女人与美酒,赌博与欺诈,使财富变少,贫穷加深"。就连那句韦伯在学术界乐此不疲地引用的富兰克林名言"时间就是金钱",也标志着从一个领域到另一个领域的转变。历史学家一致认为,这个短语的确源于清教徒主义——但其含义明显不同,清教徒想要最大限度地利用的不是金钱,而是祈祷的时间。

富兰克林欣然接受了他父亲——一位加尔文教牧师——的宗教忠告,并将其转变为商学院的公理,这正是从无私心的商业向有私心的商业过渡的临界点。正如他在自传中写道:"我父亲在我小时候对我的教诲中,经常重复所罗门王的一句箴言:'你见过办事勤勉之人吗?他必立于君王面前,必不会立于低微之人面前'。[①]"富兰克林得出结论:"从那时起,我就认为勤勉是发家致

---

① 译文参考《富兰克林自传》,天津人民出版社,孙伊译。下文同。——译者注

富、出人头地的良方，这种想法激励我奋进。"就这样层层递进、环环相扣，像魔术师把小鸟变成硬币一样，富兰克林把追求的目标从救赎换成了富裕。①

富兰克林家的品味也经历了类似的转变，从禁欲主义转变为更适合资本主义的形式。在自传中，富兰克林一开始就把自己早年的简朴生活说得天花乱坠，吹嘘自己是如何用"一个两便士的粗陶粥碗和一个锡制勺子"吃早餐的。他把家风败坏、去俭从奢的责任都归咎于他的妻子德博拉（Deborah），就像亚当以他们的名义指责夏娃禁不住诱惑一样。在一个打趣、自嘲的段落中，他写道：

但是请注意，我这样坚持朴素的原则，奢侈之风还是偷偷潜入家里，逐渐滋长起来。一天早上，我被叫去吃早饭时，发现用来盛粥的竟然是一个瓷碗，旁边还有一把银勺！妻子瞒着我花了二十三先令"巨款"买下了它们，没有别的理由，只因为她觉得自己的丈夫也该像其他邻居一样有资格使用银勺和瓷碗。

我们不禁想起亚当·斯密嘲笑有事业心的中产阶级用"花里

---

① 而且卓有成效：富兰克林接着指出，他父亲的建议被证明是有先见之明的。事实上，他确实站在五位君王面前，甚至还荣幸地与丹麦国王坐下来共进晚餐。

胡哨的小玩意儿"来打扮自己,并在外套上设计新的口袋来装这些东西。这两种做法的动机都是为了赢得邻居的尊重。希望"引人注目、被人关心、得到同情、自满自得和博得赞许"。向资本主义精神致敬的最好方式莫过于通过购买银汤匙来追赶邻里攀比的步伐。

富兰克林愉快地承认,从那一刻起,一切都覆水难收了:"这是银器和瓷器在我家第一次登场,此后若干年里,随着我们变得越来越富有,高级餐具也越来越多,最后总价值达到了数百镑。"事实上,这里后来还添置了大键琴、图书室、蕾丝窗帘等各种物品,富兰克林一家最终不得不搬到市场街的一栋三层砖瓦大房子里,才能容纳这一切。他们的衣服口袋已经都装满了。

然而,请注意富兰克林"忏悔"时轻松的语气。看到自己的变化,他非但没有捶胸顿足地忏悔,反而还有点喜不自胜。韦伯在选择资本主义精神的典范时,看走了眼。因为事实证明,作为资本主义的叛变者,富兰克林非常善于对市场激励机制置之不理。43岁时,他愉快地退休了,他卖掉了自己的印刷生意,全身心地投入丰富多彩的休闲生活中。他解释道:

当我从上述这些私人生意中解脱出来时,我自认为凭借我所挣得的适当积蓄,足以保障我的余生有足够的闲暇用于哲学研究和娱乐。

这是一个无法放弃市场激励机制的资本家所难以想象的。这就是韦伯为那些受资本主义精神支配的人设想的命运。在《新教伦理与资本主义精神》最著名的最后几页中，韦伯放弃了他一贯的价值中立的学者风范，用一句被广泛引用的话来感叹我们是如何被囚禁在资本主义的"铁笼"中无处可逃的："这个世界的外在物品对人的影响越来越大，最终无处不在。"韦伯总结道，清教徒选择为他们的召命奉献终身，而我们则是被逼无奈。

从这个角度看，富兰克林似乎属于比普通叛变者更稀有的品种。即使富兰克林背离了他父亲的加尔文主义教条，转而皈依市场的教条，他仍然能够将资本主义视为达到目的的一种手段。正如他在写给母亲的信中所说："我宁愿别人说我活着的时候很有用，也不愿意让人说我死的时候很富有。"这不像是一个精力充沛的资本家的座右铭。刚过不惑之年，他就已经退出了这个游戏，转而投身另一个。一个接着一个。从商业到科学探索，再到政治和外交，他在每个领域都留下了卓越的成就。富兰克林每取得一次成就，都能在功成身退后，转而追求下一个目标，这实属罕见。

## 新的清教徒

于是，新英格兰的清教徒们背叛了自己，放弃了以救赎为唯一目的的召命，转而追求物质上的富足。包括富兰克林在内，许多人很可能在这一转变过程中变得更讨人喜欢。然而，清教徒继续鼓舞着后世的美国人。在接下来的两个世纪里，新英格兰地区一直是各种乌托邦和基督教社会主义①（Christian-socialist）公社的温床——它们都自称是资本主义的例外，是建立在性平等、素食和超越理想基础上的零星抵抗。

19世纪的美国公社虽然模仿了从傅立叶主义（Fourierism）到欧文主义（Owenism）等五花八门的思想流派，但都倾向于共有财产，反对工业革命下产生的资本主义生产方式。在许多情况下，这些观念延伸到了性财产（sexual property）领域，为"commerce"一词的古老用法赋予了新的含义。美国的公社从事各种形式的工业，但它们这样做只是为了维持公社的生存所需，绝非以积累财富为目标。然而，出乎意料的是，其中一些乌托邦式的公社居然蒸蒸日上。

奥奈达公社（Oneida Community）就是其中一个例子。该公社于1848年在纽约州北部的奥奈达镇成立，以"复杂婚姻"②

---

① 又称"僧侣社会主义"，是19世纪中叶欧美教会人士把基督教的社会原则运用到现代工业生活的思潮或运动。——译者注
② 在这种婚姻制度下，公社中所有的女性都是所有男性的妻子，社区中的所有男性都是所有女性的丈夫。只要双方同意，且男性采取避孕措施，就可以发生性关系。生育是一个社区的决定，是建立在选择性育种的基础上的。——译者注

（complex marriage）原则为基础，其成员相信这是上天的安排。一夫一妻制被认为是一种罪过，配对的夫妇会受到公开的责罚。为了维持公社的生计，奥奈达人开始生产银器、捕兽夹和丝绸制品。

通常情况下，一种高度一致的意识形态有助于公社成员达成高度默契的合作。更有趣的是，这种内部信任还延伸到了与外部的商业往来中。那些与公社有业务关系的人经常提到他们诚实可靠的声誉。乌托邦主义者的格格不入反而成为其经济信誉的基础。和清教徒一样，事实证明他们的无私成为实现富裕的独门秘籍。他们一心想要瓦解资本主义，看不起见钱眼开的行为，这也使他们成为异常可靠的经济伙伴。当然，并非所有19世纪的美国乌托邦公社都走向了经济繁荣。在那些成功的公社中，许多人经常把他们的成功归功于其成员的无私奉献和他们可靠的外在形象。

奥奈达公社居民在给当地报纸的一封信中写道："他们的每个部门都是整洁有序的标兵。他们是工业的蜂巢，他们每个部门生产的产品都是市场上最好的。他们拥有一个模范农场……我希望世界上所有的人都能像他们一样诚实。"康涅狄格州（Connecticut）纽黑文市（New Haven）的《星期日纪事报》（*Sunday Register*）在一篇关于奥奈达人的文章中总结道："在许多方面，他们的习惯都值得称赞。他们节俭、勤奋、诚实，这些品质现在已经很少见了。"

在这个资本主义精神集大成的国家,美国的公社一度成为无私心的商业的星星之火——与物质富足相比,它们更关注基督教之爱的乌托邦理想或作为替代的自由性爱①(free love)。那些人之所以成功,不能不提他们的无私,而且似乎还多亏了他们的无私。然而,一种反复出现的模式随之形成——乌托邦伦理将向资本主义精神让步。

尽管奥奈达公社的性实践招致了当地神职人员的抨击,并使其成为众矢之的,但奥奈达公社仍在四分之一个世纪的时间里继续繁荣发展,直到1879年,奥奈达公社的成员投票决定将公社重组为美国最早的股份公司之一。自由性爱退居其次,而他们"快乐"工作的副产品——蒸蒸日上的生意,现在成了他们的重点。

许多作为社会实验而建立的公社最终偏离了其一开始的原则,从无私心的商业转向了有私心的商业。其中最精明的人试图至少保留当初使他们繁荣昌盛的形象特征。1902年,在奥奈达公社走向商业化多年后,奥奈达公社的一位前成员写了一本关于美国乌托邦公社的研究报告,报告中写道:"老(奥奈达)公社严格维护了诚实工作和诚实交易方面的声誉。总之,新组织的前景非

---

① 不受婚姻或其他法律义务约束的两性关系。——译者注

常鼓舞人心。"他猜得没错。在将近一个世纪后，奥奈达有限公司（Oneida Limited）生产了美国一半以上的餐具，并最终发展成为世界上最大的不锈钢餐具制造商。

今天，如果你在一家美国餐馆就餐，有可能在你的汤匙背面就印着"奥奈达"的字样，这是公社转变为公司的永恒见证。这形象地说明了无私心的红利以及由此产生的将无私心的红利转化为有私心的商业的诱惑。

事实一再证明，敌视市场理想对市场参与者极具诱惑力，无私心的商业受到了有私心的商业的追捧。激励机制变化无常，直到市场昔日的异见者皈依其理想。同样讽刺的事在最初的清教徒及其19世纪公社的后代身上上演，然后在美国乌托邦主义的下一波浪潮中，在20世纪60年代的反文化运动中再次上演。

这一次，逃离城市前往乡村的年轻人更青睐西海岸（West Coast）而非新英格兰地区。他们对财产和性自由的看法不谋而合。就像过去一样，一些嬉皮士（hippy）社区最早以反对市场理念来定义自己，然后又围绕着起初只是为了维持生计而萌芽的企业重新定义自己。其中，20世纪70年代在加利福尼亚北部成立克里斯达社区（Kerista Community）是一个崇尚自由性爱的"科学乌托邦社区"。为了维持生计，这个社区开始分销苹果电脑作为兼营业务。由于他们对"完全理性"（Total Rationality）的信念以及通过科学促进人类进步的原则，他们成为计算机革命的早期信徒和狂热布道者。

他们干得不赖。与奥奈达有限公司一样，观察人士将其成功归功于他们的"嬉皮士商业伦理"——他们自称"具备企业愿景"，远远早于当今硅谷的技术乌托邦精神。他们兢兢业业，《连线》（Wired）杂志在一篇溜须拍马的文章中总结道，他们"不仅滥交，而且非常勤奋"。他们也不是为了钱，他们想要的是开创一个技术乌托邦。在公社成立不到5年的时间里，他们的兼营业务就创造了3 500万美元的销售额。"对于一群嬉皮士来说，这是挺不错的，"克里斯达社区的一位前成员这样评价道："我们想做的不过就是改变世界。"与以往产生经济副产品的社会实验一样，一旦他们无私奉献的做法开始获得回报，事情就变味了。"我们从一个艺术家社区变成了一个计算机企业……整个文化都不一样了。它变成了工作狂、雅皮士（yuppie）的网络文化。"

今天，无私和诱惑仍踩着相同的舞步翩翩起舞。只要提到"火人"（Burning Man）就足以说明这一点："火人"最初是20世纪80年代末在内华达州的沙漠中举办的现代反资本主义集会，它仿效了"冬季赠礼节"的概念，不囤积财富反而将其赠送出去。这一出发点并无不妥，但现在该活动已发展成为更类似于企业务虚会的活动，吸引了硅谷企业家和《财富》500强企业高管携其员工前来参加，大家都想在一个激励创新的环境中找到机会拓宽人脉。一位与会者调侃道："考虑到我在那里谈成了那么多生意，多年来我一直想把它记入我的税单，但是我的会计不让我这么干。"这原本只是一场纯粹的活动，活动最后会以焚烧"人"形的巨大木结构而告终，这一行为类似于佛教僧侣制作的复杂沙曼陀罗，一经完成就被抹去；而现在，在沙漠中聚会已经成为与会者实现形形色色目的的一种手段，这些目的包括在创新者之间建立联系、创建企业纽带、创造力的休整等，所有这些都是为了在回到硅谷后重新部署，以提高生产力。

"火人"节的组织者半敷衍地禁止任何以物易物或金钱交换行为，试图以这种方式将该活动打造成一个无私心的商业空间。还好人们可以提前预付乘坐直升机和豪华营地的费用。虽然该活动的商品化经常遭到人们的嘲笑，但值得注意的是，有私心的商业活动仍在挖掘"无私心"的初始前提中真正的价值。风险投资的种子轮融资以拥抱收尾，事实证明，伪装成市场规则的例外区仍旧有利于商业交易。该活动在休谟式的商业两极之间保持模棱两可的状态，从而获得常规会议室无法获得的市场回报。无私继续收获回报。

往事历历在目，市场力量逐步蚕食距离硅谷400英里之外那片曾经声称无私心的净土，不免透露出一股势不可免的氛围。"火人"所散发出的光芒总是会让那些利己主义者无法抗拒，他们就像被灯光吸引的飞蛾一样蜂拥而至。

## 悲剧再次上演？

虽然"叛变者"和"伪装者"初心不同、各奔东西，但我们已经看到他们常常狭路相逢，并在两个领域之间摇摆。叛变者不断向他的故土摆出无私的姿态，而伪装者则摆脱不了他原有的习性，总会暴露利己的本心。叛变者想说服我们，他并没有完全跨过界；而伪装者则向我们保证，他已经跨过去了，尽管他根本做不到。

我们的两个主人公还有一个共同点。我们已经看到，伪装者命中注定是悲剧性的——为了表现出无私的样子，伪装者的初衷似乎就排除了成功的可能性。叛变者的剧情也不乏悲剧色彩。就像俄狄浦斯[①]（Oedipus）试图逃避预言中的命运一样，叛变者故意避开了市场，但却越来越难以抗拒市场的诱惑。最终，向他最初回避的市场理想妥协的诱惑让他欲罢不能。按照叛变者最初的理想标准，正是他最初的无私标志着他最终的堕落。

清教徒和19世纪的乌托邦公社是如此，20世纪60年代的嬉皮士也是如此。他们试图拥护与资本主义精神截然相反的价值观，但事实证明，他们对市场社会具有压倒性的吸引力。无私本

---

[①] 欧洲文学史上典型的命运悲剧人物，他在不知情的情况下，杀死了自己的父亲并娶了自己的母亲。——译者注

身就是一种吸引。正是这种对有私心的商业领域的吸引力产生了叛变的动力，这反过来又扼杀了最初的市场吸引力之源。市场在追捧热情的同时，也为热情的最终贬值埋下了伏笔。乐队不能不迎合他们日益庞大的听众群体，就像清教徒不能不将他们对富足的看法从副产品转变为目标本身一样。而"不图钱"只为热爱的创业者最终会发现，当他们的热情开始得到回报时，挣钱也许并不是一件坏事。

## 叛变有什么关系吗？

那么，这有什么关系吗？只要创业者继续提供产品，最终是出于热情还是出于牟利，这又有什么区别吗？债权人真的有必要关心清教徒的纯洁性吗？一旦清教徒从"以劳作为目标"转变为"以劳作为手段来实现富足"，他是否就会变得不那么可靠了呢？当我们最喜爱的乐队打入排行榜前十名并将歌曲版权卖给汽车广告时，我们就对他们口诛笔伐，这样做对吗？他们的音乐听起来和之前有什么不同吗？换句话说，对真实性的崇拜有什么依据？我们相信"热情比利润更重要"的想法是否有根有据，亚当·斯密是否真的对此洞若观火，我们是否应该简单地相信彼此"对'我们'自身利益的考虑"？

在关于伪装者的讨论中，我们看到行为科学家最近进行的实验揭示了那些试图像伪装者一样，将自我呈现的战略企图掩盖在谦逊外衣之下的人所付出的社会代价。类似的实验方法也可以揭示当个人一反既往，从无私的活动转而投身出于一己之私的活动时会发生什么情况。

最近有一批行为科学家从"内在动机"与"外在动机"的角度来看待休谟所说的两种商业。"内在"一词指的是固有的回报，例如友谊所带来的回报。1971年的一项开创性研究解释道，"如果一个人从事某项活动，除了该活动本身之外没有得到任何明显的回报，那么他从事这项活动就是出于内在动机"。换句话说，这个活动本身就是目的。这就是T.S.艾略特（T. S. Eliot）所说的"autotelic"活动，由希腊语的 *auto* 和 *telos* 组成，意思是：自成目的。与此相对应的是，外在动机代表的是为了得到金钱、认可或他人的尊重等其他目标而进行的工具性的活动。

尽管经济市场通常建立在工资、业绩奖金、绩效考核、记分卡等外在激励机制的基础上，但实验室实验一再表明，这可能不是最有效的手段，当然也不是最高效的手段。概而言之，内在动机与外在动机的研究结果表明，当个人的行为动机从一种转向另一种时，行为确实会发生变化。

在伯克利大学（Berkeley）的詹姆斯·海曼（James Heyman）和麻省理工学院（MIT）的丹·艾瑞里（Dan Ariely）进行的一项研究中，受试者被要求在电脑屏幕上反复拖动一个圆形到一个正方形上，持续5分钟。一半的受试者领取了报酬，另一半则没有。而在领到钱的人中，有些人只领到一点点钱，比如50美分，而有些人的报酬则很可观，比如5美元。然后，根据受试者在规定时间内拖过的圆圈数量来衡量他们的卖力程度。问题是，谁是最卖力的？结果表明，报酬高的人确实比报酬低的人更卖力，但那些没有报酬的人实际上最卖力。

事实上，奖励与努力之间这种反直觉的反向关系是行为科学最古老的发现之一。半个世纪前，罗切斯特大学（University of Rochester）的心理学家爱德华·德西（Edward Deci）就发现，这一规律似乎适用于他的心理学学生，那些得到金钱补偿的学生在解题时所付出的努力要少于那些没有得到任何回报的学生。事实证明，学龄前儿童的反应与心理学本科生的反应类似，一旦给予他们物质奖励，他们就会比什么都得不到的人更快放弃艰苦的任务。这些研究得出的结论是，如果奖励改变了动机的类型，从为完成任务而完成任务转变成为达到某种外部目的而完成任务，那么奖励就有可能削弱努力的程度。

半个世纪的此类实验让艾瑞里得出结论："我们生活在两个世界里：一个以社会交换为特征，另一个以市场交换为特征……此外，如我们所见，将市场规范引入社会交换的世界，就会违反社会规范，损害人际关系。"这些研究对可怜的休谟只字未提，尽管他在大约300年前就得出了与之类似的"两种商业"的结论，每种商业都有各自的规范。

我们现在还知道,只要一提钱,就足以促使人们做出类似于"叛变"的转变。事实上,就算是假钱也会起作用。当受试者的视野中出现一叠大富翁的钱时,他们就会调整自己的行为,面对后来向他们求助的本科生,就变得不太愿意帮忙完成5分钟的任务。

这些发现在实验室之外同样适用。当一个退休人员协会询问一些律师是否愿意以每小时30美元的优惠价格为其会员提供法律服务时,大多数律师都表示拒绝。当这个费用降到零,并要求律师们完全免费提供服务时,相当一部分律师却表示了同意。这个规律反过来也成立,史蒂夫·乔布斯(Steve Jobs)重返苹果公司时,年薪只有1美元,这让他名声大噪。2000年,董事会建议最终向他支付报酬。乔布斯提出要湾流V型喷气式飞机和2 000万份期权,这个要求则令董事会成员们大吃一惊,这比董事会有权提供的报酬方案还要高。

## 令人垂涎的市场影响

从这些研究中得到的第一个启示是,对叛变者的某些怀疑其实是情有可原的。在无私心的商业环境中工作时,我们可能会更加卖力地完成任务。为热爱而奉献的工匠如果转而追求利润,虽然他可能会还是在从事他的手艺活儿，但我们有理由相信，产品质量可能会因动机的转变而受到影响。

市场本身可能会引起其中一些变化，有时这些变化甚至是市场强加的。尽管这些变化可能微乎其微，但我们对这些变化有着敏锐的直觉。我们眼睁睁地看着变化到来。如果超市想利用这个为热爱而奉献的面包师的热情，可以给他提供一份大订单。订单越大，利润越低，因此杏仁羊角面包中可能会少加一些杏仁蛋白糖，面包圈上可能得少撒一点葡萄干；规模的扩大意味着生产必须更加标准化，现在每一个果仁馅饼与下一个果仁馅饼的差异看起来都更小一些。紧接着，面包师本人越来越忙于处理营销和分销问题，我们再也没有在面包店里见到过他本人，尽管现在面包店里的所有包装上都已经印上了他的照片。我们说，"我以前去的时候，它还是家名不见经传的小店，他们做的发面面包最好吃了，但后来他们把面包店做大了，再也吃不到之前的味道，现在再也没人买他们家的面包了。"因此，当街角的面包师向我们保证他们"不图钱"时，他们实际上是在试图发出一个可信的信号："我的发面面包味道更好。"行为科学也支持这些观点。

同样，比起清教徒的后代，债权人更相信最初的清教徒，这可能是明智之举，因为清教徒的后代开始将经济富足视为一种目标，而不是意外的副产品。就像实验室实验中的受试者在获得酬劳后更快就会停止钻研难题一样，当事情进展不顺利时，背叛信仰的清教徒可能会比他的祖先更早放弃承诺。债权人怀疑社会科学家所谓的"决心"水平（即履行承诺的可能性）可能确有其事。

但是，这些研究结果也蕴含着另一个教训，而这个教训有其阴暗的一面。在艾瑞里的实验中，同样是完成一项5分钟的任务，获得5美元奖励的受试者的卖力程度只是接近那些没有任何奖励的受试者，但并没有超过后者。这可是相当于每小时60美元的高薪……而在乔布斯的案例中，一旦苹果公司董事会让他从内在动机转向外在动机，就需要付出一架私人飞机和价值数百万美元的股票期权，才能让乔布斯在接下来两年半的时间里继续做他此前出于内在动机而做的同一件事。这给我们的启示是，通过提供物质奖励，当然有可能复制在无私心的商业领域工作的工人的那种承诺和热情，只是代价非常高昂。

试想一下，这让一个彻头彻尾的资本家听来会作何感受。如果雇主能够让工人相信，他们的工作应该被视为属于无私心的商业领域，而不是有私心的商业领域，那么雇主的收益将不可限量。无私心的伪装不仅为经济学家梦想中的无摩擦交易（不需要合同、宣誓书或旷日持久的工资谈判）带来了希望，而且这样的工人很可能比只受一己之私驱使的人更勤勤恳恳、更忠心耿耿。换句话说，只要市场能够决定哪些任务是为了任务本身而不是工具性目的而执行的，那么这个世界就是资本主义的乌托邦。

多么猝不及防的转折啊。市场难道不就是一个异化的空间吗？在这里，工人只是机器上的齿轮，与他们的劳动成果毫无联系。商业不就是一个不经思考、为了积累而积累的世界吗？而那些曲高和寡的世界，那些为了表演而表演的世界，那些艺术、科学和友谊的世界，不正是凭借着与商业、利润和资本市场顽固不化的逻辑势不两立而存在的吗？

突然间，市场激励似乎与亚里士多德对美好生活的定义奇怪地步调一致，都提倡追求使命，为使命而奋斗——我们甚至还将提供免费午餐。还记得第三章中引用的弗罗斯特的一句话吗？他将自己的人生目标描述为将自己的职业和事业结合在一起，"正如两只眼睛使视力合一"。事实证明，市场对这一观点深表赞同。因为将二者结合起来，也许正是获得最大收益的坦途。

这需要说服工人应该对自己的职业充满热情，在市场中表现出热情的样子，但这种热情又必须是发自内心的，这项说服工作似乎很难做到。我们已经看到，人们对出于利己目的而操纵人们表现出无私的样子有着强烈的内在本能反应。然而，正如下一章所讨论的，这种高难度的把戏正是市场近年来所完成的——有私心的商业成功地为自己披上了无私心的商业的外衣。亚里士多德对"美好生活"的定义已被奉为工作狂的战斗口号。工作的领域把休闲的成果占为己有。更有甚者，正是那些一直在奔走呼号告诫人们警惕这种蚕食的人，在不知不觉中更助长了这种伎俩。

# 第六章 反工具主义者

当你坐在马桶上时，你会有一种不可抑制的冲动想看手机。也许有新邮件发过来了？你可以利用这个时间回邮件。也许你可以看看自己刚在网上发的帖子有没有什么动静，或者想查看一下明天的天气情况，以便制订相应的计划。这样，你就可以充分利用这段空闲时间了。

当我们伸手去拿手机的那一刻，我们离厕所这个"心灵休憩之所"有多远，日本美学家谷崎润一郎（Junichiro Tanizaki）在1977年出版了《阴翳礼赞》（ In Praise of Shadows ），在这本短小精悍的随笔中鞭辟入里地描述了如厕这一日常的"生理快感"。谷崎润一郎用愉快的笔调写道，"蹲坐在那微暗的光线里，在拉门反射的淡光中专注于冥想，或眺望窗外庭院的景色，此时的心情无以言表。[1]"相比之下，当我们脱下裤子坐在马桶上，要想从脱到脚踝的裤子口袋里掏出手机总是很麻烦。

直到最近，即使我们没有"被设置在远离主屋、有绿叶和青苔的清香飘来的林荫之中"的日式露天厕所，厕所仍然是一个无忧无虑的安全港湾。也就是说，我们上厕所就只是为了上厕所，除了解决特定的生理需求之外，再无其他目标。

我猜工业巨头应该经常在如厕时喊厕所外的秘书记这记那，

---

[1] 译文参考《阴翳礼赞》，浙江文艺出版社，焦阳译。——译者注

尽管我们大多数人都没有机会使唤秘书。现在，随着技术的发展，我们都拥有了选择，但又有多少人能抓住这个机会呢？我还可以证明，有些男人经常会为了一些蝇头小利冒着更大的风险，固执地站在小便池边看手机。

毋庸置疑的是，我们现在不但可以充分利用时间，还能消磨掉这些时间里可能出现的无聊情绪。有充分证据证明，搜索新邮件或查看新通知的瞬间分心能够带来多巴胺兴奋。

但是，越来越多的声音在告诉我们，我们已然失去了某些东西。用前几章的术语来表述就是，从无私心的商业活动（就厕所而言，指的是每天与自己难得的交流）到有私心的商业活动（我们从裤子口袋里掏出手机，最大限度地利用这段时间来完成其他目的），我们失去了一种绝无仅有的好处，而这种好处在其他情况下是很难获得的。

我们知道，这种无私心的空间往往会产生意想不到的回报。谷崎润一郎也很清楚："或许自古以来的俳人正是在此处得到了无数灵感吧。"也许是因为我们的手机在潮湿环境中的性能还有待提高，所以人们常说在我们这个时代灵感通常是在淋浴时产生的——在我们的防水技术跟上之前，这也许是允许我们漫不经心的最后一个堡垒了。

谷崎润一郎的观察带我们回到作为副产品产生的理想目标。你可以坐在书桌前，创作梦幻般的俳句或精彩的剧本，并希望自己灵光一闪；然而，无论你如何搜肠刮肚，都没有灵感。这是因为创造力是一种典型的副产品——只能在心无旁骛地追求其他目的时才能获得。在蓬勃发展的"创意产业"中有一种常见的说法，我们常常会在百无聊赖、无所事事的间隙中突然灵光一现。当我们不积极寻找解决方案时，这些解决方案似乎就会从天而降。神经科学家说，在灵机一闪之前往往有一个"潜伏期"，这个阶段的特点是漫无目的、无所事事。比如当我们在超市排队等待时，或者当我们坐在露天厕所里倾听周围的昆虫叫声时。因此，创意手册上交代我们要随身携带笔记本，因为你永远不知道什么时候会在不经意间得到了什么启发。这是个善意的建议，但如果你故意去超市排队，等待灵光一现，那就太愚蠢了，因为你的意图会让你的把戏一场空。同样，自古以来的俳句诗人也没有刻意跑到厕所去寻找好点子。相反，他们蹲坐在露天厕所里，倾听虫鸣，无意中（顺带）发现这里竟然会意外地使人妙笔生花。

现在，连上厕所都不是纯粹地上厕所了，这说明在原本无私的空间夹带私心已经变得多么普遍。之所以会发生这种变化，技术的发展得负主要责任。尽管直接原因是智能手机的出现，但还有一个更根本的因素。这些技术之所以被开发出来并被争相采用，首先就是因为它们满足了我们一种潜在的冲动。在我们每个人的内心深处，都在上演着"有私心的商业"向"无私心的商业"求爱的戏码——我们不断受到诱惑，想把上厕所、周末或度假的时间都用来提高生产力。有私心的商业散发出靡靡之音助长了"最大化""最优化"和"充分利用"的内在欲望。

目前，近一半的美国劳动力从事知识经济领域的工作。当越来越多的人依靠发挥聪明才智而非出卖体力劳动来谋生时，未利用的自由时间就不仅仅只是那些可以用来工作的额外时间的总和，还包括那些激发我们发自内心的创造性本能反应的瞬间。如果谷崎润一郎笔下的诗人能在这些瞬间获得灵感，为什么我们不能有目的地利用这些瞬间来达到我们的工具性目的呢？

然而，只要有私心的领域还在向无私心的领域求爱，就会存在相对应的抵抗。这种抵抗是由一群"持异见者"组成的，他们抵制市场激励机制对仅存的几个无私心的商业区的侵蚀。他们希望能保留一个专门用于家庭、娱乐和其他非生产性活动的空间，即休闲的空间。

## 休闲的"前世今生"

"休闲"的名声几经起落。它曾被提升到"最高美德"的高度，然后又被斥为懒惰，然后再次被推崇，接着又被嗤之以鼻。如今话锋一转，我们又要给它正名，这有什么好奇怪的吗？

我们已经看到了其中一些转变的苗头，在此我们可以大致回顾一下。当韦伯问道，在现代之前，赚钱活动（"道德上顶多是被容忍的一种行径")后来如何变成了一种"召命"时，他追问的是在此之前的所有西方思想。事实上，整个前现代时期几乎无一例外，都是对商业活动和工作持批判态度，将休闲拔高为自由思想和美好生活的专属。今天，休闲被视为工作的间歇，工作日是日常，周末是例外；而在古典时期，工作才是例外，在拉丁语中连专门表示"工作"的词汇都没有，只有 *negotium*，意为"非休闲"。与其说休闲是工作的例外，不如说工作被定义为对休闲的否定。希腊语也是如此："工作"（*a-skholia*）是对"休闲"（*skhole*）的否定。

工作与休闲领域之间的关系在现代的逆转至少发生在两个方面。韦伯讲述了第一个方面：一套关于救赎和宿命的特异信仰，在虔诚的人民中产生了历史上独一无二的对劳作和商业活动的推崇。富足最初只是个人使命的副产品，很快就变成了迫在眉睫的目标，即使富足的宗教渊源已不复存在，但人们仍把富足视为受人尊敬的外在标志。

但是，在17世纪末、18世纪初的某个时候，追名逐利的行为如何获得了尊重，而休闲又如何失去了某些社会优势，我们或许可以从另一个故事得到更多的解释。这个故事和韦伯的说法大同小异，认为人们最初并没有把追求财富和地位的行为本身视为高尚。相反，它们被视为对中世纪更具破坏性的激情（即对荣耀和荣誉的欲望）的一种有效抑制。几个世纪以来，这些激情驱使统治者们征战不休、劳民伤财,造成生灵涂炭。这个故事最令人信服的说法来自经济学家阿尔伯特·赫希曼(Albert Hirschman),用他的话说就是,采用资本主义制度是为了"避免社会毁灭"。

在此之前,这种与之相抗衡的激情被称为"贪婪之罪",现在则被冠以"利益"之名。由于战争不利于商业发展,商人出于自身利益开始反对好战统治者的一时冲动。资本主义制度使各国商人的命运交织在一起,从而产生了有利的社会效应。囿于蝇头小利的商人突然被拔高为国家繁荣、稳定与和平的推动者。休谟以此为起点,将人类交易划分为有私心的商业和无私心的商业两个领域,这绝非巧合。

19世纪中叶,"休闲"迎来了另一个拐点。随着工业革命的到来,商业阶层的地位进一步提高,甚至开始威胁到已建立的社会秩序。正因如此,19世纪的文学作品中出现了大量围绕富商子弟与落魄贵族家庭联姻、以一种形式的资本换取另一种形式的资本的阴谋。为了应对这种来大众的入侵,上流圈子试图通过采用凡勃伦笔下形象描绘的做法来维护自己的独特地位。上流阶级变成了有闲阶级。休闲状态再次受到人们的追捧,但其原因至少有一部分是工具性的。人们重视休闲不仅因为休闲本身的好处,更是将其作为一种有用的地位象征。只有当一个人能够投身于无所事事的追求,才会被视为真正富有的绅士。

结果造成了大量浪费,而在很大程度上浪费就是问题的关键所在。尽管信噪比①（signal-to-noise ratio）仍然很低，但偶尔也会有天资聪慧之人脱颖而出。伯特兰·罗素写道，"这个'有闲'阶级或许会贡献出一个达尔文，但与此同时又造就了数以万计的乡村绅士，除了狩猎和惩罚偷猎者，他们从不去想任何更有意义的事。"

罗素以查尔斯·达尔文（Charles Darwin）为例真是恰到好处。这位远近闻名、心无旁骛的学者之所以能够终生致力于蚯蚓研究，正是因为他在各方面都是一位"绅士学者"。达尔文从母亲的韦奇伍德家族继承了一笔财富，这笔财富与英国极大的工业财富之一息息相关，随后他又与表妹埃玛·韦奇伍德（Emma Wedgwood）结婚，后者也是韦奇伍德陶瓷财富的继承人。我们之所以能读到《物种起源》（*On the Origin of Species*），不得不感谢他幸运地出生在一个富裕的家庭，再加上内婚制②的强强联合，大量仆人围着他转，从而使他有闲暇时间来研究蚯蚓。

但是，这种绅士学者的好日子已经屈指可数了。正如我们在第二章中所了解到的，休闲作为一种社会区别的手段不可持续。"凡勃伦的跑步机"继续转动。到了两次世界大战期间，贵族阶层永远地退出了历史舞台，他们的儿女都与向往贵族血统的商

---

① 即信号与干扰加噪声比，指接收到的有用信号的强度与接收到的干扰信号（噪声和干扰）的强度的比值。——译者注
② 指在一定血缘或等级范围内选择配偶的一种婚姻制度。——编者注

人家族结婚。到1950年，经济学家约翰·肯尼思·加尔布雷思（John Kenneth Galbraith）观察到了这一转变，并总结道："在美国，至少作为一种容易识别的现象，有闲阶级已经消失。无所事事不再为人称道，甚至完全得不到尊敬。"绅士学者和他们沉迷狩猎的同辈一起被征召入伍。他们成为律师、说客、银行家和商业地产经纪人。资本经营权取代土地所有权成为财富积累的主要手段。

## 休闲的现状

从第二次世界大战结束以来，人们对休闲的价值愈发怀疑。自加尔布雷思发表其研究以来，这一趋势一直在持续。现在，人们对游手好闲颇有微词；忙忙碌碌、一心一意地追求我们为自己设定的目标才是唯一的正道。

关于工作时间的数据证实了这一令人费解的模式。与许多其他社会经济趋势一样，这一趋势在20世纪80年代中期出现了转折。在此之前，随着国家越来越富裕，平均工作时间越来越短，休闲时间越来越充裕。但在1985年前后，这一趋势发生了逆转，休闲时间开始减少。值得注意的是，这种逆转也影响了富裕国家中最富裕的人群，也就是以前的有闲阶级。这种被称为"逆转凡勃伦"（Veblen in reverse）模式的情况在发达国家和新兴经济体中都有出现。现在最富有和受教育程度最高的人工作时间比二十年前还要长,尽管在相同时间内他们挣的钱也最多。收入不平等日益扩大,然而经济学家罗伯特·弗兰克(Robert H. Frank)却观察到,"'休闲不平等'(用于享受的时间)像镜像般增长,低收入者的休闲时间变多了,而高收入者的休闲时间则变少了。"

即使数据显示了那些据推测最有能力享受闲暇的人在休闲时间上的损失,但却无法显示更难衡量的人们在休闲质量上的相关损失。在少数几项利用日记记录研究休闲质量的研究中,结果更加引人深思。社会科学家将"纯休闲"(pure leisure)定义为"未被其他非休闲活动'污染'的休闲时间",发现"纯休闲"的时长普遍下降,各个收入和教育水平的人群概莫能外。

许多人关注到政策在这方面发挥的作用,指出了美国和西欧国家在带薪休假或育儿假方面的差异。然而,尽管政策改革备受关注,但决定性因素可能涉及更深层次的问题。在新冠疫情前不久,牛津经济研究院(Oxford Economics)和益普索①(Ipsos)联合开展的一项研究发现,2018 年,超过一半的美国人没有休完所有的带薪假期。所有美国人没有休完的带薪假期加起来总计 7.68亿天。与前一年相比,被放弃的假期天数增长了 9%。这一数字

---

① 一家成立于法国巴黎的市场研究顾问企业。——译者注

所暗示的个人所承受的社会经济压力也说明了同一时期休闲的质量可能不佳。数据表明，即使这些雇员确实在他们的假期去休假了，他们在划独木舟时，也可能会有一种难以抑制的冲动想查看一下他们的工作电子邮件。

经济学家经常声称，收入增加和休闲减少的趋势是相关的。因为最富有的人获得了最多的物质财富，所以他们"没有办法"放下工作去休息。对富裕阶层而言，休闲的机会成本增加得最多，休闲机会成本即人们为了腾出一个小时的边际休闲时间而不得不放弃的收入。但这又推出了一个问题：这些富裕阶层最终追求的目的是什么？也就是说，不可否认他们多工作一小时所获得的收入要比其他人多，但问题是，多挣这些钱是为了什么呢？

人们对"休闲"的评价就这样起起落落。在最有能力负担休闲的社会中，休闲的存量在过去半个世纪里一直在下降。现在人们休闲的时间越来越少，休闲的质量也在下降。需要重申的是，在人类历史的大部分时间里，休闲一直是（往往是可望而不可即的）目标，而工作只是实现这一目标的手段。当今时代颠倒了这一顺序。总的来说，这个时代认为工作和劳累是有益身心的，而享受"纯粹的休闲"则是颓废和道德沦丧的表现。

从第二次世界大战开始，一批思想家试图提醒我们，我们现在对休闲的态度在历史上是多么的不寻常。随着休闲存量的持续下降，从市场资本主义手中夺回休闲的呼声日益高涨。现在，它已成为畅销书和报纸社论中津津乐道的内容。这些作家将自己塑造成一场反抗主流市场力量的运动分子。然而即使是其中最有远见的人也承认，为休闲辩护并非百利而无一害，这就是我们接下来要讨论的内容。

## 反对的声音

1946 年德国哲学家皮珀在波恩发表了一系列演讲，这可以说是 20 世纪关于工作与休闲的最具启发性的思考。这里特地提及年份，并不只是为了强调皮珀所处的时代，也是为了强调这是一种反复出现的模式。人们可能会认为，在岁月静好的时代，严肃的思想家们会关注这些问题是因为那时人们本身就很闲，自然有时间思考如何更好地利用闲暇。然而，事实似乎恰恰相反。

皮珀本人也承认这种似是而非。第二次世界大战结束不到一年，他就在德国开始写作。在那个时代，人们压根就不会想到要进行有意义的"真正的休闲"。当时的德国人正忙于处理国家的战时行为，并努力重建经济遭到重创的国家。皮珀在他的演讲开篇就坦言：

以我们目前的处境而言，要谈论"闲暇"这个主题，似乎并不合时宜。我们现在正忙着重建家园，已经忙得无法分身，我们除了努力把重建的工作做好之外，是否不应该分心去想别的事？

但是，皮珀继续论证道，重建家园不仅需要改善物质条件，还需要重新整顿整个思想和道德遗产。而这首先需要捍卫自古以来作为文化基础的空间——休闲的空间。

皮珀并不是唯一一个在艰难时期为休闲操心的人。正是在另一个动荡不安的年代，20世纪伟大的思想家之一、逻辑学家、社会评论家罗素也转向对休闲的思考。在1932年发表的题为《赞美闲散》(*In Praise of Idleness*)的文章开头，罗素表示希望"基督教青年会的领袖们读过下面的文字，能够发起一场运动，鼓励优秀的年轻人学会闲散。如此我便也没有白活于世。"

就在罗素写下这篇文章之前不久，经济学家凯恩斯刚发表了一篇预言式的文章《我们孙辈的经济可能性》(*Economic Possibilities for our Grandchildren*)。值得注意的是，这篇短文从未像今天这样引起人们的浓厚兴趣。其前提现已众所周知。凯恩斯在1930年撰文预言，一个世纪后，世界的经济状况将改善约八倍——总而言之，稀缺这一"经济问题"将因此得到解决。因此，我们终于可以自由地投身于长久以来的目标——休闲。正如我们现在所知道的，这两个预测的其中一个结果非常准确，另一个则离奇地失误了。将近一个世纪后的今天，我们的经济状况比凯恩斯时代改善了大约六倍，然而，人们对休闲的态度却恰恰相反。

我想再次强调罗素和凯恩斯写下上述文章的时间。两次世界大战之间的局势刚刚急转直下，凯恩斯本人比任何人都更清楚地认识到了这一点。1929 年的经济崩溃牵动着每个人的心，大萧条即将触及谷底。德国纳粹党是德国议会中最大的政党，三年后希特勒就任总理。世界进入了低谷阶段，英国历史学家爱德华·霍列特·卡尔（E. H. Carr）称之为"二十年危机"（The Twenty Years' Crisis）。

凯恩斯也承认，"现在，关于经济前景的悲观论调不绝于耳。我们常常听到人们说，作为 19 世纪特征的经济突飞猛进的时代已经结束。"然而，凯恩斯的目光已经看向未来，他知道这一时刻终有一天会结束。他知道，总有一天会实现经济繁荣。当时大家都在想着如何实现国家复苏，现在是时候问一问：复苏的目的是什么？

凯恩斯曾如此准确地预测了后代的经济可能性，但却严重误判了他们的需求，而如今他们的孙辈已经完全长大成人。根据凯恩斯的定义，世界上许多地方的经济问题已经得到了有效解决。这并不是说已经没有人饱受经济困顿之苦，情况远非如此。事实上，凯恩斯所说的稀缺性"经济问题"在 20 世纪已经在许多方面得到了解决，相当多的人口已经不受稀缺性的问题所困扰，于是我们才能看到，这种技术解决方案并没有为发达社会的根本问题提供答案。

与凯恩斯的预期相反的是，那些经济可能性如其所料得到充分发展的子孙后代并没有证实他的第二个预言。他们并没有像罗素所预言的那样，把工作时间减少到每周15个小时，也没有减少到"每天只工作4个小时"。凯恩斯表示，"只有那些不会为了生活而出卖自己的人，方能在这种丰裕中获得享受"，但只有少数人能宣称自己属于这类人。相反，正如上述研究表明的那样，那些达到富裕状态的人反而加倍努力工作，而这在凯恩斯看来只是达到目的的一种手段。

因此，那些曾在两次世界大战之间的危机和战后破坏中指出手段与目的之间存在本质混淆的思想家，今天再次时不我待地向我们讲述他们的观点也就没什么好惊讶的了。凯恩斯的杰出传记作者罗伯特·斯基德尔斯基（Robert Skidelsky）在其1992年出版的巨著中称凯恩斯的这篇文章主要是一种"挑衅"，但在经济大衰退之后，人们对这篇文章的兴趣再次高涨，一批世界顶尖经济学家荟萃一堂，重新审视这篇文章的含义。这些经济学家对这两个时代的相似之处有着清醒的认识。自那以后，这两段历史越来越相似。

甚至在新冠疫情暴发之前，经济学家们就已经开始谈论"美国经济增长的永久性衰退"。根据这种观点，从工业革命到20世纪70年代的高增长时代与其说是历史常态，不如说实际上是一个例外时期。全球新冠疫情导致世界经济停滞不前，这使全球经济增长的颓势雪上加霜。但这可能会有助于人们对这些趋势有一个全新的认识。

我们正在经历另一个经济和道德焦虑期。在这种情况下，恢复重建和恢复增长等迫在眉睫的问题似乎是唯一需要关注的事情。然而，正如凯恩斯和皮珀所直觉到的一样，休闲问题以及重新安排我们共同的社会目标可能才是我们当前最迫切需要解决的问题。像新冠疫情这种当下席卷全球的冲击会产生催化作用。从圣保罗（"现今就是该趁早睡醒的时候"）、圣奥古斯丁（"醒醒吧，你这个沉睡的人"）到马克思（"醒醒吧工人们！"），改革派思想家们永远把希望寄托在这些"觉醒"的时刻上。无论这些冲击是发生在我们个人的生活中，如亲人去世或孩子出生，还是波及整个社会，如经济崩溃或全球疫情大流行，意外的冲击往往会导致我们重新评估自己的目标。这种重新评价可能会带来启示，就像穆勒对自己的"重新编程"一样。

随着新冠疫情后经济开始复苏，我们开始重新讨论工作的"轮廓"——工作的地点、时间以及应得的工资，休闲的问题也再度被人们谈起。我们被迫按下了世界经济的重启键。这也让我们有机会重新调整我们与工作目标的关系，进而确保我们所追求的目标仍然是我们想要追求的目标。就像我们的大脑总是疲于应对当务之急一样，我们应该确定我们想要恢复的目的是什么，以避免将这些目的与我们必须采取的手段相混淆。

## 休闲的使徒

战斗的帷幕已经拉开。休闲的天然栖息地正受到威胁，包括私人空间、家庭餐桌、周末的早晨，是的，还有厕所。皮珀写道，有必要"捍卫"休闲，避免其被"接管"。与此同时，1932 年，罗素认为在这场游戏里"休闲"已经输了。生产力的信条过于根深蒂固："如果一天二十四小时只要工作四小时，人们肯定又不知道该如何打发时间了。如果说这种观点在现代社会竟会显得合情合理，只能说明我们在谴责人类文明。"当然，凯恩斯也同样悲观地认为，我们没有能力最终应对一个解决了稀缺问题的世界："我认为，没有任何国家和人民能够毫无畏惧地期待一个悠闲且富足的时代。因为长久以来我们被训练得只知奋斗，不懂享受。"

20 世纪伟大的行动理论家汉娜·阿伦特（Hannah Arendt）也有类似的预感。阿伦特预见了一个自动化大幅减少劳动力需求的时代，这也是目前关于人工智能对工资和就业影响的一些讨论的前兆。阿伦特在 20 世纪 50 年代末写作时，已经看到在她周围"有一个即将从劳动锁链中解放出来的劳动者社会，而这个社会已经不知道还有什么更高级、更有意义的活动，值得它去争取从劳动中解放出来的自由[1]"。她担心，自动化的突破"就像童话故事中

---

[1] 译文参考《人的境况》，上海人民出版社，王寅丽译。下文同。——译者注

愿望的实现"那样会变质，然后无法兑现其带来更大自由的承诺。人们对于"做某事是为了什么"不再有疑问，这代表着对自然秩序的颠覆。"我们面临的前景是一个无劳动的劳动者社会，也就是说，劳动是留给他们的唯一活动。确实没有什么比这更糟的了。"

20世纪50年代人们对技术颠覆人类与工作关系的担忧在今天看来似乎已经过时，如今我们生活在注意力经济时代，为了获得名义上免费的服务我们付出了有限的注意力，其中的收益则被广告商收入囊中。人工智能和自动化突飞猛进的发展有望在未来几十年改变社会对劳动力的需求。这些发展使人们读出了老一辈思想家非凡的远见卓识，而新一代的思想家也开始重新审视前者的观点。

2019年春天，艺术家珍妮·奥德尔（Jenny Odell）出版了一本名为《如何无所事事》（How To Do Nothing）的书，很有先见之明。尽管书名有些调侃的意味，但这本书呼吁人们积极抵制有用性和生产力，关注我们的注意力如何被工具化，如何被转移到不属于我们自己的目的上。奥德尔的书受到了广泛欢迎。它引发了无数高层人士的深度探讨，其中大多数人都深以为然，为我们集体失去了注意力而痛心疾首。这本书入选巴拉克·奥巴马（Barack Obama）年度推荐书单的十本书之一，并稳居畅销书排行榜长达数月。

和皮珀一样，奥德尔也对武术隐喻情有独钟。她说，"抵制"默认的生产责任是未来"使'有用性'幸存下来"。她认为"我们这个时代正在进行一场类似的斗争，反抗资本主义生产力和效率理念对自我的殖民化"。用她的话来说,"无所事事"并不意味着好吃懒做。她坦言"无所事事并非易事"。她将其描述为对市场社会的一种反抗,因为市场社会要求我们不断地工作、奋斗和生产。这种反抗举步维艰。相反,我们追求生产力,如果做不到这一点,我们就会分散注意力,而这简直易如反掌,因为只要动动指尖就能分心,而代价仅仅是放弃全神贯注就行。作为凯恩斯所设想的经济可能性的孙辈之一,奥德尔提醒了我们凯恩斯的讨价还价所预期的转变时刻,以及这一转变所代表的挑战。

她的批评只是最近一系列批评中最深入的一个。同样,德里克·汤普森(Derek Thompson)最近在《大西洋月刊》(*The Atlantic*)上发表了一篇文章,巧妙地创造了"工作主义"(workism)一词,用以描述近年来美国人将工作提高到一种"召命"的现象,以及随之而来的需要表现出争分夺秒、富有成效和随时待命的现象。汤普森表示,"工作主义是争夺信徒的新宗教中最有影响力的一种"。不要以为"工作主义"是千禧一代特有的新现象,汤普森认为它是由技术变革和前所未有的学生债务水平所驱动的,它实际上是对过去的一种回归,是对清教徒将工作视为神圣召命的创始神话的回归。这篇文章触动了人们的神经,一大批不堪重负的自由职业记者纷纷站出来自责,承认他们也在盲目崇拜工作,汤普森本人承认他也一样。

我喜欢把凯恩斯、罗素、皮珀、阿伦特、奥德尔等人视为

"休闲"的使徒（apostles of leisure）。一群20世纪的思想家都如出一辙地被同一个令人费解的历史反常现象所困扰——果实已经成熟，却没有人想到去采摘。相反，人们还在继续四处沤肥。我喜欢把他们的思想交锋想象成苏格拉底式的宴会场景，大家坐在一张长桌旁，一边喝酒分面包，一边严肃地讨论关于休闲的问题。如果真有这么一个宴会，那么战后秩序的设计师凯恩斯就能弥补他唯一的一个遗憾，据说他在生命的最后几个月叹息道："我希望我能再喝点香槟。"

与支持最初使徒的圣人长廊一样，配角也可能会在场景中进进出出。罗兰·巴特（Roland Barthes）是巴黎咖啡馆和东京寿司店的符号学家，他曾喃喃自语道："我甚至怀疑，在现代西方世界中是否存在无所事事这回事"，他可能会在饭后突然拜访，朗诵一首他特别喜欢的禅诗：

静坐无所为，
春来草自青。①

---

① 原文"Sitting peacefully doing nothing/Springtime is coming/and the grass grows all by itself"，人民大学出版社出版的《声音的种子》译为"静心地坐着，无所事事/春天到了/草在拔地生长。"但早在宋代的《五灯会元》里出现过"春来草自青，月上已天明"，黄庭坚的《法语》一诗中有"兀然无事坐，春来草自青"，汪曾祺也有"春来草自青，秋到黄叶落。静坐无所为，长听万物生"。因此此处参考更符合中文习惯的译法。——译者注

我喜欢想象在10世纪的某个早晨，一位诗人在日本乡村的露天厕所里写下这些诗句，我想巴特也会喜欢这样的画面。

## 手段还是目的

为什么会把日本诗人在露天厕所聆听虫鸣与达尔文对蚯蚓废寝忘食的研究相提并论？休闲的使徒是一群争论不休的人，他们自称是反叛者。然而，关于休闲的"轮廓"，他们却不谋而合。在他们的著作中，休闲的认定标准如出一辙：休闲只是为了休闲，没有其他目的。因此才说休闲为主，工作为次；工作是由外部目的所定义的，而休闲的定义里则恰恰没有这种目的。皮珀说得最直截了当："我们闲不下来，目的就是为了能悠闲。"

对于启蒙运动后这种次序发生逆转的原因，他们的看法也是英雄所见略同。阿伦特对这种转变的描述淋漓尽致。启蒙思想家将个人利益视为人性中最容易驾驭的方面，即认为所有个人都能最好地利用这一普遍驱动力，从而想象出一个社会，在这个社会中，可以通过法律和道德教育，把追求个人利益与社会公益相统一。他们把每一个行为都说成是为了促进某个人的个人利益，是达到目的的手段，毋庸赘言。启蒙运动的这一遗产至今仍与我们同在。新古典主义经济学（研究手段，同时明确拒绝在目的之间做出区分）和渗透进我们日常生活方方面面的管理思想都接受了这一观点。最大化本身很快就成了问题的关键。紧接着出现的是一个注重手段的社会，关注的是"怎么做"，而不是"做什么"。

将利己主义作为人类行为的基石，起初纯粹是因为其方便操作，后来这种认知逐渐渗透到个人对自身的认识中。正如罗素所说："现代人觉得做任何事都应当另有目的，却从未想过做这件事本身便是目的。"

正是针对这种倾向，奥德尔等作家呼吁我们"暂停工具性理解的倾向，不要一味地将人事物视为其功能的产物"。这也是休闲如此重要的原因，也是休闲的使徒认为休闲值得捍卫的原因，因为休闲代表着不断缩小的非工具行为的领域。

在这个意义上，这些使徒是反工具主义者（anti-instrumentalist）。凯恩斯谴责那些"盲目追求财富"的人的"目的性"。奥德尔则写道，需要超越"有用性"。两者都让我们注意到，我们的时间、我们的关系以及我们的想象力是如何越来越多地用于外部目的的。凯恩斯指出，资本家发挥着有益的社会功能，但前提是这种功能不能与目的本身相混淆："作为一种手段，商人还勉强能让人容忍；作为一种目的，他可就不那么令人满意了。"

"apostle"（使徒）一词源自希腊语中的"信使"一词。休闲的使徒传递的是谁的信息，这应该是毋庸置疑的。大约 2400 年前，亚里士多德就如何过"美好生活"提出了他的观点。在阅读《伦理学》（Ethics）时，我们看到亚里士多德总是不厌其烦地坦言他对这一问题的思考了无新意——他想让我们知道,他只是在重申一套 2400 年前就已经被传颂的观点。① 同样引人注目的是,这一观点在此后的两千年里几乎没有遭到任何篡改。② 我们每天一睁眼都应该问自己这样一个基本问题,我们应该如何度过自己的一生?人类在这一问题上的所有思考都达成了惊人的共识——最值得做的事情是那些为了这些事情本身而做的事情。在手段和目的的链条中,一个活动的位置越接近手段,其内在价值就越低。由此产生工作与非工作之间的关系。正如亚里士多德所说,"我们是为了闲暇而忙碌"。

在上一章的讨论中,我们通过比较无私心的商业和休闲之间的相同特征来识别休闲。在这两种情况下,分界线都是意图。做出这种行为是为了自身的目的,还是为了实现某种外部目标?用行为主义者的话来说就是,动机是内在的还是外在的?

这种"手段与目的"的视角也使亚里士多德以及其后的许多西方思想家也对商业活动持否定态度。即使是凯恩斯这位在市场

---

① 关于"最高善"(the chief good)的未来:"说最高善就是幸福似乎是老生常谈"(I: 7)。关于"善"是万事万物的目标:"因此,我们认为,如果某种东西对所有生命物都显得是一种善,它就是善的。"同样,亚里士多德不仅通过其纯粹的逻辑推理得出关于幸福的结论,还借助"这个问题上的那些普遍意见"进行了证实。[亚里士多德,《尼各马可伦理学》(*The Nichomachean Ethics*),I: 8]。

② 就此而言,在亚里士多德生活的公元前4世纪,当《庄子》等东方传统典籍在思考同样的问题时,结论也是惊人的相似。

中发了大财的经济学家（他在 1929 年的股灾中赔光了钱，后来又赚了回来），也认为商业只是一种手段，尽管"在一段时间内"是必要的。因为商业的目的是积累金钱，而金钱是最典型的手段：金钱本身没有价值（既不能放在沙拉里吃，也不能单独享用），只有当它给我们带来享受时才有价值，这种享受往往包括那些在亚当·斯密看来仍然只是为了实现其他目的的手段的"花里胡哨的小玩意儿"。①

根据使徒的观点，商业世界由于其固有的工具主义世界观，从根本上与休闲相对立，在休闲的定义里没有这些外部目的。他们相信二者之间有明确的界限，他们相信自己清楚地知道自己属于哪个阵营。他们想象自己置身于 19 世纪的那种战斗中，敌对

---

① 这就出现了一个值得注意的复杂问题。正如赫希曼顺便指出的（《激情与兴趣》，第55页），奇怪的是，金钱本身居然能成为一种合乎情理的激情，这正是亚里士多德谴责它的原因——对某些人来说，挣多少钱都不够。对于这些人来说，金钱似乎不受收益递减规律的影响。这样一来，只要不把钱花出去，赚钱本身就成了真正的目的。从这个意义上说，守财奴就说得通了，他把金钱变成了一种其存在本身就有价值的物品，其对金钱的鉴赏已经变成了一种彻头彻尾的审美。在"带入"了这个概念以至于忘记了其原本作为交换手段的功能之后，金钱就表现成在本质上具备了商品的属性。这就是凯恩斯最为看不清的幻觉，他希望"人们能够认识到，对金钱的爱好作为一种占有欲——它区别于作为享受生活、应付现实的手段的那种对金钱的爱好——将被看作是某种可憎的病态，是一种半属犯罪、半属变态的性格倾向，人们不得不战战兢兢地把它交付给精神病专家去处理"。或许他说的没错，但这种病态与唯美主义者或禁欲主义者的满足感之间的相似之处比凯恩斯愿意承认的更多。

双方的军队都会遵守礼节给士兵穿上鲜明对比色的衣服,这样每个人都能清楚地知道该向谁开枪。

但由于使徒们自己强调的一个原因,真相变得更加扑朔迷离。正如谷崎润一郎告诉我们的那样,坐在嗡嗡作响的昆虫中间,这种闲适的状态会带来意想不到的收获。这种收获很快就会得到市场的认可并得到丰厚的奖励。因此,使徒们忽略了一种可能性,那就是欺骗也可能使人获益。敌对的一方可能也有理由穿上和敌军相同颜色的衣服。

考虑到作为工作的活动和作为游戏的活动在外人看来大同小异,这种可能性就更大了。比如一个工程师坐在办公桌前一边磨磨唧唧地研究公司的新节能小工具,一边满心期待着周末野营旅行,据称他正在工作。而一个业余爱好者在自家车库里鼓捣同样的装置,却据称是在玩。两者看似从事同样的活动,但动机却各不相同。业余爱好者就算没有报酬也干得起劲儿,我们知道市场对这种特殊的热情赋予了特殊的价值。只要有获取这种价值的动机,我们就会面临一个熟悉的问题,一个阵营的人就可能有动机冒充自己属于另一个阵营。突然间,反工具主义者捍卫闲暇的呼声出人意料地令人担忧。

# 第七章　休闲在市场经济中的地位

当我提到最有能力负担休闲的人反而减少休闲时，被提到的人的一个常见反应是说他们热爱自己的工作。事实上，他们那么喜欢工作，几乎觉得这不是在工作，而是他们的热情所在。

此前提到的弗罗斯特的经典诗作《泥泞时节的两个流浪汉》（*Two Tramps in Mud Time*）就是以某些类型的工作和休闲之间的外在相似性为前提的。在那首诗里，劈柴既是工作也是游戏，诗歌的叙事张力就体现在这种双重可能性上。我们可以想象弗罗斯特也是"休闲的使徒"餐桌上的座上宾。当然，在场的每个人都已对这首诗的最后一节烂熟于心：

> 我生活的目标是将我的
> 爱好与职业结合在一起，
> 正如两只眼睛使视力合一，
> 只有当爱与需要融为一体，
> 工作是拼命一搏的游戏时，
> 才能真正地建立功绩，
> 为了天堂和未来的利益。

弗罗斯特的"生活目标"已成为各地自由职业者的口号，他们梦想着模糊日常工作与热情之间的鸿沟。但是，人们往往遗漏了最后一节的心满意足之前的内容，而且事实证明这更麻烦。

这首诗的叙述者是在一个阳光明媚、凉风习习的四月天中愉快地劈柴，这时他注意到两个工人在一边张望，想找点活儿干挣点报酬。他们的出现让他良心不安。他意识到"那样人家赖以谋生的工作／我就无权用来自娱自乐"。吾之蜜糖，彼之砒霜。"我干的活儿也许是自己的爱好，但那是他们的生活所需。"但最终，他自己的想法还是占了上风。他有权利模糊有私心的商业和无私心的商业之间的界限。这是诗人的特权，我们可以理解。然而，诗人对那些不得不将"爱好"与"需要"割裂开来的人仍然充满同情。

弗罗斯特本人对这首诗的唯一评价是，他认为这首诗"反对消遣"。这似乎令人有点意外。乍一看，弗罗斯特似乎更可能认为这是"反对工作"。在这首诗中，被认真对待的是休闲，而不是被当作游戏的工作。至少，这句评价使人们对这首诗最后一节的理解变得复杂了，人们通常将最后一节理解为自由职业者的座右铭。

我承认，看到弗罗斯特呼吁将爱好与职业结合起来，我一直都很激动。我的工作包括学术写作，大部分是研究经济规则的各种政治面向。然而，我每天都会花一个多小时写小说。偶尔我也会在什么地方发表短篇小说，我喜欢琢磨更大篇幅的小说。在清晨写小说能给我带来快乐，也为我接下来的一天增添了一些动力。但我也有一些朋友，写小说是他们的工作，是他们的谋生手段。每个工作日，他们都会穿戴整齐，在蒙特利尔的咖啡馆里一坐就是几个小时，埋头苦写。对于这些朋友，我总是隐隐约约地感到一种负罪感，从他们谋生手段中获得乐趣使我感到不安。

我不知道他们会不会也认为只有以写作为生的人才能写作，就像诗中的两个陌生人"以为所有砍伐是他们的权利"一样。我还担心他们会也和我一样，感觉业余涉猎（在这里指的是写作）或者说在把某件事"当作工作"和"当作休闲"之间只选择"当作休闲"，会享有一种优势，而且这种优势是不公平的。就像弗罗斯特的情况一样，能够把自己的职业和爱好结合起来是一种奢侈，可能要一定的经济条件为基础，就像达尔文所在的时代那样。如果一个人有养老基金和医疗保险计划作为后盾，他就更有能力广泛涉猎。而这种涉猎，这种刚刚好停留在分界线这一边的能力，很有可能会让人获得自由，并在最终产品中体现出来。

还有一些不安则源于怀疑广泛涉猎是否会带来更大的社会影响，因为它助长了这样一种观点，即成功地将职业和爱好联系起来是一件奢侈的事情，因此不值得给予实际的金钱补偿。个人激励与社会激励之间隐藏的冲突浮出水面。能把工作当成游戏的人毫无疑问在经济上都比较宽裕。还有比这更好的吗？想想那些沉迷于打磨自身技艺的人，他们没日没夜地作曲、编码、做研究等，但仍能夸口说："我这辈子从没工作过一天。"我们觉得，他们真幸运。当然，在其他条件相同的情况下，将个人的爱好和职业结合起来是个人的"优势战略"。问题就在于，其他条件并不相同。因为创意阶层（creative class）的出现，不可避免地改变了其他人的市场激励机制，他们渴望将工作和游戏结合起来，既能纯粹地做事，又能付得起账单。

试想一下，如果弗罗斯特诗中的邻居走过来，对他大喊："既然你这么喜欢劈柴，来看看我院子里的山毛榉吧，你为什么不过来使劲劈砍它们呢？"市场将由此诞生。这个场景只考虑了两个市场参与者，但马上就会出现第五章中指出的问题。如果人们可以一直不带私心地劈柴，那么雇主——那个在院子里种满山毛榉的邻居——就可以获得无限的收益。正因为如此，利己的雇主才会完全有动力去雇用充满热情的工人。

没有热情的工人对此心知肚明，如果他们想获得工作，就完全有动力以充满热情的样子示人。他们可能不得不声称自己下班之后也都在劈柴。在这里，激励机制是围绕热情这样安排的，以个人意愿为主导的行为（即每个人都在追求自己所热爱的）聚少成多就导致了一个值得怀疑的社会结果，为什么要为这些为热爱奉献者提供回报呢？

因此我担心的是，我在清晨愉快地写作小说会在无意中助长了一种普遍的观念，即小说作家（以及音乐家、画家和舞蹈家，还有所有那些忠于职守的记者、研究人员、策展人和手工艺人）

可以仅凭热情生活，不需要付给他们什么钱。事实上，这种想法已经很普遍了。也因此人们会期望网上的内容都能免费——如果博客作者可以出于纯粹的热情免费提供内容，报纸专栏作家为什么不能呢？除此之外，在出版、时尚、艺术和人道主义组织等崇尚"为爱奉献的行业"，无薪实习的趋势已经存在了数十年之久。

弗罗斯特对这一问题的思考得益于亨利·戴维·梭罗等美国超验主义者，我们在第一章中追溯了他们的思想脉络和遗产。回想一下，梭罗和爱默生使浪漫主义传统在美国生根发芽，这一传统可追溯到19世纪的英国浪漫主义者，而英国浪漫主义者又是从德国理想主义者的思想中获得了启发。正是这一思想传统的一个流派对年轻的约翰·斯图尔特·穆勒产生了深远的影响。

事实上，弗罗斯特诗歌中著名的最后一节与梭罗《日记》（*Journal*）中的一句话几乎如出一辙，他在1841年的一篇日记中用箴言式的句子作为结尾："生命的全部责任都包含在如何同时实现呼吸和渴望这一问题中。"当然，梭罗非常关注休闲问题，以及工作和游戏之间的关系。对这一思想最清晰的表述不是在梭罗的《瓦尔登湖》中，而是在他1863年写下的《没有原则的生活》（*Life Without Principle*）一文中。在这篇文章中，梭罗提出要思考"如何度过我们这一生"。他开篇就提出了大家都熟悉的抱怨："这个世界永无安息之日。看到人们休息一次将是无上光荣的事情。人们除了工作、工作，还是工作！"接着还以更直接的方式表达了当前流行的"永远忙碌"的潮流:"我想告诉大家的是,一个人可以既勤劳也不浪费时间。没有什么比一个人把生命中大部分时间都花在养家糊口上更愚蠢了。"

梭罗对第五章中重点讨论的行为科学的最新研究成果有着直观的理解。意图对任务以什么方式执行很重要,当个人从内在动机而非外在动机出发工作时,他们往往会投入更多精力,对任务表现出更大的耐心。梭罗总结道,"不要雇用那些只为钱而为你工作的人,而要用那些真正热爱这份工作的人。"

但是,梭罗也预见到了由此带来的社会经济困境。如果有热情的人工作得最卖力,那么市场就有充分的动力去雇用他们,但既然他们是为热爱奉献,也就没有理由给他们体面的报酬。实际上,他预见到了问题的存在,并以出人意料的方式加以解决。他没有试图让工人相信他们的工作属于无私的领域,这有可能被谴责为自私自利的伎俩,而是提出了相反的建议。他认为,向工人支付高薪可以让他们再次出于内在的满足感来完成工作。他甚至声称,这样的高薪具有成本效益,从内在动机的角度考虑问题的劳动者所完成的工作质量的提高,足以弥补付给他的高薪:"即使从金钱的意义上讲,向工人支付丰厚的报酬,使他们觉得自己的工作不仅仅是为了……生计,而是为了科学目的,甚至是道德目的,那么这种做法也是划得来的。"

从表面上看,这是在为工人支付体面的薪酬辩护。更耐人寻味的是，诗人建议通过高薪（毕竟高薪仍是市场的工具）改变工人的观念，让他们把工作不当工作来做，而这一切都是为了工作。

一个世纪之后，皮珀在考虑热情的报酬与工作的报酬时，也做出了类似的区分。皮珀表示，对比一下（自愿支付的）酬谢和工资就能了解这两者的区别："自由的艺术受到'酬谢'，卑从的艺术则付之以'工资'。"因此，律师与客户交谈是按小时计酬的，但如果同一名律师继续就某一学术主题发表一个小时的公开演讲，他则会获得酬谢。皮珀指出，"酬谢的概念意味着成就与奖励之间缺乏某种对应关系，即服务本身'真的'得不到奖励。"除了最有名的公共演讲者之外，所有演讲者都可以证明，酬谢往往低于他们同等时间能够获得的工资。但是，为了突出社会对爱心劳动报酬的期望，必须强调酬谢的替代方案不是工资，而这是志愿服务。

## 休闲有用：麻烦缠身

休闲难以实现的一个原因是，我们的注意力不断被一些实体引诱，而这些实体正是通过俘获我们的注意力来获利的。珍妮·奥德尔表示，要做到"无所事事"就需要对抗集中注意力的努力——因为我们目前默认的行为方式（即阻力最小的路径）就是在度假时查看工作邮件，充分利用我们的时间。

但另一个原因我们已经透露过了——休闲之所以受到威胁，是因为它很有用。皮珀的论点恰恰就是，休闲是"文化的基础"。伯特兰·罗素同样断言："它们却几乎贡献了人类的全部文明。它们培养艺术、发现科学、著书立说、创造哲学、完善社会关系。"他们说的都对，事实是，恰恰是在为了做事而做事，而不是为了其他目的而做事时，人类才实现了最好的一面。

在某种程度上，人们对休闲的普遍理解归根结底就是业余时间。除了时间之外，休闲的好处还在于某种说不清道不明的东西。闲暇是人类创造力和创新的源泉；正是在闲暇时，我们才能"忘我"地工作；正是在这种状态下，灵感似乎才会不请自来。①

市场想要挖掘这种完全神秘的潜力，这有什么好大惊小怪的呢？如果闲暇状态产生了所有的文化和科学，那么就可以想象它能对公司的产出产生多么大的影响……

因此，"整个工作"的领域不仅可以从俘获为休闲预留的时间中获益——就像我们在假期中随身携带电子设备确保随叫随到那

---

① 皮珀甚至为休闲赋予了某种崇高的属性。用他的话说，"休闲既是人的状态，也是超人的状态"。这里再次借鉴了亚里士多德的观点，他也认为闲适的状态具有超越性："他这样生活并非因为他是一个人，而是因为他内在有着某种神圣的东西。"一说到休闲，我们总会想到轻松自在地游戏。但要达到这种轻松自在的状态绝非易事，尤其是当我们的默认设置完全以实用性为目标时。

样，而且更重要的是，它接纳了使徒的意见，认识到了"真正的休闲"的潜力，并将其据为己有。想象一下，员工们像充满热情的企业家一样，全身心地投入到梦想项目中，赶在最后期限之前完工。让工人有两天的休闲时间恢复精力是一回事；而说服工人把一周的其余时间也看作是休闲时间然后忘我地工作，则是另一回事，后者显然更加有利可图。

这可不是休闲的使徒所期望的。在他们看来，工作和休闲是势不两立的两个阵营，他们反而希望市场能够迅速压制任何要求更多、更纯粹休闲的呼声。话又说回来，这些呼声难道不会对那些理性占主导、一心求增长的系统产生威胁吗？

标新立异会带来一种独特的满足感。与所有异见者一样，这些使徒要求增加休闲的呼声被视为对既有商业利益的威胁。正如奥德尔所言，"对资本主义逻辑来说，其繁荣离不开目光短浅和贪得无厌，像无所事事这样乏味的追求可能确实有些危险。"

但如果情况恰恰相反呢？如果使徒对有私心的商业领域（即目的性和功能性的实用世界）的怀疑和敌意只是单方面的，那该怎么办？如果对休闲的呼声实际上并没有被视为对现有商业秩序的威胁，反而被视为一种机遇，那该怎么办？对于一个发达的市场社会来说，所有其他资源都已经被充分挖掘和利用，休闲代表了人类尚未开发的潜能之源泉。

在前面的章节中我们了解到，对于雇主来说，通过外在奖励来复刻一个人出于内在动机表现出的努力和参与程度是多么有价值（而且成本高昂）。只要邻居能让弗罗斯特笔下快乐的伐木者把力气花在自家院子里的山毛榉树上，他将获得多么大的好处！劈柴是一回事，但休闲独特的效益在创造性的智力追求上体现得淋漓尽致。比如俳句、戏剧、朗朗上口的旋律，或是创新的应用程序、别出心裁的算法。如今，"知识工作者"在发达社会的劳动力大军中的比重如此之大，挖掘这种无限创造潜力的能力只会进一步令人垂涎。

然而，要想释放这种价值却遇到了一个常见问题，即休闲所独有的"勃勃生机"不是想挖掘就能挖掘得出来的。创造力、灵感、创新……这些很明显都是副产品。它们只能妙手偶得。

皮珀确实预见到了一个围绕工作而秩序化的社会如何利用闲暇的半神圣潜力，他把希望寄托在这一悖论上。他试图向我们保证，或许也是向他自己保证，如果休闲的目的是让我们养精蓄锐，以便迎接更多的工作，那么休闲就会变得不那么休闲，必然会失去其超人的潜力。他写道："那么我们如果单单只是为了获得体能的恢复而去追求闲暇，我们肯定会得不到所想要的结果，因为体能的恢复必须是从深度睡眠而来。"

他以睡眠为例来比喻真是恰到好处，睡眠正是休闲最原始的形式。我们可能会认为，睡眠可以免受市场力量的蚕食——皮珀似乎也是这么认为的。无意识似乎不容易被工具化。但在这方面，睡眠在市场经济中的命运与休闲的命运如出一辙。无论是休闲还是睡眠，我们虽然不可能有意地伪造出自己无法达到的状态，但这并没有阻止人们去尝试的步伐。

## 睡眠的薪酬

哥伦比亚大学社会理论教授乔纳森·克拉里（Jonathan Crary）在其新作《24/7：晚期资本主义与睡眠的终结》（*24/7: Late Capitalism and the Ends of Sleep*）中描述了北美人平均睡眠时间的减少。他将睡眠视为抵抗市场体系最后的堡垒，是"人类对当代资本主义贪婪性的一大冒犯"。

我们对此并不陌生。有趣的部分是在打响这第一枪之后发生了什么。尽管克拉里认为睡眠是对资本主义的"冒犯"，但有意思的事情还是发生了，聪明的投资者已经开始拥抱睡眠。市场非但没有将其视为一种冒犯，反而迅速认识到了睡眠的有利可图，并着手充分挖掘其潜力。没错，无论如何我们都应该多睡一会儿，这样才能更有创造力、更能恪尽职守、更有生产力。就像猎人是环保主义者中呼吁声音最响的一样，那些彻头彻尾的资本家也成了睡眠最坚定的捍卫者。

就在克拉里为资本主义下的睡眠写下悼词 3 年后，赫芬顿邮报媒体帝国的创始人阿里安娜·赫芬顿（Arianna Huffington）出版了《睡眠革命》(*The Sleep Revolution*)一书。请注意,呼吁革命的是女商人赫芬顿,而艺术批评理论家克拉里则没有这么大胆。脸书(Facebook)的首席运营官雪莉·桑德伯格(Sheryl Sandberg)在对这本书的赞誉中解释说:"阿里安娜告诉我们,睡眠不仅对我们的健康至关重要,而且对帮助我们实现目标也很关键。"睡眠成了达到目的的一种手段。我们可能会听到皮珀在仰天长啸。

商业界也纷纷效仿,审美准则在一夜之间更新换代。只睡4个小时已经不再值得称道,因为这表明你只是机器中一个不堪重负的小齿轮。相比之下,有思想的人才能睡足8个小时,才能侃侃而谈健康的作息,才能在一个精心设计的应用程序上跟踪自己的快速眼动(REM)睡眠时长。任何一家体面的初创企业都不能缺少睡眠舱,员工可以在睡眠舱里小憩片刻,然后精神饱满地再回到工作岗位上。为此,整个睡眠工业综合体应运而生,兜售高支数面料的床单和昂贵的枕头,来帮助我们展现出最好的一面。

通过小小的辩证舞蹈,睡眠的社会地位就发生了变化,这反映了社会上对休闲的普遍处理。那些有意从市场激励机制中夺回闲暇的人指出了闲暇的准神圣性(迈出左脚),但在这一过程中,他们也向有私心的商业展示了其独特的价值(收回左脚)。随着这种潜力进入人们的视野,市场参与者利用它来达到生产目的的动力也随之增强(换步、旋转)。在这一过程中,市场参与者影响了休闲的本质。他们把休闲变成了一件目标明确的事情，一种实现我们个人目标的手段——一种最好被视为生产要素的东西（把你的舞伴带回去）。在精心布置的办公室里，我们有了乒乓球桌、茶歇室和小睡舱。在提高生产力的名义下，我们看到的是睡眠和休闲的堕落——代价是丧失其全部生产潜力。

## 邪恶的休闲联盟

  一个依赖于知识工作者创造性工作的市场，最终体会到了睡眠的好处，这又有什么不好的呢？早在20世纪上半叶，当工业领袖认识到剥削人类劳动的收益不断减少时，有私心的商业也采取了类似的良性手段接纳休闲。工业革命的过度激进甚至连那些最初从中受益的人也看得一清二楚。

  在这方面，亨利·福特①（Henry Ford）引领了时代的潮流。1926年，福特将工厂工人的日工作时间减少到8小时，随后又将一周的工作日从6天减少到5天。1810年，乌托邦社会主义者罗伯特·欧文（Robert Owen）提出了一个激进的概念，一个世纪后，工业巨头福特将其视为一门好生意笑纳了。福特的决策最终

---

① 福特汽车公司的创建者，世界上第一位使用流水线大批量生产汽车的人。——译者注

促成了1940年的《公平劳动标准法》(Fair Labour Standards Act)的出台，该法将每周40小时工作制写进了美国的法律。

我们难得地了解到福特对此事的看法。1926年，在工厂改革后的一次采访中，他解释说："现在是时候摆脱那种认为休闲要么是'浪费时间'，要么是阶级特权的观念了。"他能说出这样的话，几乎要使人们误以为他是使徒之一，并在宴会上为他留出座位，与同时代的伯特兰·罗素平起平坐了。但福特很快打消了人们的这种误解。"当然，"他接着说，"缩短一天和一周的时间也有人道主义的一面，但纠缠于这一面很可能会给自己带来麻烦，因为这样一来，休闲就可能比工作更重要，而非反之，工作才应该是更重要的那个。"福特在这个问题上的立场显而易见——他坚定地站在有私心的商业领域，只不过是想从无私心的商业领域中获取实实在在的益处罢了。

据此推论，多一天的休闲时间，工人能得到更好的休息，从而提高工作效率。福特解释说，"5天工作制将会使我们发展得越来越好"。而在福特的工厂里，这一举措也确实取得了成效。他欣喜地表示，"我们发现，男人们在两天假期后回来，都是那么地神清气爽、头脑清晰，能够全身心地投入到工作中去"。

福特在1926年的这一发现，今天华尔街的投资公司也一定会发现，这些公司要求花过大价钱深造的银行家每周工作80小时。这些公司最终会意识到它们的员工一直在精神受损、睡眠不足的状态下工作。等到这些公司反应过来,然后雇用三名员工来完成目前两名员工的工作量时,他们很可能会发现劳动力的生产率提高了,就像福特当年一样。科技行业在这方面引领了潮流,因为公司注意到,每周给员工多放一天假期似乎能提高整体的生产率。

然而,皮珀会对福特的说辞表示遗憾,认为这是使休闲服从于他所说的"整个工作世界"的又一个例子。无独有偶,汉娜·阿伦特也曾哀叹"'劳动动物'的空余时间只会花在消费上面,留给他的空闲时间越多,他的欲望就越贪婪越强烈",福特的另一个理由也会令她感到痛心疾首,那就是增加消费。正如福特所解释的,"每周工作 5 天的人会比每周工作 6 天的人消费更多的商品"。毋庸讳言,福特也并不像伯特兰·罗素那样看重消费的增长本身。(罗素曾哀叹道,"对生产考虑过多,却很少考虑消费。")相比之下,福特看重的是消费作为总需求的来源能进一步推动生产,并带来更多的经济增长。换句话说,这是一种进一步推动生产的手段、刺激总需求的手段,更是促进消费的手段。

但是,在从亚里士多德到奥德尔等思想家一直强烈要求无私心的领域发现效用,这有什么不好呢?乌托邦主义者和功利主义者结成如此强大的联盟,尽管动机不同,但只要他们在增加休闲时间的具体政策上达成一致,又有什么问题呢?

原因之一是,它进一步巩固了工作与休闲之间的现有主次等级。在实践中，根据休闲对生产力的贡献来看待休闲，这种态度很可能会影响个人利用其新发现的经济可能性的方式。这样做的风险是，我们最终会失去 7.68 亿天的假期。政策改革是一回事，但在全社会范围内调整人们认为值得称道的事物又是另一回事。然而，在决定个人最终拥有多少实际闲暇时间以及由此产生的福利方面，社会观的调整至少与政策改革同等重要。

乌托邦主义者和功利主义者结盟的第二个风险是，只要休闲、睡眠和无私被认为是实现更大社会目标（生产力、消费、增长）的有效手段，那么一旦它们与物质效用的社会目标发生实际冲突，它们就会在人们眼中失去价值。因此，这种务实的举措是一把双刃剑。一旦两者最终爆发冲突，那么解决之道只能是弃车保帅。休闲对工作的服从意味着，在两者不完全一致的情况下，工作总是占主导地位。

然而，正如我们所看到的，这两者往往是一致的。休闲确实会带来意外的收获，就像无私心的商业会给有私心的商业带来价值一样——只要这些活动仍然是无意的和无私心的。但结果是，对于那些寻求改变思想和取得成果的人来说，似乎无法抗拒"以提高生产力为由为休闲做辩解"的诱惑。

皮珀和奥德尔都敏锐地意识到了这种风险。皮珀警告说："现在，休闲不是为了工作而存在的，无论重返工作的人从休闲中恢复了多少精力。"奥德尔对现代休闲的工具化保持警惕。她提到了"数字戒毒静修营",参加者通常会支付高昂的费用,让自己远离过度沉迷电子设备的生活,在大自然中嬉戏玩耍。这种静修营针对的通常是那些创造工具的知识工作者,静修营使他们短暂地从工作中解脱出来,但其最终目标是不言而喻的。这是为了让他们以更好的状态重返工作岗位,为创造性活动做好准备。就像清洗肝脏一样,为接下来的弯道超车扫清障碍。奥德尔写道,"像数字戒毒静修营这样的活动经常被当作一种'生活小窍门'来推销,以提高我们重返工作岗位后的工作效率。"

不过,抛开亚里士多德不谈,我们也不能否认亨利·福特1926年的工厂改革确实推动了社会的进步。福特并没有规定工人应该如何打发新到手的休闲时间,他只是希望工人能好好休息,以便周一早上能更好地投入工作。福特做出这一决定的初衷是为了提高生产率,但这并不影响工人从多出来的一天休闲时间中获益。事实证明,这一见解与最后一章的见解有异曲同工之妙——如果决策者的意图与受影响各方的意图区别足够大,那么即使决策者的本意是出于商业性的私心,但受影响各方也能从无私心的举动中获得一些益处。换句话说,福特公司的工人能够在多出来的一天时间里无私心地享受休闲"超人"的一面,这可能不受福特公司带有私心的意图影响,因为工人并不需要意识到这些意图。

从这个角度看,福特的做法似乎是无害的——他是一个资本家,完全以资本家的身份示人。对他来说,增加闲暇与他设计的连续流动装配线一样，都是一种创新，而且他对此非常坦诚。是的，他是一个游说保护主义的猎人，但他穿着那种鲜红的狩猎行头，能确保没有人会把他误认为别的什么。在此之前，有私心的商业活动在这个意义上表现得光明磊落，它并不试图掩饰自己。今天，很少有精明的资本家会想到像福特那样虔诚地宣称"我们把'休闲看得比工作更重要，而非反之，但工作才应该是更重要的那个'"，这样会给自己带来麻烦。

因此，"真正的休闲"面临着更加不易察觉的威胁，因为休闲的益处并不局限于使工人精神饱满地投入工作。福特可能对休闲的超越性意义并不感兴趣，他只要求工人在操作装配线时能保持足够清醒的状态。但在今天这个知识经济的时代，情况已经不同了。它推崇创新和创造，它依靠个人的聪明才智运行。一旦从雇佣劳动中获得的常规回报最大化，知识经济就会把目光转向蕴藏在有闲者身上的"神圣之物"所带来的无限回报。更大的危险不是来自福特这样的人，而是来自那些读过亚里士多德作品的人，他们将皮珀和奥德尔的教诲融会贯通，现在又将这些思想为己所用。

## 为己所用：利用休闲的果实

奥德尔的《如何无所事事》在大众中引起强烈反响，这应该让休闲的使徒既看到希望又充满恐惧。奥巴马不是唯一一个响应奥德尔的号召、抵制追求效率的风气、反对有用性侵蚀我们生活的人。这本书引起了许多人的共鸣，但值得注意的是，硅谷的观众点头点得最起劲。

《连线》刊登了一篇文章大肆吹捧《如何无所事事》这本书，而这篇文章的标题取自一篇题为"送给你最爱的宅男宅女的9件懒人礼物"的线上专题报道。该文章将奥德尔的书与新款机器人吸尘器、L.L.Bean羊毛袜和65英寸高清电视机相提并论。《连线》的工作人员在他们的 Gadget Lab 播客中再次为这本书做宣传，一位主持人感叹道："《连线》的员工好像都喜欢这本书"，一同宣传的还有苹果公司的新键盘。

奥德尔的观点如此迅速地被生产力思维笑纳，受到《连线》技术人员和生活小窍门论坛读者的欢迎，这着实令人震惊，因为奥德尔非常清楚这其中的风险，也非常不愿意让自己的想法被俘获并用在其他用途上。《如何无所事事》从里到外地抗拒人们赋予它的这些功能。它直言不讳地表示不愿提供明确的建议。它沉浸在语焉不详中，我们期待着它就书名中的"如何"给出回答，但它只字未提。皮珀也表现出类似的避而不谈，以免人们误以为他在1946年写下的关于闲暇的著作是一本改善生活的指南。他在结论中告诫说："本文无意给出建议或提供行动指南。"

但是，就像大片中真诚的超级英雄一样，这些使徒也有弱点。由于他们认为工作和休闲是势不两立的两个领域，所以他们认为有私心的商业领域和无私心的商业领域也是泾渭分明的。他们想象自己会安然无恙地站在一边，而亨利·福特之流显然站在了另一边。因此，他们担心福特和其他自诩为资本家的人越界，却没有看到来自他们左翼和友军的入侵。

这种误解源于对资本主义的漫画式的理解。如果像使徒那样，把市场描绘成对休闲概念充满敌意，那就低估了市场的野心，也低估了市场在实现这些野心过程中的适应性。没错，市场追求的是效用最大化，但它可以灵活变通成任何最适合实现这一目标的模样。只要能奏效，它就有兴趣一试。如果不能充分说明怎么做才能奏效，那么市场参与者就会不求甚解地按部就班。

想想每年聚集在瑞士达沃斯（Davos）小镇的宇宙大师们吧。近年来，在关于国际货币政策的会议中，总会穿插着由超级明星佛教僧侣马修·理查德（Matthieu Ricard）主持的关于正念的讲座，题目是《成功的秘诀》，参加者络绎不绝。没有人会觉得这有什么好奇怪的，因为资本主义归根结底是非常不拘一格的，市场参与者会投资于任何他们认为能够带来收益的东西。一旦有私心的商业实现了利益最大化，我们就应该期待有私心的商业的拥护者开始从其他地方入手提高边际价值。无私心的世界在向你招手。管理者呼吁企业不仅要追逐利润，还要追逐"目的"。使徒们没有意识到这种无与伦比的开放性，他们看不到市场是如何不可自拔地被离群索居者、特立独行者和标新立异者所吸引的。他们看不到市场是如何为像他们这样的异见者所倾倒的。

我们已经看到了这种痴迷的根源。市场是靠信誉来运行的。早在18世纪，休谟就已经明白了，人们想要相互信任，但却无法做到这一点，因为他们的利益并不一致——他们知道对方有动机要占他们的便宜。当信任缺失时，那些被视为"童叟无欺"的人就会脱颖而出。这就是韦伯笔下的清教徒兴旺发达的原因，也是充满热情的企业家比利己的企业家更具优势的原因。因此，市场对使徒赞不绝口，他们的无私显而易见——所有这些对有用性的否认都只会让他们的股票更有价值，使渴望"真实性"的市场更加抵挡不住他们的诱惑。

他们所有的抗辩都是徒劳的，使徒几乎抵挡不住市场的夹道欢迎。街头小贩很快就会开始兜售印有他们肖像的小铜牌。他们的"金句"会出现在精心设计的手提袋上。不久之后，管理咨询公司就会向今年的新员工分发《如何无所事事》一书，希望他们能被这本书感染，表现出某种无私心的热情，从而树立公司高瞻远瞩、致力于帮助员工平衡工作与生活的形象。使徒们非但没有遭到千夫所指，反而被市场收编。

我们在第五章已经见过这种转变，但之前的例子在一个关键方面有所不同。当清教徒的后裔将其意识形态忠诚转向以繁荣为目标，而不再将其视为副产品时，或者当19世纪奥奈达公社的成员以他们的商业企业为中心确立新的使命时，他们是自愿这样做的。现在的情况则不然。

　　说它是"吸纳""挪用"或"迁就"都不为过，这种做法由来已久。20世纪60年代的反文化运动就是一个典型的例子。嬉皮士不需要剪掉头发，穿上商务套装，在公司找一份工作（尽管他们中的许多人最终还是这样做了）。20世纪60年代反文化运动的象征都会被市场吸纳，并被重新应用于有私心的目的上。性革命的初衷也许是作为一场旗帜鲜明的反消费主义运动，但它最终提供了一套个人解放和自我表达的话语，这种话语至今仍在源源不断地为广告文案提供素材。用赫伯特·马尔库塞（Herbert Marcuse）的话说，革命不仅被市场"遏制"住了，还被市场收编为己所用。这既不是一个完全愤世嫉俗的举动，也不是收买反对派运动的战略手段。正如历史学家兼记者托马斯·弗兰克（Thomas Frank）所说，市场对20世纪60年代反主流文化象征的接纳在一定程度上是一次真诚的革新尝试："商界领袖关心的不仅仅是模仿反文化符号来向年轻一代兜售产品……还因为他们认可年轻革命者正在发展的新价值观和反建制情绪。"市场被诱惑了。

　　我们使用"商品化"（commodification）一词来描述以前的非卖品转变为可买卖产品的过程。当广告商愿意并且能够购买人们的个人信息时，数据被商品化了。不过，这个词还有一个更特定的含义，特别能说明问题。Commodity一词源自拉丁语的commoditas，意思是方便或义务。使徒们要求从市场中夺回闲暇的呼声，并没有像他们自己所希望的那样被市场压制；相反，这一呼吁变得义不容辞，为市场从闲暇中获得利益提供了便利。

当然，是使徒自己将自己的想法推向市场的，没有人强迫奥德尔写书和宣传。但是，这些想法一经问世，市场就会像往常一样，根据自身的需要随心所欲地对其进行改造利用。在这种情况下，这就意味着将使徒们的见解（"闲暇是一种不以人的意志为转移的状态""注意力是阻力的来源"等艰涩的概念）转变为更朗朗上口的金句，从而得到更广泛的传播，比如："少就是多""拥抱无聊""随心所欲"。

"纯休闲"的魅力中孕育出了一种全新的语言，市场参与者很快就掌握了这种语言，其口才不亚于使徒自己。听他们用婉转动听的歌声唱出"一种新的生活愿望，在这种愿望中，职业和个人生活不是你死我活的关系，而是相得益彰"。但这不是诗人罗伯特·弗罗斯特的诗篇，而是奢侈钢笔制造商万宝龙（Montblanc）的营销主管文森特·蒙塔尔特（Vincent Montalescot）的话语。万宝龙首席执行官以同样的口吻夸耀"一种不同的思维方式……在这种思维方式下我们关注的不再是市场地位或做强做大，而是通往目标的这段有意义、有目的、丰富多彩的旅程，以及我们在沿途影响到的人们"。这段丰富的旅程就是万宝龙为销售价值1 000美元的镀金圆珠笔而推出的新宣传活动的广告文案。市场营销的炼金术成功地将无私心（"有意义、有目的"）行为的力量运用到有私心的商业活动中。它甚至做出公开蔑视追求市场地位的行为的样子（"我们关注的不再是市场地位或做强做大"），而其所辩护的，正是追求市场地位的最高境界——这正是亚当·斯密在写到"显贵所使用的各种不同的小玩意儿和小摆设"时所想到的。我们对这种营销炼金术的魔力已经见怪不怪，甚至不会停下来多想一想，然而这就是休闲这一有效语言被认可和重新利用的方式。

事情总是这样。在军事上，前卫（avant-garde）指的是紧随骑兵之后派出的特殊部队，其作用就是与敌人交战，为内卫兵队赢得行动时间和空间。前卫艺术始终被迫面对这样一个令人不安的事实，即尽管前卫艺术想方设法避免发挥社会功能——或者说正是因为这种努力，但事实却证明前卫艺术对主流艺术有用。不拘一格的人总是有助于主流的自我更新。

这种自我更新是有代价的。一旦市场的异见者变得更加顺从，他们的想法就会失去很多优势。出于同样的原因，他们也失去了最初对市场有价值的一些东西。就像在约翰·斯坦贝克（John Steinbeck）的《人鼠之间》（*Of Mice and Men*）中，蹒跚学步的莱尼无意中杀死了他想抚摸的宠物一样，市场的爱也会扼杀它所爱的对象。重要的是，"掐死"是因为把异见者握得太紧，而不是为了让他们闭嘴。人们普遍认为商业与无私之间势不两立，这并不是因为市场厌恶非商业活动，而是因为人们像莱尼一样想要抚摸"无私"的软毛,却往往用力过猛而已。就像那些刚获得主流成功就被老粉丝抛弃的乐队一样,市场异见者对市场的吸引力也取决于他们能否保持自己局外人的身份。

人们常常把市场说成是一种统一的、非人格化的力量。这反映了市场的一个基本特征——现代市场确实是建立在非人格化的交换基础上的。市场结果是无数个体决策的总和,尽管没有任何一个市场参与者能够以一己之力影响这些结果。这种抽象的定义掩盖了市场不过是真实个体的集合这一事实,这些个体只是根据市场机会采取行动而已。这些个体就像卡尔·纽波特(Cal Newport)一样。

## 休闲的左翼

纽波特是一位计算机科学家,也是乔治城大学(Georgetown University)的教授,著有多本关于"如何做什么"的畅销书,介绍各种"成功秘诀"。比如,《如何成为高中里的超级明星》(*How to be a High School Superstar*)、《如何在大学中脱颖而出》(*How to Win at College*)、《深度工作:如何有效使用每一点脑力》(*Deep Work Rules for Focused Success in a Distracted World*)等。纽波特是一个成功的市场参与者,在很多方面都是如此。他是一位才华横溢的程序员、教育家和公众演说家,也是一位多产的学术研究人员——但更有趣的是,他的成功源于他的成功。也就是说,他向市场推出的主要产品是以自己的经验为例,承诺提高生产力——如何释放生产力、实现生产力、最大限度地提高生产力。

纽波特喜欢在自己的书中借鉴伟大的思想家成功的秘诀,试图复制他们创造性天赋的秘诀。以米歇尔·德·蒙田(Michel de Montaigne)、卡尔·荣格(Carl Jung)、马克·吐温(Mark Twain)和J.K.罗琳(J. K. Rowling)为例,纽波特认为,他们普遍都有一种持续"深度工作"的能力,即通过长时间心无旁骛的专注来创造"新价值"。他在书中告诉我们,蒙田、荣格和马克·吐温都曾远离日常的纷纷扰扰,在与世隔绝、专心致志的状态中完成了他们的旷世之作。

这种模仿方法是自助文学中常见的套路。作者通过观察成功人士,总结出与他们成功息息相关的最佳做法。这种套路的吸引力不言而喻。言下之意是,如果我们能以我们敬仰的人为榜样,那么我们也能像他们一样成就不凡人生。和大多数人一样,我并不排斥"伟大心智的习惯"(habits of great minds)这一流派的魅力。我也很好奇马克·吐温的早餐习惯,我猜所有自诩为创意者的人都是如此。我也想知道J.K.罗琳是用手写还是键盘写作,以及她喝什么牌子的咖啡。

但是,当模仿成功的关键在于无心插柳时,模仿作为一种方法就开始分崩离析了。在这种情况下,模仿马克·吐温就和

第四章中注定要失败的伪装者一样犯了同样的错误。这相当于使尽浑身解数模仿毫不费力的样子。我们已经看到，当海因里希·冯·克莱斯特笔下的年轻人试图做同样的事情时，等待他的是命运的陨落。行为看起来差不多，但背后的意图却天差地别。在读到斯蒂芬·金（Stephen King）在当地杂货店排队等候时萌生了创作最新一本畅销书的想法后，我们可能会找到同一家杂货店，推着一个空的购物车，拿着一张纸排队等候，准备迎接灵感的到来，但这很可能是一场漫长的等待。无私有回报，但利己的模仿则不然。

纽波特等人并没有忽略这一点。那些试图利用"无私"的力量来达到利己目的的人，会试图模糊这两个领域之间的区别，想要优哉游哉地追求目标。因此，纽波特的观点常常与奥德尔的不谋而合。他们都对同样的设备和同样的社交网络工具所带来的同一种分心风险提出警告。两人都对集中注意力赞不绝口。"有深度的生活，才是优质生活"[①]，纽波特如是说，听起来完全是亚里士多德的论调。他指出，"深度工作"才能产生"意义"。

事实上，像纽波特这样的作家只能跟在奥德尔这样靠谱、无私心的思想家身后鹦鹉学舌。要想将一种无私心的语言应用于有私心的目的，即要想让"意义"成为"深度工作"的理想结果，

---

[①] 译文参考《深度工作》，江西人民出版社，宋伟译。——译者注

必须事先有其他人以无私心的方式使用过这种语言。皮珀、奥德尔等前卫必须首先对这些概念进行论证。不管他们愿不愿意，这都是他们的职责——前人栽树后人乘凉。正是因为社会理论家克拉里为后工业时代的睡眠写下了悼词，企业家赫芬顿才能号召一场睡眠"革命"，以帮助我们实现生产力目标。

像纽波特这样的作家精通"无私心"的语言，他们试图将这种语言引向有私心的目的。因此，纽波特与奥德尔一样，对"扰人心神、模糊上下班界限的电子设备"对休闲的"破坏"感到痛心疾首。只不过他会把这种心无旁骛的闲暇用于提高生产力。这就是奥德尔之辈和纽波特之辈的区别所在。一个阵营关注的是为"作为休闲的休闲"重新开辟空间，而另一个阵营感兴趣的则是"作为生活小窍门的休闲"。正是在这里，悖论再次出现——出于我们从约翰·斯图尔特·穆勒开始就看到的原因，无心插柳可能比精打细算的成果更丰硕，即使精打细算唯一在意的就是收获同样的成果。

因此，像纽波特这样的作者发现自己处于有私心的领域和无私心的领域的交汇点，试图在两者之间不安地跳舞。纽波特甚至还提出"有成果的冥想"（productive meditation）这一重要观点。纽波特将其描述为在散步或慢跑时（对了，还有在"洗澡时"），将注意力集中在"一个定义明确的专业难题上"。正如纽波特所解释的，有成果的冥想"就像正念冥想"，只不过变成了实现特定目标的武器。不要觉得"有成果的冥想"是一个自相矛盾的说法（虽然它确实是）。问题并不在于冥想不能提高工作效率——事实上，越来越多精心设计的研究表明，冥想可以提高注意力和创造力。电影制片人大卫·林奇①（David Lynch）不是对冥想推崇备至吗？

恰恰相反，问题在于，冥想之所以能产生独特的生产性溢出效应，正是因为它是作为一种非生产性活动进行的。事实上，这正是冥想的定义所在——冥想一直以来都是一种摒除杂念的尝试。如果有一种自成目的的体验——一种以自身为目的的活动，那么非冥想莫属。一旦成为"生产性的"，冥想也就失去了其本意，同样也失去了提高生产力的潜力。一旦冥想被用于外部目的，它就会遭遇伪装者的悖论。在这方面，这与新贵竭力模仿旧富的架子如出一辙，因为后者端起架子来根本就毫不费力。

同样，这并不是说针对某些"定义明确的专业难题"应用冥想技巧完全无用。吸气，然后慢慢呼气，这对任何人都没有坏处。但是，如果休闲或冥想的成果——突如其来的灵感或洞察力——是为了追求其他目的的行为的副产品，那么精心设计的休闲或冥想就很可能会弄巧成拙。更重要的是，如果这些为解决

---

① 大卫·林奇本人数十年如一日坚持练习"超脱禅定法"冥想，他在受访时表示从冥想中收获了巨大的灵感和幸福感，并积极宣传冥想练习。——译者注

"定义明确的专业难题"而进行的工具性漫步开始挤占"为散步而散步、为溜达而溜达"的机会,那么所有的工具性漫步最终可能会适得其反,即本想通过散步激发创造性和创新性,却产生了负面影响。

纽波特丝毫不为所动。他写道,"我认为有成果的冥想就像做引体向上,一开始真的很难,但你将受益匪浅。"把创造力和创新力比作运动很有启发性,因为它迫使我们提出一个尖锐的问题,为什么不能像锻炼肱二头肌或增强耐力那样培养创造力和创新力呢?问题的关键在于这两者之间的差异,以及这种差异能否弥合的问题。

如果你想成为一名更优秀的长跑运动员,可以通过加大训练强度来实现这一目标。跑步的目的是成为一名更优秀的长跑运动员,这种意识不会影响跑步在实现这一目标方面的效果。你不需要意外地"陷入"跑步,就能更好地掌握跑步技巧。当你为了赶上航班不假思索地在机场冲刺时,这并不会因为你没有有意识地增强耐力而更有效地增强你的耐力。

这并不是说锻炼很容易,鼓起勇气练习长跑也是很有挑战性的。但是,通过提醒自己目标是提高长跑水平来鼓起勇气,这样更可能有助于目标的实现,而非造成阻碍。跟踪渐进式进展等技巧可能会激励你继续前进。一个设定了各种里程碑的锻炼计划也可以起到同样的作用。换句话说,不断认识目标有利于实现目标。

体育锻炼可以靠坚强的意志取得成果，而闲暇却恰恰相反，要无心插柳才能柳成荫。回到皮珀的观点，要达到纯粹的休闲"并非依赖极端的努力，而是某种'引开'的行为"，它在某种程度上"不那么以人的意志为转移"，即使是在艰苦的工作中也是如此。相比之下，引体向上只是一项费力的运动而已。出于同样的原因，如果有人用枪指着你的脑袋逼你，你可能做得了十个引体向上，但无论你多么努力，你可能都无法迸发出创造性的洞察力——这正是因为你太努力了。然而，自助文学以及像纽波特这样的作者却把这两者混为一谈。认为这两类目标都是对坚强意志、专注力和有意识的努力的考验。

既然如此，为何不放手一搏呢？想要变得更有创造力、更有生产力，这有什么错呢？为什么不用尽一切必要手段，尽可能多地压榨工作时间呢？努力工作，才能尽情玩耍，难道不是吗？

当然，追求更上一层楼本身并没有错。相反，问题在于目标的性质与实现目标的手段不匹配。风险在于，即使从严格的功利主义角度来看，人们最终得到的东西可能也会不尽如人意。同样，功利主义者可能会问，追求幸福最大化有什么错呢？约翰·斯图尔特·穆勒的回答是：一点都没错。幸福听起来非常令人向往，它甚至可能很好地评判我们的行为——但这个标准只在事后奏效。因为如果把幸福作为行动的目标，就会发生意想不到的事情。以目标为导向的工具性方法会使所追求的东西难以实现。而这种方法实际上可能使我们不大可能去追求那些我们并不完全清楚何时播种、如何播种才能带来满足的事情。

我们越来越发现自己生活在一个副产品社会中——我们更看重那些类似于休闲那样难以捉摸的东西，而不是引体向上这种唾手可得的好处。然而，我们却没有相应地调整我们的方法。我们出门本想漫无目的地闲逛，却为了效率而抄近路。

我们把心思都用于利己的目的，把经济发展和增长提升为我们努力争取的、不言而喻的目标本身，而不是实现更高目标——即凯恩斯所说的"生活的真正价值"——的手段。随着社会越来越富裕，经济增长对高端人群的贡献开始减少，而"无私心"的相对价值却在提高。一旦市场最大限度地利用了所有传统的投资机会——那些基于理性追求个人利益的投资机会，剩下的机会就越来越多地来自于无私的追求，来自对个人激情的挖掘，来自对效用最大化的搁置。这时，我们有私心的悖论出现了——休闲可以通过其对创造性和创新性的影响为工作做出巨大贡献，但前提是它必须是休闲，而不是生产要素。在习惯了一个世纪的后工业化生活之后，这一条件是很难满足的。[①]

---

[①] 出于同样的原因，富人可能并不是我们的"先遣部队"，即像凯恩斯所说的那样，在富裕的国度里探寻充实生活的前景。恰恰相反，富人可能也深陷有私心的商业领域的束缚中难以脱困。获得财富的手段可能使他们束手束脚。他们的既得利益可能盘根错节，而这又可能使他们难以实现转变。

那么，皮珀说对了吗？摘取休闲的果实是否比摘取辛勤劳动的果实更难，休闲是否完全无法有意而为之？难道"培养创造力"这个概念注定是一个自相矛盾的说法吗？这是否等同于跑到谷崎润一郎的露天厕所里，让俳句主动向我们投怀送抱？这有点像第四章中的问题：伪装者能成功吗？威廉·詹姆斯不以为然。哥伦比亚大学的政治学家乔恩·埃尔斯特比任何人都更精辟地论述了副产品问题，但他也觉得伪装者成功不了。而且，如果有人试图摘取休闲的果实，那么这里的挑战似乎比那些试图说服受众的伪装者更大——当涉及收获休闲的果实时，不是要说服别人，而是要说服自己。诀窍在于要在不知不觉中进入休闲的领域。在这一尝试中，我们更接近于17世纪神秘主义大主教费奈隆提出的问题，他想知道宗教信仰是否可能是工具行为的产物（他也对此表示怀疑）。问题是生活在工具化时代的我们，是否注定要成为或多或少的成功伪装者？

在汲取了休闲的使徒的智慧，并体会到这种时刻的价值之后，我们是否能做些什么来增加我们理应得到的休闲时间，即那些我们希望得到但却意想不到的瞬间呢？那么，一个已经认识到"无私心"的独特益处的社会能否成功地摘取"无私心"的果实呢？或者，这种做法是否会搬起石头砸自己的脚？这些都是我们一直在思考的问题。

# 第八章

## 明智地抵抗智慧

在前面七章中，我旁征博引了几代思想家的著作，他们在四个多世纪的时间里前仆后继，都在研究同一个问题的各种形式。得益于所有这些政治经济学家、神学家、伦理学家、精神病学家和哲学家所做的工作，我们在解读意图的悖论方面取得了哪些进展呢？如果无私是有回报的，但前提是看起来让人觉得它是真诚的，那么利己者又该何去何从呢？那些试图赢得同辈的尊重、利用创造力的果实以及赢得客户、投资者和选民信任的人，他们能超越我们这个工具主义时代、我们这个消费社会所施加的限制吗？

## 异议

许多研究意图悖论的思想家也拒绝接受"解决方案"这种说法。16世纪上半叶，当巴尔达萨雷·卡斯蒂廖内娓娓道来优雅境界的妙不可言，并研究了决定廷臣仕途的漫不经心的样子时，他的读者要求他解释如何才能掌握这种优雅的姿态。"既然您对这种品质如此赞不绝口，我相信，您已经激起了我们所有人想要获得这种品质的强烈愿望……您也有义务教给我们获得这种品质的方法，以满足我们的愿望。"

卡斯蒂廖内反驳道："并非如此。""我没有义务……教你如何变得优雅,"他这样回答,然后补充道,"几乎可以说,优雅是学不来的。"我们可以听到他的读者黯然神伤的呻吟。这让卡斯蒂廖内与现代心理学之父威廉·詹姆斯的观点不谋而合,后者认为后起之秀不可能成为绅士——一个人要么生来就是绅士,要么注定永远也学不会绅士的风度。这对于那些天生就没有卡斯蒂廖内的优雅气质或詹姆斯的绅士风度的人来说,这种观点无济于事。

约瑟夫·皮珀向我们诉说了纯休闲的回报,他以类似的措辞提出异议,但理由却截然不同:"那么,我们现在该怎么做呢?"他问道。接着自己回答:"本文的目的……不在于提供任何行为的方针,只在于激发反省思考……当然,本文的写作目的毕竟也不是为了一时的实际需要。"

当然,珍妮·奥德尔的观点与皮珀大致相同。《如何无所事事》以一本书的篇幅进行了发人深省的驳论。在书的结尾,她写道:"虽然以一条关于如何生活的建议给这本书收尾很有吸引力,"但是,她发誓,"我拒绝这样做。"奥德尔不提供任何实用建议,这并不令人感到意外,因为她的目的就是要让读者质疑自己的工具性态度,而正是这种态度促使他们开始寻求此类建议。

这些作家忠实于他们所发现的矛盾。他们毫无疑问地保持了逻辑的连贯性,如果把副产品状态定义为靠意志无法左右的状态,那么任何试图达到这些状态的建议都只会适得其反,反而会使这些状态永远遥不可及。然而,这里还有另一个动机,对皮珀和奥德尔这样的作家而言，保持悖论的完整性也符合他们的既得利益。他们都承认有同样的担心，即无私的回报可能会被用来满足利己的动机，艺术、自然、睡眠、休闲等都有可能成为与资本和劳动力并驾齐驱的经济生产要素，都被用于外部目的，即提高生产率，提高工人的工作效率。因此，这些思想家先发制人地固执己见，以避免他们的观点被挪作他用——他们自始至终都坚持认为，艺术、自然、睡眠和闲暇的成果根本无法以工具性的方式获得。这种工具性的尝试是自取灭亡，会削弱它们的效力。正如皮珀所警告的，"有些事物我们不能以'为了……'或'借此……以……'的方式去完成，我们要么什么都不做，要么就是根据事物本身的意义去做"。对这些思想家来说，意图的悖论是一种保障，而且可能是仅存的保障。

我们可以在这儿长舒一口气，因为所有这些思想家当然都是对的。意图的悖论之所以是悖论，是有其原因的。如果无私行为的定义是非战略性的，那么它就不可能是战略性行为的结果。到此为止。

但真的到此为止了吗？从有私心的商业到无私心的商业，这条道路真的不可逾越吗？卡斯蒂廖内和詹姆斯都认为，一个人要么生来就优雅、从容、怡然自得和充满激情，要么就注定只能装模作样。这种看法不仅让人感觉落伍，而且也不符合我们的经验。

毕竟，历史的发展轨迹与詹姆斯这位养尊处优的绅士所认为的背道而驰。商人阶层确实赶上来了。上层阶级竭尽所能地改变竞争的参数，从物质富足转向休闲，然后又从休闲转向别的什么。然而，这并没有阻止地主乡绅在盛况空前的表演中灰飞烟灭。今天，为实现理想的副产品状态所积累的那种社会资本，与詹姆斯时代上流阶层的决定性特质几乎没有关系。即使坚持这一悖论无懈可击，最终也未能保留住这位有教养的绅士所希望保留的特质。

同样，我们这个工具主义时代默认的模式也并非不可避免。伯特兰·罗素曾抱怨现代人认为做任何事情都"应当另有目的"，但这并不是说没有人会时不时地完全为了这些事情本身而做事。我们都知道有一些特立独行的人，他们设计了自己的逃亡计划，并成功地逃离了有私心的商业领域，进入了无私奉献的世界。我们听说过一些华尔街人士离开金融行业，转而从事教育工作。一些游说者从华盛顿智囊团的高薪职位上离职，在远离城市的地方开起了摩托车修理店。或者是我老家的银行家变身面包师，被当地报纸报道。我们之所以对这些故事津津乐道，正是因为它们证明了成功摆脱纯粹的工具主义模式的可能性。如此种种不胜枚举，大众对这类人生转变故事的需求永无止境。另一个例子是，市场对无私心的真实故事喜闻乐见，那些讲述了游说执行官转行去开摩托车店的书籍成为该季度的畅销书。

这些事件并非孤立的。特别是在千禧一代中，从有私心的商业转向无私心的商业似乎越来越普遍。从时间上看，这一趋势非常明显。德勤①（Deloitte）2017年的一项调查发现，38%的千禧一代计划在未来两年内辞职。第二年再次进行调查时，这一数字上升到了43%。2019年这一比例为49%。在尝试解释这种新出现的态度时，同一项研究发现，"那些被认为一味追求利润的公司……并不能吸引千禧一代员工为其效力。"政治学家罗纳德·英格尔哈特（Ronald Inglehart）在过去几十年的全球价值观调查中看到了这样一种转变：在更加安全的社会中，人们越来越重视自我表达等后物质主义价值观。大众集体转变态度不仅是可能的，而且可能已经反映在数据上，这从个人立场的逐渐变化中体现了出来。

同样地，在寻求宗教信仰的人中，有些人确实获得了宗教信仰。即使是最顽固的失眠患者最终也会睡着。卡斯蒂廖内曾信誓旦旦地表示，"优雅是学不来的"，但我们可以相信，优雅的人并非生而优雅，这似乎与卡斯蒂廖内的说辞相矛盾。

更重要的是，本书开篇提到的约翰·斯图尔特·穆勒用自身的经历反驳了这些认为本性难移的观点。他也觉得自己是个活生

---

① 位于英国伦敦，是全球领先的专业服务机构，世界四大会计师事务所之一。——译者注

生的例子。穆勒从小接受功利主义的思想，但他在世界观和人生哲学上都成功地摆脱了功利主义思想。穆勒在描述这一自我开悟的时刻时，套用了宗教皈依的说法，这不是没有道理的。他发现了以功利主义的概念解释人类行为的一个缺陷。幸福是功利主义者的核心目标，但幸福只能顺带实现。他终其一生都坚持这个见解。这影响了他自己对人类行为的看法。与边沁认为人是机械地趋利避害的观点不同，穆勒认为热情在实现个人目标的过程中既可能起到阻碍作用，也可能成为一种助力。

## 效用的危机与危机的效用

穆勒的自传可能会让现代读者想起一些人的回忆录，这些人逃离了他们从小被灌输的宗教崇拜，并在有生之年讲述了自己的故事。在这本自传中，他长篇大论地控诉了他的成长经历、古怪的教育以及由此导致的精神崩溃。尽管这种控诉情有可原，但人们也会觉得，从他的生平来看，穆勒认为他的个人危机虽然令人不快，但最终却产生了有益的影响。事实证明，与哈莉耶特·泰勒（Harriet Taylor）的相知相许是他心智成长中浓墨重彩的一笔。

因此，人们会有一种有趣的感觉，如果穆勒和泰勒有了自己的孩子，他对孩子的教育方式可能与自己从小接受的教育方式大同小异——蹒跚学步时就开始学习希腊语和拉丁语，青春期学习政治经济学和逻辑学，然后才是华兹华斯的诗歌和音乐。

如果我们虚拟一下历史，我们可以想象一下，如果穆勒没有崩溃，可能会发生什么。他将继续成为边沁的众多追随者之一。他很可能会成为一位伟大的古典主义者，一位与他的父亲詹姆斯·穆勒齐名的思想家；他会成为推动这个世纪前进的众多人物之一，而不是为这个世纪指明新方向的人。他不会尝试融合两种截然相反的思想流派，而他作为一位独特的政治经济学家，同时也是卡莱尔朦胧思想的探索者，在这方面具有得天独厚的优势。如果不是先吃下了边沁主义者的"仙丹"，然后又否定了它的思想，功利主义就不会有彻底的反思，而这正是穆勒后半生所为之奋斗的。如果没有穆勒关于社会改革与个人自我改革之间联系的特殊观点，我们难以想象现代自由主义制度将会变成什么样子。时至今日，我们可以中肯地将自由主义描述为一种旨在为个人转变留出空间的制度。

标准的功利主义者性格稳重，会计算每一个行为对社会整体幸福的贡献。但穆勒后来认为，正是因为缺乏内心的躁动不安，才造成了边沁本人对人性的有限认识，以及功利主义的哲学缺陷。穆勒引用了浪漫主义者对自我意识的疑虑，指责边沁天生就没有自我意识："从华兹华斯到拜伦……我们这个时代的天才都觉醒了自我意识，自我意识是天才的守护灵，但从未在他身上觉醒。"

穆勒所描绘的边沁是一个无忧无虑、在伊甸园堕落之前的亚当。"他既没有内在体验，也没有外在体验；他的生活波澜不惊，心智健全，二者共同把他从这两种体验排除在外……他不知沮丧为何物，也不懂什么是心事重重……他终其一生都还是个孩子。"但由于这种天真，边沁的思想对趋利避害的人的非理性知之甚少。由于没有内在精神的折磨，边沁无法理解，一旦明确了"为最大多数的人谋求最大的幸福"这个社会目标，为何还会受到人类精神复杂性的阻碍，因为他自己就没有这种精神复杂性。

换句话说，乐天派边沁缺乏的是对自己的清算。功利主义的不足之处在于，它从未充分认识到人的热情既是弊病，也是良药。在穆勒看来，目标并不是要保留孩子般的纯真无邪。相反，目标是重新认识自我以及随之而来的所有内心纠结；认识到自我的局限性，并尝试超越它们。穆勒的转变，他对自我的重新编程，恰恰证明了这种超越是可以实现的。

穆勒的转变更引人注目的一点正是其自我意识。他慎重地寻找一种改变自己思想的方法，并且在华兹华斯、柯勒律治以及他所处时代的其他英国诗人身上找到了这种方法。浪漫主义对现代性的批判起到了楔子的作用，推翻了穆勒从父亲和边沁那里继承的信仰。在第一章，我们看到了这一批判在我们这个工具主义盛行的时代听起来是多么的感同身受，但我们还没有看到浪漫主义者建议对此采取什么措施。

事实上，即使是对启蒙运动的工具性、理性和自我反思模式的局限性最为警觉的 19 世纪浪漫主义者，也感觉到可能存在着一条出路。不可否认的是，他们对这条逃生路线的描述晦涩难懂。他们声称，通过知识，我们将恢复曾经的纯真。他们坚持认为，我们必须"再吃一次智慧之树上的果子，才能回到天真无邪的状态"。"造成创伤的手也是治愈创伤的手"。"思想……是唯一能够保护我们免受思想之害的力量"我们能从中得到什么启示？

## 多重自我的诅咒与补救

浪漫主义者痛斥自我觉知带来的内在分裂，认为它是自我意识和不真实的根源，是在分析的祭坛上献祭了直觉。他们援引伊甸园的堕落作为这种内在分裂的象征性代表——人类第一次停止了自然的行为举止，他们从外部看到了自己，然后发现自己赤身裸体。从此，他们不再是和谐的存在，而是分裂为观察者和被观察者。知识带来了自我觉知，而自我觉知则孕育了自我怀疑。今天，当我们在思考给自拍照起什么标题最好时，我们发现要想不在乎他人如何看待自己的行为就采取行动，这比以往任何时候都更难做到。

就这样，浪漫主义者率先指出了副产品状态的基本要素。我们在之前的章节中顺便提到了这一点，但现在值得多费点笔墨来讨论。享乐主义悖论、目的论悖论、穆勒的"反自我意识理论"以及意图的悖论……这些都以多重自我的存在为特征。也就是说，这些悖论讨论的都是一个自我挫败另一个自我。

这一点在不同个体互动的情况下表现得非常明显，如果现代企业家的意图对客户来说过于明显，那么他想通过表现出无私奉献的样子实现利己目的的企图就会失败。当19世纪的新贵试图模仿旧富的言行举止时，他努力模仿的样子却引起了上流阶层的人对他的怀疑，因为对他们来说，做出这些举止是不费吹灰之力的。当冯·克莱斯特笔下的年轻人为了朋友而试图重复一个原本是自发做出的姿势时，正是朋友们的目光让他变得笨拙。当谦虚自夸者试图把吹牛伪装成自嘲时，他们的同伴一眼就识破了，并惩罚他们的惺惺作态。这些尝试无一例外都失败了，因为总有观众会识破这些伎俩。

然而，哪怕这一切都发生在个人自己身上，也存在同样的分裂。比如等待灵感的小说家，追求宗教信仰的准信徒，渴望深度睡眠的失眠患者。在每种情况下，我们都可以把个人想象成分裂成不同的自我，其中一个自我妨碍了另一个自我。之所以会出现这种悖论，是因为人们对自己的意图过于敏锐。除非人们能以某种方式将这种意图隐藏起来，否则我们最渴望的某些事物就会变得无法通过刻意努力来得到。就像上述人际交往中的情况一样，对个人而言，一部分自我可能试图向另一部分自我隐瞒自己的意图，但如果被另一部分自我识破，就会受到阻挠。

多重自我是一个强大的隐喻，而这绝非浪漫主义者的首创。这是一个从古典哲学到当代认知科学都经常出现的形象。它反映了这样一种观点，即自我并不是一个意图、动机和信念完美融合在一起的统一存在，而是一个由多个自主部分组成的集合体。在《费德罗篇》（*Phaedrus*）中，柏拉图将灵魂比作由两匹长着翅膀的马拉动的战车，一匹马狂野不羁，另一匹高贵但顺从。尼采则声称，"人作为可分割的个体（dividuum）而非不可分割的个体（individuum）行动"。当然，弗洛伊德把自我想象成在不同意识层面上运作的三个部分①。

现代神经科学为多重自我的概念提供了越来越多的证据支持。因此，今天的认知科学家们侃侃而谈心理二元论、思维的"分区"（partitioning）、"划分"（compartmentalisation）或"模块化"（modularity）。根据这些理论，我们的认知自我实际上是由许多功能专门化的机制组成的，而这些机制或多或少都是独立运作的。更令人回味的是，当代哲学家提到了头脑中的三个管理分支，每个分支都在争夺权力。或者，他们把自我比作一座中世纪的城市、遍布狭窄曲折的小巷和各具特色的街区，有的老旧，有的新潮，各有各的功能和运作方式。所有这些概念都有一个共

---

① 即本我、自我与超我。——译者注

识，即我们对统一自我的感觉是一种错觉；我们实际上是由多个子部分组成的，这些子部分会像不同的个体一样彼此之间相互影响，甚至相互讨价还价。

值得注意的是，除了浪漫主义者之外，人们试图描绘多重自我的目的往往是为了说明意志力薄弱的问题。在这种情况下，我们可能会有目标、有理性地采取行动，但却发现自己无法下决心付诸实践。也就是说，自我中意图明确的部分被冲动行事的部分所左右。这就是尤利西斯一听到海妖的歌声就无法抗拒时发生的困境；也是我的学生发誓要在周末完成一项作业，却始终无法完成时所面临的困境。希腊人称之为"akrasia"，即缺乏控制力。如今，人们更倾向于称其为拖延症（字面意思是"拖到明天"）或及时行乐猴（instant gratification monkey）。akrasia是现代人各种抱怨的根源，无论是无法完成项目，还是无法遵守新年决议，概莫能外。

在前七章中，我们一直关注意念过度的问题，而这恰恰与akrasia所指的意志薄弱相反。尽管如我们所见表现形式各有不同，但意图的悖论都来自对既定意图的过分执着。虽然人们对"akrasia"这一问题的关注更多，但我们已经看到，我们的现代弊病可能更多是由相反的原因造成的，即意志过剩，而且随着社会的日益富裕，这一点也变得更加真实。人们越来越青睐那些刻意努力反而得不到的事情。

我们固执地与"拖延症"做斗争，数以百计的应用程序和数以千计的自助书籍都旨在帮我们一劳永逸地战胜"拖延症"，这些情况本身就说明了我们的偏见。这证明了我们是多么偏爱工具性的、以目标为导向的行为。坚定我们的决心、增强我们的意志，似乎是解决一切问题的良方。任何失败都被归咎于想要的欲望不够强烈。相比之下，正如穆勒和其他人所言，我们最有意义的失败可能是由于我们对预期结果的预期。如果我们能够忘记自己的目标，或许就能更好地实现这个目标。

尽管存在着相反的问题，但关于"缺乏控制力的行为"的大量思考其实是有用的。针对 akrasia，人们提出了各种各样的解决方案。大多数解决方案都要求我们以某种方式强化一个自我，对抗另一个自我；增强意图明确的自我，削弱冲动行事的自我。尤利西斯让他的船员把他绑在桅杆上，并让他们发誓，如果他大喊大叫要松绑，他们反而要把他绑得更结实。我们也可以用类似的预先承诺策略来对付一些小的诱惑，比如让朋友们保证在下次晚宴上不上巧克力芝士蛋糕，因为他们知道我们对这种诱惑毫无抵抗力。人们把自己的决定广而告之，以此提高不履行决定的成本。比如，设计精良的网站可以让你把钱存入托管账户，除非在截止日期前完成工作，否则会自动把钱捐给你所选择的招人讨厌的政治用途。所有这些解决方案都需要承认多重自我的概念，要么武装意图明确的自我，要么削弱与之相对应的冲动行事的、非本能反应的自我。①

解决意念过度的问题很可能要通过对多重自我的类似认识，不同之处在于，现在必须扼杀的是有意识的、工具性的自我。这就是浪漫主义者隐晦箴言的来源。因为这不再是一个理性自持、深谋远虑的自我束缚一个冲动行事、目光短浅的自我的问题。比起公开的斗争，我们更需要一些技巧。

这不禁让人想起一个老掉牙的笑话。一名男子带着一颗巨大的原钻走进这座城市最知名的珠宝店，准备将它切割成一枚订婚戒指。考虑到这块石头价值连城，店主被请了过来。他怀着敬畏的心情端详着这块石头，最后叫来了他最低级的学徒，就像给熏牛肉三明治下单一样："阿维，你来给我切割这块石头。"在惊恐万分的顾客眼前，阿维开始切割石头，很快就完成了任务。宝石交还，刀工完美。顾客如释重负，但又明显感到不安，他问店主："你怎么能把这颗无价之宝交给一个最低级的学徒来切割呢？"店主回答说："我知道这块石头价值连城。如果我自己来切割，我的手肯定会抖，但阿维并不知情，所以他的手会很稳。"

当然，这给我们的启示是，当我们的自我觉知阻碍我们前进

---

① 更复杂的解决方案会利用一些热情来对抗另一些热情，比如减肥计划会利用虚荣心督促我们改善健康。这些设计的灵感也必须来自对多重自我意图的认知。当然，弗洛伊德把所有的精神分析都看作是一种强化自我（ego）、对抗本我（id）冲动的练习。

时，比如当我们意识到利害关系有多大的时候，我们就会向内心的"阿维"求助，而"阿维"则会雷厉风行、毫不犹豫地完成任务。进入"阿维"的内在世界，才能达到卡斯蒂廖内所说的"优雅"境界。这正是冯·克莱斯特笔下命运多舛的年轻人未能做到的，也是他最终走向失败的原因。

不过，这个笑话还蕴含着更深一层的含义，每当需要切割一颗价值连城的钻石时，阿维的作用虽然不可或缺，但他并不是这家商店的经营者。只有在需要的时候他才会被叫过来，但任务完成后他又会回到琐碎的学徒工作中。店主的局限在于，一想到这块石头的价值，他的手就会发抖。阿维的局限性在于，他不能成为向自己发出召唤的那个人。他之所以能够胜任那些受到自我觉知阻碍的任务，与他无法判断这些任务的重要性是分不开的。这就是为什么阿维是学徒，而店主是店主。

换句话说，不能一味推崇热情而摒弃理智，因为只有理智才能认识到自身的局限性，并努力想出解决办法。只有理智才能将自己委托给另一个不受同样限制困扰的自我，无论是内在的自我还是外在的自我。正如黑格尔所言："恢复[1]的原则存在于思想中，而且只存在于思想中。"突然之间，浪漫主义者原本令人费

---

[1] 即恢复恩典感，在第一章中"哪条路才是通往伊甸园的归途"一节中作者的脚注有说明。——译者注

解的固执己见，即重返伊甸园需要再次品尝禁果，又开始变得合情合理起来。有时，人们必须抵制智慧，但同样，只有智慧才能抵制智慧。

## 明智地抵抗智慧

在谈到睡眠这一典型的副产品状态时，乔恩·埃尔斯特回忆了这样一个案例：一位失眠症患者的治疗师告诉患者，要以书面形式仔细记录下夜间的所有生理症状，以便更好地帮助诊断病情。她照做了，做笔记的时候写着写着就睡着了。埃尔斯特借鉴了维克多·弗兰克尔的观点，这位精神病学家首次将那些无法通过刻意努力获得的状态称为"副产品状态"。弗兰克尔嘱咐自己的失眠症患者尽量保持清醒。弗兰克尔声称，反其道而行的方式可以治疗从失眠、性无能到作家抽筋等一系列意志过度症状。有时候，同样的诡计甚至可能是无意中做到的。弗兰克尔回忆了这样一个故事：一个患有严重语言障碍的人试图故意口吃来引起警察的同情，结果发现自己的口吃竟然突然好了。

弗兰克尔认为，追求相反的目标能够"使人脱离自我"，能够使人摆脱欲望、计划和工具性的自我。试图刻意保持清醒，是为了摆脱内心深处根深蒂固地以睡眠为目标的那部分自我。这是故意做无用功。事实再次证明，迂回的方式是最可行的捷径。

然而，埃尔斯特却保持着他特有的悲观态度——他承认这种伎俩或许一时能奏效，但一旦这种伎俩被识破，病人就会对其产生免疫力，从而会再次陷入失眠。这些民间疗法证实，回避意图悖论的尝试需要以某种花招为前提。在这种情况下，必须是一个人知情，另一个人不知情。解决失眠问题的诀窍只有在患者不知道其真正意图的情况下才能奏效。如果暗中策划的结果被预料到了，熟悉的悖论就会再次出现，一切就都会化为乌有——这很难成为一种可靠的疗法。

在第四章讨论法国道德家时，我们对一个观点提了一嘴，现在重温这个观点很有帮助。当然，助人为乐从来不是道德家的初衷。大家应该还记得，这些17世纪的沙龙文人首先是破坏者，他们感兴趣的不是解决问题，而是摧毁集体的妄想。他们为这一悖论的无懈可击而欢欣鼓舞，并用一段段诙谐的寓言进一步强化了这一悖论：自爱是人类唯一的动机，是所有其他动机的基础，因此每个人都是伪装者，任何超越个人利益的尝试都不过是进一步的精打细算，是自抬身价的又一种手段。一旦撕下面具，再戴上也就毫无意义了。幻灭是永久的。

尽管如此，道德家还是给我们留下了线索。回想一下第四章中拉罗什富科的箴言："我们太习惯于在别人面前伪装自己，以至于我们最终连自己也欺骗了。"拉罗什富科无疑是在控诉那些为追求一己之私而不择手段的人。同样，他嘲笑在朋友去世后表现得痛哭流涕的人，认为这种哀悼多半是"为我们自己哀悼……所以用为生者而流的眼泪向死者表达敬意"。关于集体自欺欺人这个观点，在拉罗什富科的箴言中，我最喜欢下面这一句："如果没有听说过爱情，有些人就永远不会坠入情网。"

然而，他们还是坠入情网了。拉罗什富科对此并不否认。他所嘲笑的那些人真的恋爱了，而且"坠入"其中。他只是在嘲笑爱情的起源，嘲笑爱情需要外力的推动。那就这样吧，如果你非读不可的话，那就读读煽情的爱情故事吧。大家不都这样吗？在哲学家迈克尔·欧克肖特（Michael Oakeshott）的个人笔记中，我们看到了这样的观点："在有目标之前，我们就能感受到爱的萌动，就像野心的萌动一样。对于年轻人而言尤其如此……他们沉浸在爱河之中。"古罗马诗人奥维德是这方面最早的权威，他在恳求女人宽容男人笨拙的假动作时如是说："哦，仙女们，请善待那些装腔作势的人；那份激情将成为现实，虽然一开始只是做做样子。"

我们已经看到，爱是一种典型的副产品状态，它不能以意志为转移，事实上，它必须"陷入"。因此，爱的定义是无私的，只有当爱是毫无策划、未经计算、无理取闹时，它才被认为是真实的。然而，拉罗什富科和欧克肖特都揭示了我们是如何一步步丧失所有理智的。从构思中激发我们自己的激情，然后再顺手遗忘。这不仅是可能的，而且是所有年轻人都会做的事。他们与爱情的初次邂逅都是令人向往的，是日后坠入爱河的预演。这是智慧在书籍、电影和俗气的流行歌曲的帮助下，对自己实施的阴谋。那么，一旦坠入情网，是否提前打好了基础就完全不重要了。① 在看到光明之后，新近皈依的信徒是否会因为被提醒最初寻找光明的动机而再也看不到光明？不大可能。转变一旦完成，信念就会被内化，为获得这种信念所使用的一切手段都会被视为有效，而这正是因为获得了这种信念。

因此，拉罗什富科只看到了进一步冷嘲热讽的理由，而我却看到了希望。归根结底，发自内心地相信我们的热情意味着什么？只是让自己流泪，让自己感到悲伤吗？只是把自己哄骗到宗教信仰中吗？或者只是在听够了爱情故事之后坠入爱河吗？这些状态与真正的热情、悲伤、信仰和爱有多大区别？假戏真做的人是最成功的伪装者，这听起来像是一个不争的事实。但在这种情况下，这个事实可能会为行为提供一个有用的处方。

拉罗什富科和法国道德家所谴责的虚伪，在多重自我的影响下看起来像是另一回事。我们所面对的与其说是装腔作势，不如说是一个内在自我向另一个内在自我的授权。两个自我都参与了

---

① 在这种情况下，埃尔斯特提到了"自我擦除的问题"，"举例来说，除非一个人能够忘记他的信仰是决定相信的结果，否则决定相信就很难产生任何影响。"[《酸葡萄》（*Sour Grapes*），1983年，剑桥大学出版社]。在我看来，这个问题似乎有些矫枉过正，信念是自我赦免的。

这个伎俩。这是权力的和平转移,是退位而不是篡位。

## 多重自我与市场

在第二章中,我们看到许多经济活动,尤其是发达社会的经济活动,都涉及市场参与者试图说服对方相信自己的无私意图。然而,同样的道理,以无私心的面目示人是有好处的,而识破他人假装无私的企图也是有好处的。做做样子和揭穿面目,这两个行为是相伴相生的。它们是在相同的学习过程中成长起来的。通过观察自己的动机,个人才会发现他人的动机。其结果是,装腔作势者和他们的受众之间展开了一场"军备竞赛",每个人都轮流充当卖家和买家、工人和雇主、统治者和臣民。有些无私的行为获得的回报越多,其他人就越会投入更多的精力去揭穿它的真面目。在这场共同进化的游戏中,可能没有比让自己相信自己的无私意图更容易获胜的了。这确实是一种完美的犯罪——犯罪者会忘记自己犯了罪,而受害者却不知道自己已经沦为受害者。

在第四章关于伪装者的讨论中,我们假定人们要么是策略性伪装者,要么真正地充满热情。但是,认识到多重自我的概念后,这种简单的区分就变得复杂了。以艺术市场为例。我们已经看到,在学术界、科学界、公共服务部门和艺术界等行业中,热情获得的回报是最高的,在这些行业中,无私的行为溢价最高。

如果一位当代艺术家无意中说漏嘴,表示他只是想通过迎合观众的口味来最大限度地提高销量,那么他创作的艺术品的销量就会立即下跌。艺术的市场估价取决于它宣称对这种估价不感兴趣。尽管如此,大多数职业艺术家既不是只追求工具性目的的伪装者,也不是全无私心、纯粹为热爱奉献。

大多数艺术家意识到市场的普遍期望,即艺术创作是为了艺术本身而非迎合市场,他们可能会真心实意地接纳这一观点,即使其中一部分人仍然对市场的回报非常感兴趣。他们之所以能成功地将工具性的冲动引导到非工具性的方向,正是因为在某种不易察觉的层面上,他们知道这种不感兴趣的姿态也是吸引观众的方式。热情的自我与工具性的自我之间存在着一种和谐,后者让自己被前者超越,因为它知道这也对自己有利。对其中一个自我的压制源于两者之间的串通。智慧之所以违背自己,是因为即使从智慧的角度来看,这样做也是有回报的。这些艺术家不会认为自己是在故作姿态——这使得故作姿态更有可能取得成果。

本书开篇提到的英国街头艺术家班克斯就是一个典型的例子,他的市场成功是建立在他成功地公开表示自己对市场不感兴趣甚至完全蔑视的基础上的。对此,我们不妨看看班克斯的代表作《傻子》(*Morons*),这幅丝网版画描绘了一个拥挤的拍卖行,待售的画作上刻有"真不敢相信你们这些人居然会买这些垃圾"的字样。这件作品的原型是一张1987年在佳士得拍卖行拍卖的文森特·凡·高（Vincent van Gogh）的《向日葵》（*Sunflowers*）的照片，当时这张照片打破了拍卖纪录。最近，一张《傻子》的印刷品在佳士得拍卖行以超过 7.5 万美元的价格拍出，它是 300 幅深褐色系列作品中的一幅（其他系列作品已经囊括其他许多颜色）。佳士得拍卖行对班克斯的这一自我指涉的暗示非常满意，因此将整场拍卖会命名为"班克斯：真不敢相信你们这些人居然会买这些垃圾"。这些人大概是吃饱了撑的，因为这次拍卖只展出了班克斯的一些次要作品，而且是在 2020 年 9 月新冠疫情正流行的时候进行的，但却为其带来了近 300 万美元的收入。

面对这种在有私心的商业和无私心的商业之间起舞的情况，艺术评论家最喜欢琢磨的问题是——谁才是最终的赢家。艺术家究竟是在左右市场，还是被市场所左右？问题的关键在于辨别艺术家的意图。正是由于对其意图见仁见智，人们才会众说纷纭：要么指责艺术家是个叛变者，要么对他们在市场上的奇思妙想啧啧称奇。

在班克斯玩弄了迄今为止最招摇过市的伎俩之后，这个问题以一种尖锐的方式引发众议。这个伎俩就是在 2018 年苏富比拍卖会上，班克斯的作品《女孩与气球》（*Girl with Ballooon*）在以高价拍卖成交后，被画框内的碎纸机切割成碎片，我在第一章中提到过。再没有比公开销毁物质财富更好、更可信的方式来表明对物质财富不感兴趣了。然而……一些观察人士认为，班克斯在苏富比拍卖会上走的这一步棋未免太过招摇过市，方案也未免太天衣无缝了。事实上，画作只是被部分毁坏，而大多数媒体对这一事实都一笔带过。碎纸进程被中途停止，恰到好处地保住了该画作，使其从这一壮观的表演中受益。好巧不巧，这件作品的买主是一位欧洲女性收藏家，她欣然将其竞拍所得纳入囊中。她的做法相当明智——从那天起，班克斯的市场口碑显著提高。一年后，班克斯的一幅名为《黑猩猩下议院》(Devolved Parliament)的画作以创纪录的 1 200 万美元售出，约为最高估价的五倍。原因不言而喻。正如拍卖行负责人乐呵呵地解释的那样，碎纸事件"确实让市场重新焕发了生机和活力"。

从市场的反应来看，如果班克斯是一个纯粹的工具主义者，那么他和一个完全没有无私心的同行可能会想出同样的伎俩。事实上，很可能两个人都上演了这出戏码。艺术家与拍卖行之间是否存在勾结尚不得而知，但艺术家内心的自我勾结却并非如此。不管是公开的还是隐蔽的，工具性的自我仍然可以塑造出艺术蔑视的形象。艺术市场之所以能蓬勃发展，就在于这种串通的可能性，艺术家自己也是如此。

班克斯不太可能认为自己是为了得到市场回报才这么做的，但这是因为可能确实在追求市场回报的那部分自我也知道这时候最好不要多嘴。回到艺术评论家最喜欢问的问题，即在有私心的商业和无私心的商业的共舞中，哪一个占了上风，多重自我现在提供了第三种选择。也就是说，如果智慧了解这个舞蹈的调子，它就不需要加以引导，它可以让自己完全被热情所引导，同时对最终的走向有所预感。

学术界也是如此。当被问及他们工作的动力是什么时，很多大学教授都会声称是为了追求科学的进步，或者是为了满足自己永无止境的好奇心。然而，我怀疑这些情感能否经得起测谎仪的考验。再深入探究就会发现，在高级期刊上发表文章，赢得同辈的钦佩，也是其进行学术研究的一大推动力。如果不是为了这些小小的荣耀，很少有学者愿意付出时间。这样一来，西方学术机构的伟大胜利就在于找到了将自我意识转化为产出的方法，同时又保持了与无私探求真理相关的说辞。期刊排名、文章引用率、大学和会议的论资排辈……这些都是记分的手段，很多学者很快就会把注意力放在这些手段上，而不是推动人类知识进步之类的崇高目的上。而眼下的动力则是为了在简历上多添一笔。很少有学者会承认这一点，甚至对他们自己都不会承认——因为这没什么好处，而且他们也不需要承认。就像艺术家应对市场预期一样，工具主义的自我和为热爱奉献的自我已经各司其职了。

浪漫主义者努力实现真实、和谐、完整的自我。他们向往那种没有自我觉知的伊甸园堕落之前的状态，他们向往回到伊甸园，在那里，人们纯粹地行动，纯粹地存在。面对突飞猛进的工业化，他们寻求一种纯粹无私心的商业模式。不过，我们最好吸取认知心理学中的经验教训。我们可能会认识到，我们是由多个子系统组成的，无法再回到统一完整的自我。与其追求某种难以捉摸的自我统一性，不如好好利用我们对其多重性的了解。当我们追求的结果需要刻意努力时，我们就支持理性的自我，抵御可能使我们偏离目标的、目光短浅的冲动。当我们认识到工具性的自我已成为其自身最大的障碍时，我们就应该略施小计设法让这些工具性自我退居幕后，设法巧妙地抵制智慧。

## 亦步亦趋

思想家在思考各种形式的意图悖论时，反复提到了"让心灵反抗自我"这一观点。他们还就实际实现这一目标的类似方法达成了共识。一旦布莱士·帕斯卡通过赌注的思想实验证明了信仰上帝的"推理"，他也会竭尽全力为那些可能被他用这一推理说服的人提供指导。他的解决方案非常简单。他建议，那些寻求宗教信仰的人只需有样学样、亦步亦趋即可：①

你愿意走向信仰，而你不认得路径？……那你就应该学习那

---

① 译文参考商务印书馆《思想录》，何兆武译。——译者注

些像你一样被束缚着……的人们……去追随他们所已经开始的那种方式吧：那就是一切都要做得好像他们是在信仰着的那样，也要领圣水，也要说会餐，等等。正是这样才会自然而然使你信仰并使你"畜化"（animal reactions）。

在这段著名的文字中，有很多值得我们细细品味的内容。首先是假定过去那些找到信仰的人是通过有意识的努力找到信仰的。然后，我们有帕斯卡的声明，表现得"好像"相信才是真正的相信。因此，我们得到了帕斯卡对重复的、不假思索的仪式的赞美，将其视为达到一种直接努力无法达到的境界的方式。有目的性的麻木，把自己托付给我们的"畜化"，这是通往光明的道路。这其中蕴含着深刻的含义——要实现对上帝难以捉摸的信仰，也许仅仅相信帕斯卡就足够了。也就是说，在他劝说我们不假思索地亦步亦趋时，同意跟着他走就是了。

这段话给我们留下的最后一点印象是，它的语气更像是深夜的商业广告，而不是17世纪哲学家的沉思。我们很熟悉这种调子："想减肥但不知道该怎么减吗？跟我做就行，只要十二步，简单易上手。"由于我们接受的是市场修辞的训练，如此轻率的承诺还要求我们信任，这只会让我们立即提高警惕，从而使我们回到信誉这个根本问题上来。我们察觉到了其中的意图，不信任感与日俱增。过度积极的兜售引起了我们的怀疑，尽管所兜售的正是一种无私的存在状态。诗人保尔·瓦雷里（Paul Valéry）对帕斯卡的下述批评恰如其分："如果你想引诱我或给我惊喜，请注意手上的动作不要比留下的痕迹让我看得更清楚。帕斯卡的手我看得太清楚了。"正如我们接下来看到的，这种怀疑可能是有道理的。

两个多世纪后的威廉·詹姆斯也相信帕斯卡。也就是说，他对亦步亦趋可能取得的成果抱有同样的信心。帕斯卡所说的"畜化"，詹姆斯称之为"神经系统"。别忘了，正是詹姆斯声称暴发户注定无法成为真正的绅士。詹姆斯写道，"有一种看不见的规律，就像万有引力一样强大，使他保持老一套做派"。新贵使尽浑身解数，想要做到真正的绅士们不费吹灰之力就能做到的事情。诀窍不仅在于了解事物和拥有事物（这只要有钱就行），还在于轻而易举地了解和拥有它们。在詹姆斯看来，这种从费力到不费力的进步正是教学方法的意义所在。他写道："那么，在所有教育中，要紧的是让我们的神经系统成为我们的盟友，而不是敌人。"在这一点上，威廉·詹姆斯听起来与19世纪的浪漫主义者如出一辙：

再没有什么比优柔寡断的人更悲惨的了，对这种人来说，点燃每一根雪茄、喝下每一杯水……都要经过有意识地深思熟虑。这样的人有一半的时间都在决定或后悔一些事情，而这些事情本应在他的心中根深蒂固，实际上应该根本意识不到才对。

从这段话我们可以读出浪漫主义者将理智与焦虑、犹豫不决和遗憾联系在一起。詹姆斯不妨把冯·克莱斯特笔下注定要失败的年轻人也算进去，并在"喝下每一杯水"之前加上"每一次抬起脚"。通过将这些问题归入"神经系统"，它们被移出了理智的深思熟虑，转而被置于"不费吹灰之力的自动化监护"之中。这样，出身好的人就会养成自己阶级的独特举止，他们会一直炫耀自己毫不费力的风度，直到生命的最后一刻，靠着父母和监护人早期投资的利息生活。

相信"自动化监护"也会让人联想到在多产的创新者和创意型人才身上经常看到的对日常生活的欣然接受，这令人感到意外，这些人能够在"纯休闲"的状态下挖掘出超人的思想。在这种观点看来，平静的外在生活方式是内心狂热的源泉。村上春树（Haruki Murakami）是当今最具创造力的小说家之一，也是我最喜欢的作家之一，他在创作一本书时会坚持这种一成不变的生活节奏。他每天早上4点起床，写作，跑步，然后游泳，再写作，晚上9点上床睡觉。他解释道："我每天都坚持这样的作息时间，没有任何变化。重复本身成了重要的事情，这是一种梅氏催眠术（mesmerism）。我催眠我自己，以达到更深层次的心灵境界。"威廉·詹姆斯不仅相信习惯的力量，还对19世纪末的梅氏催眠术

（即催眠状态）①情有独钟，他一定会很高兴听到村上春树这么说。当然，"催眠我自己"意味着多重自我的存在，一个自我是催眠者，另一个自我是被催眠者。碰巧，"梅氏催眠术"一词源于18世纪的一位伪科学家弗朗茨·梅斯梅尔（Franz Mesmer），他推测所有生物体内都含有一种万能生命液体②，可以将其用于工具性的用途。梅斯梅尔是个庸医，但村上春树却实实在在地完成了十几部小说。

最后，帕斯卡和威廉·詹姆斯都提请我们注意，在从反思（reflective）到反身（reflexive）的过程中，时间起着必要的作用。一开始需要凭意志和努力做到的事，如果做得足够频繁和足够持久，就会习惯成自然，并逐渐脱离理智的支配。随着时间的推移，开始时以自我意识计算为主的舞步会逐渐交给运动机能完成，舞步变得自由了。"自在"这个词有双重含义：既不受限制，又不需要我们有意识地付出努力。然而，与卡斯蒂廖内的"sprezzatura"（潇洒）一样，要获得这种双重自由，我们可能需要在一开始就付出相当大的努力。最好的舞者是那些几乎忘记了自己的脚在做什么的人，但要让理智退却到这种地步，首先我们

---

① 原文的两个词分别是mesmerism和hypnosis，中文都可译为催眠，如下文所述mesmerism指的是梅尔梅斯首创的催眠疗法。到了19世纪中叶，英国医生詹姆斯·布雷德根据希腊睡眠之神Hypnos创造了催眠术（hypnosis）这一术语。现在这两个词的用法基本一样。——译者注
② 即"动物磁力"。——译者注

必须让它有时间进行深思熟虑的努力。

当人们被要求转换模式时,他们往往会依赖于重复长期以来形成的、熟悉的仪式。因此,运动员在比赛的关键时刻都会做出同样的姿势。网球运动员在发球前会按照预定的次数拍球;篮球运动员在罚球线上也会有类似的动作。这是理智召唤肌肉记忆并为其让路的方式,是帕斯卡的"畜牲化"和威廉·詹姆斯的"神经系统"在运动员身上的写照。这是让工具主义的自我闭上眼睛的另一种方式。

## 代价高昂的无私信号

一边是表现出无私形象的人,一边是试图揭穿其伪装的人,在两方之间的军备竞赛中,说服自己可能正是说服他人的最佳手段。但是,要完成这种彻底的转变似乎是一件门槛很高的事情。理性的企业家真的必须全力以赴地把自己变成一个忘我痴迷、热情洋溢的人以诱惑市场吗?

尽管如此,就算没有实现彻底的转变,我们也有可能获得其中的一些收益。正如我们在第二章中所看到的,博弈论提供了这样一种可能性,博弈论对说服的艺术研究颇多。博弈论的一个重要经验是,当信号代价高昂时,它就会变得可信。主张必须有一定的利害关系作为支撑,否则就会被视为空谈。因此,市场参与者说服他人相信其无私立场的一种手段就是故意承受经济损失，或至少冒着承受经济损失的实际风险。

因此，大公司越来越普遍地参与各种形式的"企业社会责任"活动。"企业社会责任"是一个广受诟病的流行词，通常被定义为包括所有"超越公司利益的，似乎促进某种社会利益的行动"。该定义的第二部分与第一部分同样重要：企业社会责任不能过于明显地与公司的利益相一致，否则企业社会责任只能算是公司日常业务的一部分。因此，企业可以通过创建"课后活动计划"来建设社区。他们可以减少碳排放，或将员工借调到当地事业服务。这些举措的显著特点是，它们并不直接为公司带来收益："课后活动计划"的费用由公司收入承担；减少碳排放可能需要安装昂贵的新设备；员工在当地食物赈济处服务的时间并不是用来处理业务电子表格的。

当然，公司只有在能够看到下游收益（无论多么遥远）的情况下，才会这样小规模地牺牲公司利益。这可能被视为一种提升品牌形象、吸引客户的手段，也可能被视为一种吸引千禧一代员工的方式，后者声称非常在乎其雇主的"目的"是什么。这就出现了一个熟悉的难题，让人想起上文提到的艺术品市场：公司的善意举措可以促进自身利益，但前提是它们必须让人相信这是"超越公司利益"的，而这正是企业社会责任的定义所要求的。同样的，艺术家必须以令人信服的姿态追求一种蔑视市场口味的独特眼光，以迎合艺术市场的口味。

在这两种情况下，都会产生同样的军备竞赛结果：表演者意在表现出无私心的样子，而观众则在探究他们的可信度。随着时间的推移，双方的技巧都变得越来越娴熟。而虚伪做作总是会迅速遭到惩罚。过于刻意取悦于人的艺术家是叛变者，而太过热衷于宣扬自己追求崇高利益的公司则会受到谴责，具体参照企业虚伪行为的颜色编目，比如洗绿（greenwashing）、洗蓝（bluewashing）、洗紫（purplewashing）或洗粉（pinkwashing），一旦被扣上各种"洗"的帽子，其对公司命运的影响都是弊大于利的。

这样一来，企业社会责任的概念本身似乎就违背了逻辑：只要这些行为是成功的，它就应该同时使企业受益，而这正是谴责它虚伪的标准，也就意味着它是失败的。但如果这样看，就会和之前犯同样的错误，就像把艺术家视为要么是真正为爱奉献的人，要么是有策略的伪装者一样。在艺术市场和企业界也一样，两个自我都可以参与耍花招，至少在一开始是这样的。

不妨看看一个最不可能获得"对薪酬不感兴趣"的候选人：沃尔玛（Walmart）。这家曾经因藐视环境法规而被罚款数百万美元的企业巨头，最近又开始了它宣称的雄心勃勃的绿色计划。更令人惊讶的是，这些举动实际上受到了许多环保主义者的欢迎——这群通常持怀疑态度的受众认为这种策略是可信的。沃尔玛对其供应链进行了复杂的生命周期分析；带头创建了全球可持续发展指数；成立了可持续发展联盟（Sustainability Consortium），该联盟现在吸纳了不少沃尔玛最大的竞争对手。这些举措之所以有效，也就是说它们之所以能给沃尔玛锦上添花，恰恰是因为它们的效用并不是立竿见影的。其中许多举措的实质意义大于博人眼球，但却没有得到大张旗鼓的宣传。正如外部观察人士所意识到的那样，虽然从长远来看，这些举措可能有助于提高企业声誉，但投资回报却很难被量化。如果非要说什么的话，短期来看成本远比收益更明显。这使得这些收益最终更有可能得以实现。

我在麦吉尔大学（McGill University）的一位同事哈米什·范·德·文（Hamish van der Ven）年轻有为，目前在西海岸担任环境科学教授，他也是对这一策略持谨慎信服态度的人之一。在他看来，沃尔玛的高管真正实现了"社会化"。无论他们最初是出于什么原因做出保护环境的姿态，这种姿态本身就已经产生了独立的影响，其中一部分可能是他们一开始没有预料到的。沃尔玛之所以能从这种姿态中受益，恰恰就是因为意料之外的那部分。

沃尔玛的高管也因此加入了保护国际（Conservation International）和世界资源研究所（World Resources Institute）等组织的董事会。在那些组织中，他们发现自己与气候科学家和环保活动家同处一室。他们与阿尔·戈尔（Al Gore）这样的人谈笑风生。他们喝着同样的咖啡，谈论着气候，发现这是一个令人担忧的话题。我们有理由认为，高管对自己作为市场参与者的看法会受到这种接触的影响。换句话说，他们发现自己在自觉不自觉地亦步亦趋。他们去做弥撒，点蜡烛，遇到其他皈依者。我的同事哈米什引用了沃尔玛首席执行官李斯阁（Lee Scott）的一段话，他是该公司绿色倡议的创始人。这段话很有启发性："刚开始的时候，我在理智层面存有私心。今天我燃起了热情。"首席执行官们读过浪漫主义诗人的作品吗？我对此表示怀疑。但是，19世纪浪漫主义的语言，即"将热情置于理智之上"，事实上已经进入了企业的董事会。无私有回报，首席执行官深谙此道。

沃尔玛的高管是否发自内心地相信这一举措，我们无从知晓。但我们从对现实生活中的研究和实验室实验中确实了解到，当一个人相信自己的信念时，他就会更容易说服他人。因此，沃尔玛高层有理由选择相信。他们的绿色倡议能否成功，可能取决于他们自己是否买账。正如政治学家乔恩·埃尔斯特在谈到统治者利用宗教投机取巧以激发臣民的亲社会行为时所说的那样，"宗教灌输要想奏效，灌输者自己必须相信宗教"。重申一下，这并不是说企业高管突然迷失在盲目的热情中，而是说他们工具主义的自我意识到，让新出现的充满热情的自我接管可能对彼此都有好处。

如果你和我一样，可能还是会觉得可疑。听到沃尔玛采取了任何超越利己主义的措施,你可能都会嗤之以鼻,不假思索地认为这又是一家大企业的公关噱头。我们又不是三岁小孩儿,这种伎俩我们见得多了。我们不约而同地表示怀疑,这很能说明问题。这表明,人们对这种尝试的怀疑程度有多高,也表明,市场参与者要想从为爱奉献的行为中获得回报有多难。无私有回报,但能得到回报的人凤毛麟角,所以我们作为消费者、投资者和选民应该时刻保持警惕。

约瑟夫·皮珀和珍妮·奥德尔应该对此感到欣慰。他们之所以坚持认为"意图的悖论"无懈可击,是出于维护无私心领域这个愿望。他们担心,如果世界上的沃尔玛开始讲述热情的语言,热情就会失去意义。他们关注的是那些顶住市场压力的为爱奉献者。例如,奥德尔描述了一些人,他们把自己变成了抵制市场收编的样子——艺术家创造了其形式无法被买卖的艺术。但上述讨论表明,我们也可以相信等式另一方的人,即消费者中所有的质疑者、怀疑论者和嘲笑者。阻止市场蚕食的一种手段是作为市场参与者的我们时刻保持警觉。我们可以不断质疑,收集信息,审视其真正的动机。在此过程中,我们调动了所有市场参与者乐此不疲的积极性——评估彼此的信誉。在这样做的过程中,通过承认真正的热情并将其与策略性的虚伪做作区分开来,我们也在无意中维护了无私心的商业的神圣性。

沃尔玛的故事以及社会化在其中发挥的作用给我们的最后启

示是，提高货币成本并不是使信号变得可信的唯一途径。使信号变得可信的成本可以采取另一种形式。如果一个小的举动有可能带来更大的举措，那么不牵涉任何物质利益的举动也能具有说服力。按照布莱士·帕斯卡的推理，去做弥撒和点燃一支蜡烛本身并不特别昂贵，但如果它能提高下周、下下周去做弥撒的概率，就可能让人加入教堂唱诗班，在歌声中获得意想不到的快乐，并对和谐的可能性感到某种意想不到的敬畏，那么做弥撒和点蜡烛的动作就变得有意义了。

这一见解借鉴了经济学家托马斯·谢林（Thomas Schelling）的研究成果，他可能是我们在信誉问题上最能言善辩的作家。在一个著名的思想实验中，谢林描述了这样一个游戏：两个人站在悬崖边上，用一根绳子把他们的脚踝绑在一起，只有当其中一个人承认失败时，他们才会被释放。在这种情况下，另一个人将得到一大笔奖金。如何说服对方先认输？最立竿见影的策略似乎是威胁对方，除非他们认输，否则就把他们扔下悬崖。但这种威胁并不可靠，因为这意味着双方都得不到什么好下场。谢林指出，还有一个更好的解决办法，那就是在靠近悬崖边缘的地方开始跳舞。这里的目的当然不是让他们滑倒，而是增加滑倒的风险，这足以说服对方认输。

企业界的象征性姿态，比如首席执行官加入董事会、成立企业协会、任命企业慈善专职等，往往被理所当然地斥为空谈。但是，如果它们能增加一点"掉下悬崖"的风险，如果它们能提高倡议本身自行发展的概率，那么这种姿态就会变得可信。这并不是因为它确切地证明了人们的态度发生了转变，而是因为它使人们的态度发生转变的可能性略有增加，即"理智层面的私心"可能会变成一种热情。

大企业是有私心的商业的化身。这并不意味着他们不会对无私心的行为带来的成果心动；事实恰恰相反。他们比任何人都更清楚这能带来什么好处。但就其本性而言，这并不符合他们的行事风格。他们把自己变成受热情驱动的实体的可能性微乎其微。然而，即使是企业，也可以通过代价高昂的信号来争取无私心的行为带来的成果。这种代价可能来自两个方面：可能是经济利益的舍弃，也可能是迈出第一步，而这一步代表了足够坚定的承诺，从而提高了迈出下一步的概率。

迄今为止的讨论表明，意图的悖论确实没有简单的解决办法。伪装总是一种选择，但被揭穿只是时间问题。这是因为只要有虚伪做作的动机，那么其他人就总会有揭穿这种虚伪做作的动机。利己者则有可能粉饰自己的意图。无论是个人还是企业巨头，解决方案都大同小异。他们必须以这样或那样的方式，明智地抵抗智慧。

潜在的收益非常可观：失眠患者终于可以入睡；店主在切割价值连城的钻石时可以避免手抖；寻找信仰的人可以找到信仰；

新贵可以达到毫不费力的优雅境界；小说家"催眠了自己"，进入了创作的心流模式；运动员罚中了决定性的一球；首席执行官让客户相信，他们对社会的关注是真诚的，因此值得客户为之支付额外费用。尽管这些情况各不相同，但它们都建立在一个战略性自我同意将控制权让给一个非战略性自我的基础上。然而，这种授权不可避免地会带来风险，而忽略这些风险并不明智。

## 一个警告：无私心的祸害

假设这部分内容是用小号字体写成的。所有的疗法都会带来意想不到的后果：治疗头痛的药片会警告我们可能会引起恶心；治疗恶心的药片往往会引起头痛。19世纪对启蒙运动产生的理性"顽疾"的解药也是如此，还可能会产生副作用。

只要我们当代的弊病是由"想要得到刻意努力无法得到的事物"造成的，那么我们这个工具主义的时代就可以从"明智地抵制智慧"中获益良多。但这样做也会带来不可避免的风险。当工具理性将缰绳交给热情掌握时，它会永远无法完全确定结果。任何权力下放都存在同样的风险，这场交易本身就蕴含着不确定性。要想知道这种情况会导致什么后果，我们只需看看发明这种疗法的人自己怎么样就行了。

浪漫主义者认为热情本身是有价值的，是对工具理性和商业社会冷酷算计的反衬。但是，他们并不都是心甘情愿地将自己沉思的热情全都投注在欣赏康斯特布尔（Constable）画布中的云彩和华兹华斯笔下的金色水仙花上。相反，整个浪漫主义思潮（尤其是但不限于德国浪漫主义者）助长了19世纪萌芽的民族主义情绪，这种情绪后来演变成20世纪制度化的种族主义和反犹主义（anti-Semitism）。这的确是一个适合只为追求其本身而追求的目的——国家是一种理念，激情澎湃的个人也可能在其中迷失自我。

事实上，任何一个足够宏伟的想法都可能奏效。但浪漫主义者也倾向于民族的审美情趣。他们对神话般的过去的怀念自然而然地转向了民族起源。在德国，它表现为对中世纪的喜爱。对大自然的虔诚变成了对共同血统和祖国本土大地的偏爱。卢梭笔下的"高贵野蛮人"（bon sauvage）只是一种自视高人一等的理想化，而戈特弗里德·冯·赫尔德（Gottfried von Herder）和亚当·缪勒（Adam Müller）等人的"人民崇拜"（Volk-veneration）则更具危险性。一反启蒙运动对利己主义的信任，浪漫主义者将他们的信任寄托在无私上，结果证明他们不善于预测自己压抑的冲动会朝着什么方向发展。

就这样，年轻的拜伦勋爵（Lord Byron）厌倦了意大利，就像他厌倦了英国一样，他渴望为比自己更伟大的象征和思想而战，并开始为奥斯曼帝国奴役下的希腊而奋斗。他在36岁生日后不久就去世了。这种冲动是审美性的，而不是原则性的。拜伦对其投身外国革命的潜在政治动态了解甚少，甚至可能毫不关心。但是，民族解放事业浇灭了他对伟大思想的向往，而这种思想本身就足以让他去追求。拜伦本想战死沙场，但他却在远离战场的地方发烧身亡。幸运的是，热情的薪酬可以在死后领取——拜伦的热情让人心服口服，他一直被奉为精神和崇高的典范。深谙悲剧英雄的希腊人将他安葬在国家的万神殿。研究拜伦的学者彼得·科克伦（Peter Cochran）写道："世界上大多数人，尤其是希腊人，都把他自欺欺人的愿望当作丰功伟绩。"

事实证明，无私心的立场可以是有利可图的——它可以打动、影响和蛊惑他人，但它必然会导致批判能力的丧失。因为批判能力恰恰被可信的为爱奉献者抛弃了。这也是为什么狂热的拜伦式年轻人往往甘愿成为蛊惑人心者的工具的原因，因为蛊惑人心者的工作就是在追随者心中煽起无私心的热情。第六章中说服工人对工作充满热情也是如此。他们的热情既提高了他们对市场的价值，也使他们更容易被市场利用。

约翰·斯图尔特·穆勒以某种方式取得了平衡。他在浪漫主义者的感性中找到了个人的救赎，但他对所谓浪漫主义溢出效应的危险保持着敏锐的洞察力。碰巧的是，穆勒总是对华兹华斯推崇备至，而对拜伦等闲视之。这其实是有正式记录的：在1829年的伦敦辩论会上，穆勒就"华兹华斯是比拜伦更伟大的诗人"

这一立场发言。他在两个小时的演讲中解释说，拜伦的热情招致了自我的毁灭。而华兹华斯的表达范围更广。不用说，穆勒赢得了辩论。

约翰·斯图尔特·穆勒与他共度余生的妻子哈莉耶特·泰勒之间的恋情的基础，正是因为他们都蔑视拜伦式的盲目热情。因此，穆勒发现了英国浪漫主义者充满热情的诗篇的全部含义。为了一个有夫之妇，他失去了理智；为了和她在一起，他忍受了丑闻和多年的流言蜚语。事实证明，这种热情是理性的不竭源泉：正是哈莉耶特启发了穆勒后来工作中的许多重要思想，包括他关于妇女解放的工作。后一种见解被证明是决定性的：它促使穆勒提出了他的核心论点，即个人的自由依赖于周围人获得了相应的自由。我们将在下一章讨论到，这一想法也关系到一个社会如何更好地允许其公民收获无私行为的果实。但后来穆勒总是有独特的能力在有私心的领域和无私心的领域之间来来回回，尤其是在他经历年轻时的危机之后。他能够在山间漫步和浪漫主义诗歌中迷失自我，然后再次冒出来阅读李嘉图的经济理论，而这一次借助的是卡莱尔的论战。他感觉到，价值增加的秘诀在于在两极之间摇摆不定。他将"以论证的方式理解他人的神秘主义"作为自己的毕生使命，因此他必须同时兼具神秘主义者和政治经济学家的双重身份。

因此，店主需要阿维——那个在店铺后面干活的学徒，但阿维不能成为管理店铺的人。那么,我们最应该努力成为谁呢?阿维还是店主?在社会层面,答案主要取决于经济发展的水平。正如我们在第二章中所看到的,社会越发达,副产品的形式可取的比例就越高。消费曾经足以赢得他人的尊重,但随着"凡勃仑的跑步机"的不断运转,消费越来越难以奏效。用于确保衣食住行等基本商品的时间和精力越少,就会有越多的时间和精力投入到一系列刻意努力无法实现的目标上。一个社会越安全,个人就有越多的时间进行无私心的商业活动;社会越富裕,这样做的市场回报就越大。

然而,正如浪漫主义药方上针对理性"顽疾"的警告标签所明确指出的那样,在无私心的追求中仍然存在迷失自我的风险。尽管浪漫主义者憎恶分析能力,但要想将肆无忌惮的热情引向富有成效的方向,这种分析能力也是必不可少的。否则,他就有可能在异国他乡为自己并不完全了解的事业而战,最终死于高烧。选择"为了某件事本身而去做某事"并没有说明什么事情才是应该做的。越来越明显的是,最有利的位置既不是长期待在有私心的领域或者无私心的领域,而是定期在两个领域之间来回变动。选择有价值的目的,但随后要忘得一干二净。搭建舞台,然后在舞台上率性起舞。

理想很容易理解,但要实现仍然困难重重。你可能遇到过拥有这种非凡能力的人。我们说这些幸运儿拥有生活的天赋。这些人设计出自己的边界,然后自由地生活在其中。他们不会为了成功而损人利己,而其他人也不会怨恨他们的好运气。当一切顺利时,他们不会夸夸其谈,而这只会让我们更加肃然起敬。他们是那些能够维持生计的痴迷者,在不放弃热爱之物的同时将其货币化。有的人能爆发疯狂的热情,但又能及时悬崖勒马,而有的人则会误入歧途。

约翰·斯图尔特·穆勒就是这样一个幸运儿。他既反抗了自己从小信奉的故步自封的功利主义思想,又避免了浪漫主义热情的陷阱。但是,如果说他是19世纪最著名的英国哲学家,那并不是因为他成功地重塑了自己,而是因为他成功地重塑了社会思想和制度,其塑造的方式至今仍清晰可见。然而,正如我们在最后一章将要看到的,这两种变革——个人的变革和社会的变革从根本上说是相互关联的。

# 第九章　个体顿悟的社会条件

我是在大女儿出生前不久的一个冬季艺术家驻留计划期间开始起草这本书的。至少计划是这样的。班夫艺术创作中心（Banff Center for the Arts and Creativity）是加拿大艺术界的一个神圣机构，作为一个写作奖的一个奖励，我获得了在该中心逗留两周的机会。我从未参加过驻留计划，认识的人里也没有参加过的。但我完全明白，这是一个多么难得的机会。特别是考虑到我即将成为人父，我知道我需要充分利用好这段时间。未来几年，我再也不会有像这样平静和沉思的机会了。

这里的环境再适合不过了。我们在第七章中讨论的计算机科学家兼自助专家卡尔·纽波特对蒙田和马克·吐温的"深入思考"静修大肆吹捧，他肯定会对此表示赞同。在两个星期的时间里，我将被安排住在一个通风良好、窗明几净的房间里，从房间里可以看到群山。我在森林深处有一个独立的写作小木屋，周围有警告黑熊的标志。小木屋里有一个可以正常使用的厨房，还备有大量咖啡。那里有一块白板、一叠叠纸和一抽屉的笔，还有一架全尺寸钢琴。忘了瓦尔登湖吧。梭罗从未享受过如此美好的生活。

别的不说，食物就令人回味无穷。中心的学员们每天都在一起用餐。菜肴的灵感来自当地的食材，这些食材都列在小标签上；所有的饮食限制都能及时得到满足。中心还给每位驻留艺家都分发了一张磁卡,如果自助餐吃不饱,可用磁卡购买更多的咖啡、昆布茶和点心。

就这样,在我意想不到的情况下,我可以瞥见凯恩斯在1930年写作时为他的"孙辈"所设想的生活——就我而言,在那14天里,经济问题已经解决了。稀缺性问题已经荡然无存。只要我刷一下磁卡,任何物质需求都能得到满足。我从日常生活的琐碎义务中解脱出来,摆脱了做饭、打扫卫生、通勤、洗衣服这些例行公事的干扰。从我的房间到我的写作小屋,只需走一小段路,我就能摘取皮珀所说的"纯休闲"的果实。我终于可以心无旁骛地研究亚里士多德和阿奎那的"沉思生活"(vita contemplativa)、美好生活的概念。在我驻留的这段时间里,我将过着我想象中富人的生活,而不需要考虑高时薪所带来的令人头疼的机会成本。有那么一阵子,我成了凯恩斯笔下的"先遣部队",为我们其他人窥探应许之地的前景。正如凯恩斯所预言的那样,我的早期汇报并不完全乐观。

我是带着计划来的。我计划在中午之前写作,把研究和阅读留到下午去做。我会坚持早餐时喝一杯浓缩咖啡,午餐后再喝一杯。我知道许多作家都给自己规定了每天要写多少字,因此我也决心这样做。只要能避开黑熊,我就有望采摘到前所未有的丰硕的创造性果实。如果在这里,在这世外桃源般得天独厚的条件采摘不到,那么又能在哪里采摘到呢?

第一天，我来到分配给我的写作小木屋，坐在书桌前，一心想充分利用这两周的时间。咖啡、白板、成堆的纸和那些笔，一应俱全。然而，那天早上我并没有写出什么东西。我坐在那里，仿佛在等待一位从未露面的客人。我觉得这是因为我还在倒时差，但第二天的情况也差不多。我努力写到给自己规定的字数，并怀着厌恶的心情重读了一遍我的文字。

不知何故，知道这里是用来写作的、它的超凡脱俗、它的得天独厚，所有这些都令人窒息。这并不是说有什么正式的问责机制需要担心。我不需要在驻留结束时提交报告，说明我取得了哪些成果。然而，任务是显而易见的。它就在这个地方的名字里——我来到了一个"创意"中心。命令非常明确。到了晚上，学员们会相互警惕地打量着对方，询问今天进展如何。每个人都笑而不语。承认一事无成似乎背叛了中心提供的优越环境，也冒犯了这山清水秀的风光。

我从小木屋的窗户向外望去，在钢琴上按下一个D调，听着它的音调升高，然后消失在树林中。更让我感到尴尬的是，这里不是给我提供了专心创作的所有条件吗？是地平线上的落基山脉不够雄伟吗？是森林不够幽暗深邃吗？我想到了那些过度劳累的朋友，他们恨不得从日常琐事中抽出一天时间来休息。我想起了我的伴侣，她在蒙特利尔（Montreal）时就已经到了孕晚期。我想到了我的岳母，她会问我丢下她怀孕的女儿独自操持家务，那么我在这两个星期里到底取得了什么成果。

第一周结束时,关于我摆脱了匮乏这件事我已经没什么好说的了。那些我冥思苦想的观点好像在跟我玩捉迷藏,在我眼前一闪而过。我连简单的句子都写不出来。没有什么是油然而生的,每一句话都费了老大劲。我感觉自己就像失眠症患者夜不能寐,为最近买了一个昂贵无比的羽绒枕而耿耿于怀,因为它承诺让我安稳入眠、沉沉睡去。所有的钱都打水漂了,这足以让人彻夜难眠。在那里,我用于思考的时间和实际动笔写作所花的时间一样多。正如约翰·斯图尔特·穆勒在谈到功利主义者的目标时所写的那样,"我所追求的一切都被致命的自我质疑(赶到)了九霄云外"。在我打电话回家给我的伴侣时,我确保只字不提我在这衣食无忧的地方的琐碎纠结。我有什么资格抱怨呢?我可以整天在落基山脉的小木屋里打发时间,而她每天一边上班一边带孩子。

驻留计划可以消除阻碍创造力喷涌的所有物质障碍。但有一点,它却无法解决意图的悖论。这似乎只是让问题变得更加尖锐。学员们没办法忘记这个应有尽有的环境唯一的目的是什么。井井有条的写作小木屋、健康的饮食安排、用不完的纸和笔……这一点一滴显而易见的改善把目的衬托得越来越清晰,反而使目标不那么容易实现。

我们现在可以用这些词语来形容我所处的忘恩负义的状态。在第六章,我去到了日本农村,坐在谷崎的露天厕所里,听说自古以来日本诗人的诗句都是在这里写成的。我坐在厕所里，拿着纸和笔，不明白为什么这一招不管用。问题再次出在对理想结果的预期上。创造性产出是一种典型的副产品状态。就像社交优雅、商业成功或政治影响力一样，一心盯着目标则会适得其反。

艺术家驻地是副产品工厂。它们为那些才思敏捷但经常受困于稀缺性问题的个人解决了稀缺性问题，目标很明确，就是为了最大限度地提高成果，然而这种成果却不是刻意追求就能得到的。毫无疑问，这一设计的初衷是好的，但它遇到了一个经常出现的问题，那就是，它是有意而为之的。这是凯恩斯所预言的富裕时代的一个缩影，因此也需要他所描述的"重新调整普通人世世代代以来养成的习惯和本能"。简而言之，在目标明确、努力奋斗的市场社会中训练出来的工具主义理性思维，不会在一瞬间转变为"沉思生活"。正因知道前路维艰，所以凯恩斯承认自己在考虑重新调整时才"满腹忧愁"。

在逗留的第十二天，我只写了一些老生常谈的东西，而且已经归心似箭，于是我放弃挣扎了。那天早上，我决定不去写作小木屋了，让钢琴吃灰去吧，我要去远足一天。我认输了，心想要及时行乐，好好享受山中的乐趣。我鼓起勇气，决定不去吃自助午餐，还把早餐中的一个煮鸡蛋包在餐巾纸里，准备带去野餐。

你能预料到接下来发生了什么。就像失眠患者放弃睡眠，决心阅读到天亮，然后幸运地昏睡过去一样，就在我放弃冥思苦想的时候，各种想法开始自己冒了出来。

我一直在写一本有些不同的书。我想勾勒出"市场资本主义作为手段与目的"的观点是如何随着时间的推移而演变的。我知道在19世纪的某个时候，政治经济学家的思想发生了转变，我想抓住这一转变。但是，当我听天由命，开始一天的徒步旅行时，我发现我已经忘记了自己欠了多少字没写，而是在想，过去12天明明衣食无忧，怎么就一事无成呢？就在这时，我突然想到了一个联系：我这趟衣食无忧之旅与我一直在追寻的思想史之谜之间存在着相似之处。在这两种情况下，解决经济问题都需要从根本上"重新调整习惯和本能"。这也需要类似的转变。在这两种情况下，都出现了一个问题，即是否有可能出于工具主义的原因而放弃工具主义的世界观。

最早的政治经济学家主要将市场资本主义视为实现其他社会目的的手段，但他们也看到，要使这种手段奏效，市场行为者必须对这种手段照单全收。资本主义制度要想全力运转，资本家就必须相信物质积累是全部的要义，是"引人注目、被人关心、得到同情、自满自得和博得赞许"的唯一途径。这就是亚当·斯密所说的"不断地唤起和保持人类勤劳的动机"的"蒙骗"。斯密既认为这是一种蒙骗，也承认其必要性。但他同时也暗示，当经济发展到一定程度时，人们就会对这种手段与目的的混淆正本清源。不要忘了，斯密曾指出，"最低级劳动者的工资"就已经足以维持生活的舒适。他还怀疑，自然和制度的制约最终会对经济增长造成限制。斯密并非曲高和寡，经济史学家罗伯特·斯基德尔斯基也表示："所有的古典经济学家都想到了经济增长终有极限，尽管他们对停止增长时的富裕程度众说纷纭。"

毫不奇怪，正是约翰·斯图尔特·穆勒开了这个头，他描述了他所谓的"静止状态"（stationary state），即增长放缓直到停滞。穆勒对这一发展阶段持完全肯定的态度。他认为："与以往一样，这将为各种心理文化、道德和社会进步提供广阔的空间。"事实上，只有"当思想不再沉迷于生活的艺术时"，人类才有可能更进一步。有人认为，凯恩斯在1930年撰文预测一旦经济问题得到解决，人们"将再次重视目的甚于手段，更看重事物的有益性而不是有用性"时，脑子里想的正是这段话。

在本书中，我更进一步。我认为，当富裕到一定程度后，把社会精力从"生活的艺术"逐渐转移到更无私的追求上，不仅能促进"道德和社会进步"，而且对经济生产力本身也可能是大有裨益的。我们又回到了《金融时报》从本书第一页开始就提出的类似于"神谕"的论断：建立一个全球知名的企业，最好的办法似乎是压根就不要考虑这件事。

随着时间的推移，"从进一步提高生产力转向追求更高社会目的"的预期最终被搁置，甚至最终被资本主义学者所遗忘。其中一些学者尤甚，因为现代经济学的任务是充分了解增长的原因，而很少考虑增长之后可能达到的目的，以及在不同的富裕程度下，增长对这一更大目的的贡献会如何变化。这种"蒙骗"已成为一种普遍现象；手段与目的的混淆不仅影响到在资本主义制度的齿轮上运筹帷幄的人，也影响到其观察者。亚当·斯密和约翰·斯图尔特·穆勒所开拓的政治经济学专业逐渐演变为经济学专业，增长逐渐被视为一种不言而喻的好事，无须进一步解释。增长成为社会手段和社会目的链条中的最终目标。

漫步在班夫的群山中，我的脑海里同时出现了这两个问题：一是我自己无法充分利用安闲自在、衣食无忧的平静期；二是在后稀缺社会（post-scarcity society）中一旦转变目标该如何面对预期挑战。这个比喻一直在我脑海中闪现。我想起了约翰·斯图尔特·穆勒的精神崩溃。自从多年前读过他的叙述后，我就对他的精神崩溃难以忘怀。个人局限性和社会局限性之间也有相似的类比。穆勒认为自己的沮丧证明了他从小接受的功利主义世界观是有缺陷的。他自己无法刻意地实现自己的幸福，这意味着一个旨在最大限度地实现这种幸福的社会也会面临类似的问题。他写道："我觉得我自己生命中的缺陷，一定是生命本身的缺陷。"同样，对结果的工具性关注仍将阻碍个人和社会达到理想的副产品状态。

森林中的写作静修营并没有附赠用户手册。或许他们应该这样做。因为正如我们所见，应对意图的悖论并非易事。它要求对手段与目的之间的关系进行全面反思。随着社会日益富裕，会有越来越多的人在越来越多的情况下发现自己正在经历类似的反思，以应对类似的挑战。

当时我并不知道，我并不是唯一一个没能充分利用这段摆脱世俗义务的幸福时光的人。经验更丰富的创作者也经常这样说。例如，最近的诺贝尔文学奖得主、诗人露易丝·格丽克（Louise Glück）就曾描述自己经历过类似的令人费解的情况。不过，她经历这种情况的时间不是两周，而是两年：

> 我年轻的时候，过着我认为作家应该过的生活。当时我离群索居，大张旗鼓地将全部精力都投入到艺术创作中。当时在普罗温斯敦（Provincetown），我就那样坐在书桌前，那种感觉太可怕了——我越是坐在那里无从下笔，就越觉得我对这个世界放弃得还不够多。就这样过了两年，我得出结论，我成不了作家的。于是我在佛蒙特州（Vermont）找了一份教书的工作，尽管在那之前我一直认为真正的诗人是不会去教书的。但我接受了这份工作，从我开始教书的那一刻起，从我在这个世界上有了义务的那一刻起，我又开始写作了。

格丽克总结道，"如果你要创作原创作品，你就必须过好自己的生活"，因为"你的作品将源自你真实的生活"。作为一名诗人，我们可以相信格丽克的措辞是经过深思熟虑的。她将自己一心创作的时期形容为"大张旗鼓"，反而将其意外取得丰硕成果的时期形容为"真实的生活"，这两种描述都很有启发性。大张旗鼓是一种装腔作势、一种矫揉造作。从表面上看，特殊状态是可取的，但就其本质而言，特殊状态是脱离现实的。这种脱离现实的状态会引发自我意识，这是在所难免的。这就像一个人穿上昂贵的新西装，走路的姿势突然有点僵硬，坐姿也太直，干什么都小心翼翼，生怕把布料弄皱。结果却事与愿违。正如19世纪的浪漫主义者所总结的那样，过度的自我觉知会导致理智的自我毁灭。

这种担忧似乎普遍存在。即使在有能力全身心投入艺术创作时，仍坚持保持日常工作的艺术家不胜枚举。比如在莱斯银行工作的T.S.艾略特、沃尔特·惠特曼（Walt Whitman）和他的房地产交易、在邮局工作的查尔斯·布可夫斯基（Charles Bukowski）。梭罗式的自我封闭不过如此。追求一种职业与爱好完美结合的生活也没什么好处。相反，这些作家为自己设计了这样的生活：他们定期从自己的职业抽出身来，转而从事更古板的爱好，以便日后更好地回归写作。这与上一章关于多重自我的讨论是一脉相承的。时间上的划分可能恰到好处地呼应了心灵上的划分，这是对双重性的承认。惠特曼是一位自称"包罗万象"的诗人，但同时他的一部分自我在房地产谈判中忙得不可开交，这其中有一种令人愉悦的一致性。

格丽克的目标只有一个：写作。然而，她发现直奔主题的刻意努力效果奇差。如此心无旁骛、大张旗鼓地从"真实的生活"中抽身出来，结果与其说是自由，不如说是令人窒息。承担约定俗成的世俗义务，反而能收获"纯休闲"的果实。事实证明，绕道而行反而能直抵目标。

一些艺术家的驻留计划也试图解决同样的难题。从本质上讲，驻留计划是一种人为创造的环境，那么这个旨在生产副产品的工厂该如何解决这个问题呢？位于柏林时髦的克劳斯贝格区（Kreusberg）的沃平项目驻留计划（Wapping Project Residency）就正面解决了这个问题。入选艺术家受邀免费在柏林逗留，但必须遵守一项规定："若要参加这个为期八周的计划，在驻留期间内不得创作任何作品。"一位曾经参加过沃平项目的艺术家在驻留结束后承认："驻留的条件是'不得创作任何作品'，这对艺术家来说难以想象，但这种限制无疑是（沃平项目）最大的优势。"如果这对艺术家来说是反常的，那么可以想象，对21世纪的普通工具主义知识工作者来说，这听起来该是多么的匪夷所思。

当然，"沃平项目"的设计让人想起维克多·弗兰克尔对他的失眠症患者的嘱咐——尽量保持清醒。转移重点意味着抛开工具主义的自我。由于不需要费尽心思地追求什么成果，人们希望工具主义的自我会消退，自我觉知会减弱，从而达到一种难以企及的创造力心流状态。无论是人为的规则还是日常生活中的义务，限制往往都是有利的。

当我结束驻留计划回家时，我的经历与格丽克说她在接受教学工作后的经历如出一辙。说来也怪，家里有了新生儿，又恢复了往日琐事缠身的生活，我却感觉不到在群山环绕的世外桃源中感受过的那种窒息感。不知怎的，我发现在清晨，在开始一天的家务和校园工作之前文思泉涌，比参加驻留计划时无忧无虑的那几周行文更流畅。

这段经历影响了我对创造性工作的看法。我开始认为这是一种必须在光天化日之下偷偷摸摸进行的事情，不能搞得尽人皆知。这稍微有一点狡猾，得遮遮掩掩而不是按部就班才能获得成果。当我觉得周围的人都还在睡觉，完全不知道我在偷偷努力时，我发现写作就更容易了。

但这并不是说我的物质环境无关紧要，情况远非如此。我之所以能在那段时期转换模式，在那些早晨偷得浮生半日闲，是因为我从大学教职中享受到了政府资助的陪产假，还因为我的伴侣能休一整年的产假，而她的产假也是由政府资助的。当我们的女儿发烧时，我们可以向公共医疗服务求助。后来，我们把她送进了家门口的一所国家资助的托儿所，一整天的费用比周二的廉价电影票还便宜。所有这些条件都有助于维护一个不受打扰的心理空间，使其能够专门用于非工具性的思考。我再也没机会去那个与世隔绝的山间小木屋坐上一整天，也享受不到精心准备的自助晚餐。然而，我还是受益于非常有利的环境的。

无独有偶，格丽克也发现，教书带来的世俗义务反而让人感到奇怪的自由。事实证明，"真实的生活"带来的日常制约因素更多时候是有利因素，而不是不利因素。但我们完全可以想象，如果这种真实的生活是在两个不同的地方担任两个有期限的教职，需要坐长途汽车上下班以维持生计，那么这种"真实的生活"产生的效果就不会如此自由。自我意识的魔鬼是一回事，经济不稳定的魔鬼则是另一回事。在这种情况下，理想的环境是能够同时兼顾这两个方面的。

没有人会认为育儿假和公共托儿所等古板的政策措施（更不用说租金管制、公共医疗保健、失业保险了）是为了促进个人的自我实现。或许恰恰因为这样，所以它们才能如此有效。

## 自我改革还是社会改革

19世纪的浪漫主义者很少关注公共政策的细节。就他们的立场而言，他们更倾向于改造自我而非改造社会。他们声称，发展和进步不是通过社会制度实现的，而是通过个人的沉思、反思和艺术顿悟实现的。瓦尔登湖畔的梭罗和以"自力更生"著称的爱默生后来也主张类似的观点。这其中有一个不容置疑的逻辑就是，如果主要问题出在个人身上，脱离了他自己的自我，那么就应该把注意力放在个人身上。这种方法通常与东方传统有关。东方传统的运作前提是，内在平衡的个人是外在平衡的社会的基石，因此，人们应该从内在平衡着手。印度圣人拉玛那·马哈希（Ramana Maharshi）是 20 世纪 30 年代最早吸引西方追随者的东方大师之一，他说得再清楚不过了："自我改革必然带来社会改革。"

约翰·斯图尔特·穆勒虽然对浪漫主义情有独钟，但却始终对这一思想不以为然。穆勒认识到自我改革的机会并不是平均分布的，这种观点超前于他的时代。有些人比其他人有更好的条件进行沉思和实现个人顿悟。穆勒还进一步指出：即使是那些拥有这些机会的人，也会因这种不平等而深受其害。他在关于女性权利的著作中很好地概括了这一观点。穆勒认为，如果女性在家庭和社会领域不能获得与男性相同的权利和自由，这不仅会阻碍女性自我发展的机会，也会阻碍男性自我发展的机会。这就是哈莉耶特·泰勒推动他形成的关键洞见，它将在穆勒的自由文化观中发挥关键作用——个人追求自由的一个条件是他人也能够追求他们的自由。从这个意义上说，穆勒远没有人们有时所说的那么个人主义。

穆勒确实同意自我改革是个人应该追求的目标。为自己思考，实现自主的自我，这就是存在的意义。但他看到，社会改革是获得这种自我发展机会的必要前提。穆勒以自己的生活为例，坚信人们能够战胜环境。要做到这一点，他们需要免于匮乏，但也需要免受社会束缚。个人的转变和个人的顿悟离不开合理的立法和井然有序的公共机构。

这就是为什么穆勒始终认为繁荣和经济效率本身并不是目标，而只是促进个人自治的手段。事实上，穆勒正是根据促进个人自治的能力来衡量社会制度成功与否的。这使他得出结论，当一个社会足够富裕时，比起不惜一切代价继续追求经济增长，从"追求经济增长最大化"这一目标中功成身退更有助于促进个人自治。他在1848年写道："只有在那些世界上落后的国家，才需要继续把增加生产当成一个重要的目标；在那些最发达的国家，经济上需要的是更好的分配。"当时，他所关心的是如何制定一套法律体系，既有利于实现财富平等，又允许个人可以通过辛勤劳动致富。例如，他认为高额遗产税（这种税即使在今天也会被视为累进税[①]）就能同时实现这两个目标。

在那篇关于《静止状态》著名文章中，约翰·斯图尔特·穆勒毫不讳言地表示，他对将物质积累擢升为普遍的社会目标感到愤愤不平：

---

[①] 狭义的累进税指随着应税额增大税率逐渐累进升高的税收，同累退税恰好相反。广义的累进税泛指负担水平随课税对象数额增加而呈递增趋势的税收。——译者注

我承认，我并不喜欢那些人提出的生活理想，他们认为人类的正常状态是挣扎求存；认为当前社会生活随处可见的仗势欺人、见缝插针、讨价还价、争先恐后地爬高踩低是人类最值得做的事情，或者说是工业进步的一个阶段中令人不快的症状。

因此，讨价还价的阶段是必需的，但这只是一个阶段。工业发展到一定程度后，社会目的的转变变得越来越有必要。凯恩斯在1930年写给他的"孙辈"的时间胶囊文章中，设想未来一个世纪会发生类似的社会转型时，很可能就想到了这段话。这并不是说他们中有谁像梭罗那样对简单的生活有什么理想化的概念。尽管穆勒和凯恩斯都欣赏诗人和哲学家并喜欢与之来往，但他们都不抱有任何幻想——他们骨子里都是技术官僚，他们俩一生中的大部分时间都在琢磨政策的细枝末节，目的都是推进一系列特定的目标。他们的主要收入来源包括可能改进边际政策以增进福祉。在他们看来，土地使用改革、遗产税和投票权等都是技术官僚为诗人服务的手段。

作为开明的技术官僚，他们认识到，随着经济的发展，进一步追求物质积累对福祉的贡献会越来越小。这两人都兴高采烈地憧憬着自己的同类可能逐渐退出历史舞台的时代；用凯恩斯非常喜欢并不止一次使用过的一句话来说，到那时，经济学家将被视为"像牙医一样谦虚、能干的人"。穆勒和凯恩斯都愿意放弃一定程度的生产力，以换取对人类更高目标的更多关注。

正如我所指出的那样，以这种权衡利弊的方式来处理问题，忽略了当今市场社会的一个重要方面。这是因为，有私心的商业和无私心的商业事实上并不是井水不犯河水。同样，政府也不必像在枪支和黄油之间做出选择那样，在致力于道德提升或投资于经济生产力之间做出非此即彼的选择。用经济学术语来说，穆勒和凯恩斯的论点都是以物质消费的边际效用递减为前提的。虽然我同意第一点，但我强调了另一点，无私心的边际效用是递增的。随着社会越来越富裕，从进一步扩大消费中获得的好处会相对减少，而从扩大无私行为中获得的好处会相对增加。

在本书中，我始终认为，由于商业社会对信誉的重视，商业社会的运行在很大程度上依靠的是无私，而不仅仅是利己主义。这意味着，摆脱严格的工具主义世界观将有助于进一步推动经济和社会的繁荣，而不是使其削弱。随着社会的日渐富裕，这种转变也已经成为当务之急。市场参与者即使以自身利益为标准，也会从无私心的姿态中获得更多好处。

## 政府的角色

在上一章中，我们看到了一个人哪怕是从利己的立场出发，也可能存在成功摘取无私心的果实的不同方式。古往今来，许多不同的思想家都曾问过自己这个问题，而他们提出的解决方案也有许多共同之处。这些解决方案中有许多都依赖于多重自我的概念。他们都以某种方式，描述了智慧可能会明智地抵抗自身。

个人可以出于工具主义的原因，设法抵制其工具主义的冲动，这听起来固然很好。但他们可能会亦步亦趋，直到从一开始的装模作样变得真正无私。他们可以投入精力培养习惯，直到原本有意识的努力变得毫不费力。亚当·斯密式的面包师可以自己行动起来，说服自己相信自己的热情，从而更好地说服他人。如果做不到这一点，他可以雇一个充满热情的布鲁克林面包师，让他自行管理这个店面。

然而，正如约翰·斯图尔特·穆勒所意识到的那样，这种自我改革的机会并不是平均分布的，它取决于社会环境。最显而易见的是，当稀缺问题尚未解决，基本需求仍未满足时，人们并不适合追求自我表达和自我实现等高阶目标。正因如此，正如政治学家罗纳德·英格尔哈特所指出的那样，只有在安全程度已经达到临界值的社会中，这些价值才会受到人们的追捧。否则，个人就会把自己的心理空间投入到能立即得到回报的活动中去。

然而，也有一些不那么不言自明的条件可以培养一种无私的态度。其中，穆勒认为独处是"自由培养生活恩典"的必要条件。他写道："一个消灭了孤独的世界简直糟糕透了。独处，即经常独自一人，对于任何深度的冥想或深刻的性格都是必不可少的。"到19世纪40年代，亲近大自然已经成为提高生产力的一种方式，而这也是穆勒心目中促进个人道德进步的另一种手段："如果世界上的每一块土地都被开垦出来为人类提供食物，大自然再也没有剩下什么自发的活动，那么这样的世界并不会让人感到有多满足。"

175年后，珍妮·奥德尔概述在当今这个注意力经济时代"抵制有用性"的方法时，也指出了同样的要素：独处的可能性、与自然交流的可能性，以及为两者留出足够的时间。她写道："思考和斟酌不仅需要孵化空间（独处和/或确定的语境），还需要孵化时间。"

当然，正如奥德尔继续说明的那样，独处、自然和时间……所有这些要素正是在这个鼓励永远保持待命状态的注意力经济中最短缺的东西。正如第六章所述，我们离谷崎笔下的露天厕所还很遥远。人们常常指责技术是罪魁祸首。众多当代作家都认为社交媒体和掌中设备触发我们工具主义冲动的方式（多巴胺刺激的通知和对陌生人点赞的期待）让我们更难转变为任何一种无私心的态度，奥德尔也是其中之一。这就意味着，智慧可能需要以一种实际的方式来明智地抵制自己，即远离那些引发我们那个追求回报的工具主义自我的干扰。

除了这些一般的物质前提条件（足够的安全感、独处的机会、思考的时间以及与自然的接触的重要性）之外，上一章的讨论还指出了另一个社会前提条件的重要性。是的,无私有回报;但它也要求我们刻意放弃一定程度的控制权,尽管放弃控制就意味着一切。热情可能得到很高的回报,但这也非常不确定。相比之下,工具主义行为的路径似乎更稳妥。

因此,艺术家可能会敏锐地感觉到艺术市场有多么青睐完全无视市场品位的独特艺术观点,但真正无视买家的喜好似乎是一场代价高昂的赌博。同样,无私心的热情很可能会吸引顾客光临面包店,但把店铺交给充满热情的布鲁克林面包师,也可能会带来经济上的损失——充满热情的面包师可能不会太在乎收支平衡,也可能会赠送过多的糕点给顾客试吃。无论学生听到多少关于"通识教育的价值恰恰在于学习追求的是知识本身"这种说辞,这些学生(更不用说他们的父母)可能会发现,选择工程学学位比选择拜占庭历史学士学位更稳妥。我在班夫艺术家驻留计划的经历也给了我类似的选择。虽然我很想相信皮珀"纯休闲"的伟大理念,但我觉得把有限的时间用于在山间闲庭信步是不务正业。更立竿见影的做法是紧盯当天写下的字数。

这里的风险并不在于无私的副作用,而在于摆脱工具主义立场本身就有的风险。即,在抵制智慧的过程中,人们必然会丧失追踪回报的能力。事实上,追踪回报正是智慧运作的方式,这也正是我们要用智慧来抵制的。是否愿意放手一搏,正是真正的为爱奉献者与战略伪装者的区别所在,战略伪装者除非有明显的收获,否则就不会轻举妄动。

伯特兰·罗素指出,过去的有闲阶级尽管有种种缺点,但它们还是"几乎贡献了人类的全部文明"。它的效率如此之低——每一千个整日猎狐的富有的绅士中,才能诞生一个达尔文。它是如此的不公正。它依赖于等级森严的社会剥削制度,离不开所有这些男仆、男管家和女管家的忙忙碌碌,结果导致"休闲"声名狼藉。一说到休闲,人们就想到猎狐者而非科学家,并将休闲与游手好闲画等号。

今天,能够扮演达尔文这一角色的人比历史上任何时候都多。越来越多的人可以将生活的大部分时间投入到非工具性活动中,比如开电台播客、设计端到端加密应用程序、为新餐厅设计菜单、开摩托车修理店,对了还有开微型啤酒厂。然而,能在不冒风险的情况下投身非工具性活动的人屈指可数。一股脑地为爱奉献意味着对回报的盲目。问题是,我们怎样才能最大限度地增加像达尔文这样的人,同时避免一直以来作为其前提条件的社会差距?

正如我们在第十章中所看到的,这个问题在当今的知识经济中显得尤为重要,因为知识经济对个人纯粹从事创新活动所获得的独特收益尤为敏感。知识经济有赖于现代像达尔文这样的人的创新和创造力才能更上一层楼。虽然这方面的媒体报道看起来一派欣欣向荣,但实际数字却表明不是这么一回事。自20世纪90

年代以来，美国初创企业的数量实际上一直在下降。研发支出可以被视为公司在漫无目的的情况下取得成果的赌注，自经济大衰退①（great gecession）以来，研发支出一直在下降，直到现在才重新回升，达到20世纪60年代中期的水平。美国政府资助的研发比例正在下降，美国在全球研发中的比例也在下降。这些趋势对"基础研究"尤其不利，因为"基础研究"是以好奇心驱使的研究，而"应用研究"则以特定的产业目标为目标。其结果是，在美国经济中，历史更悠久、规模更大、地位更稳固的公司所占的比例正在上升。换句话说，就在发达经济体比以往任何时候都更依赖于像达尔文这样的人的时候，像他这样在热情驱使的项目上"慢悠悠工作"的人反而越来越少见。这该怎么办呢？

非工具性的追求不可避免地要考虑风险因素，这意味着社会制度要发挥实实在在的作用。实际上，我们对如何处理风险已经了然于心：处理风险的常规手段是通过某种形式的保险。因此，如果由于涉及风险导致个人不太可能以无私心的方式从事活动，那么社会和经济政策就可以介入，以弥补不利因素。有多种公共政策可以实现这一目标。无论是通过医疗保险、薪酬保障制度，还是更有针对性的计划（如再安居津贴），这些措施都是为了在公民遇到突发情况时能向他们提供帮助。

---

① 即2007年美国次贷危机引爆的金融危机。——译者注

但人们有时候忽略了一点，社会保险的好处并非只在发生突发事件时才有用武之地。当人们知道在发生意外冲击时有措施可以为他们兜底时，他们的行为就会有所不同。这种意识才是最重要的，这也是保险最大的优势。如果没有职业责任保险，外科医生就不会拿起手术刀；搬家工人就不会冒险去取你的钢琴。如果没有汽车保险，驾驶汽车将是一种难以想象的冒险行为，只有非常富有的人才能负担得起。所有保险的设计都有这样有利的一面——它允许人们从事他们原本不会从事的行为。

车库里的工匠、寝室里的初创企业创始人、厨房餐桌旁的作家或阁楼工作室里的音乐家……他们都在从事T.S.艾略特所说的"自成目的"的活动——那些为其本身而进行的活动。覆盖下行风险的社会条款是否可以成为促进这些"自成目的"的活动的一种方式？是否可以通过这种方式增加个人为爱奉献的回报？

我们现在才刚刚开始了解社会保险与创新活动之间的关系。这是因为一直以来经济学家主要关注的都是社会保险是否会对个人行为产生负面影响，直到最近才有所转变。他们的想法是，如果损失的可能性变小，人们实际上可能会倾向于见好就收，从而抑制生产力和经济增长。这种担忧已经烟消云散。学者们现在转而关注精心设计的社会保险如何能使个人更愿意从事高回报的风险活动。

这项研究的重点是创业精神，目前的研究结果令人振奋。社会保险的兜底与经济中初创企业数量的增加、工作流动性的提高以及自主创业率的提高有关。换句话说，有了社会保险，上一章提到的那些计划辞职的千禧一代就更有可能真的辞职转而从事更有意义的工作。当一个人的医疗保险能正常赔付时，游说执行官转行去修理摩托车就变得容易多了。不得不提一下，医疗保险的影响尤其应该受到关注。越能获得医疗保险的保障，工作流动性就越大，创业活动的比例也就越高。我们还知道，美国的医疗保险通常与雇主挂钩，这种方式往往会阻止个人独立创业，从而导致经济学家所说的"工作锁定"① （job lock-in）。总之，越来越多的证据表明，在提供社会保险的环境中，个人更愿意从事可能导致其收入暂时下降的活动。

衡量社会保险对个人行为的影响效果并非易事。困难在于各国的政策往往是一揽子的，例如，提供社会保险的国家对劳动力市场的监管往往也会更严格，这实际上可能会对冒险行为产生相反的影响。我们可以指出，瑞典在创新方面的得分高于美国，其人均初创企业数量更多，市场上的新公司比例更大，研发支出也相对更多，但很难确定为此做出贡献到底是瑞典一揽子计划的哪

---

① 雇主向员工提供的总薪酬（即广义的工资）通常由两部分组成：货币工资（狭义的工资）和各种附加福利，其中，一些附加福利项目（如私人养老金、健康保险、员工持股计划等）是延期支付的，即实际支付与员工的受雇工作年限相关，从而会产生抑制劳动力流动的作用，这就是所谓的工作锁定。——译者注

一方面。

因此,社会科学家从地方性的变化中寻找线索,即从一个国家的某个地区社会状况突然发生变化,而其他地区仍维持现状中探寻规律。这种自然发生的实验是比对政策措施效果的一种手段。例如,新泽西州(New Jersey)于1993年实施了一系列改革,扩大了个人医疗保险的覆盖范围。相较于隔壁的宾夕法尼亚州(Pennsylvania),新泽西州在改革后的几年里,创业和自主创业的人数大幅增加(约25%),而宾夕法尼亚州同期没有任何变化。另一种情况是,一个国家可能会突然实施一系列改革,这样我们就可以比较改革前后的情况。2002年,法国进行了一系列改革,增加了针对失败的社会保险,结果发现自主创业的人数也呈现了类似的增长。

随着人们对全民基本收入计划(universal basic income scheme)的关注与日俱增,学者们也一直在寻找能够衡量保障收入效果的自然政策实验。阿拉斯加(Alaska)就是这样一个天然实验室,因为它每年都会从主权财富基金拿出收益向居民分红。现有数据表明,阿拉斯加永久基金分红计划(Alaska Permanent Fund Dividend programme)实际上带动了更多的创业活动。印度、纳米比亚等其他国家的保障收入计划也观察到了类似的效果。

当然,并非所有创业者都是出于热爱而创业。许多人是因生活所迫才自主创业的。他们中的大多数人创业的动机都是高度工具性的——即使不指望成为独角兽初创企业一鸣惊人，也希望至少能在没有老板指手画脚的情况下赚到足够的生活费。然而，这些人中也有相当一部分在进行某种形式的尝试，试图将日常工作与热情结合起来。因此，他们起早贪黑地工作，这是他们打卡上班时做梦都想不到的。他们的举手投足无不心系着自己刚刚起步的企业，而市场对此也心知肚明。这就是为热爱创业的代价。但风险也在于此。

这充分说明了约翰·斯图尔特·穆勒的观点，早在19世纪40年代，他就认为创业活动是个人充分发挥潜能的空间，并且不仅仅是在金钱方面。他认为，女性和工人阶级尤其如此。从雇佣劳动到自主创业是一个自然发展的过程。由于个人选择了最适合自己的任务，结果不仅提升了经济效率，而且道德水平也得到了提高。在哈莉耶特·泰勒思想的影响下，穆勒将"从雇佣劳动向自主创业的转变"与自我解放以及自治空间的培育联系在一起，他和泰勒都将后者视为最高的善。穆勒当时敏锐地感觉到，社会制度在促成这一转变方面发挥了关键作用。现在，我们对他们如何实现这一目标有了更清楚的认识。

医疗保险、薪酬保障制度、失业保险……这些古板的政策都属于社会安全网的范畴。这种说法已经是老生常谈，以至于我们都习以为常，认为是理所当然的。当我们听到有人提到这个问题时，我们会根据自己的意识形态先入为主，迅速站队。但是，这让我们无法理解"社会安全网"这个词的激进之处。毕竟，真正的安全网并不是为那些在街上行走时绊倒的人设计的。安全网是用来接住那些在翻筋斗时从30英尺高处跌落的马戏团空中飞人的。也就是说，这个词本身就暗示了一种允许人们放手一搏的社会机制。当它驱使人们去冒他们原本不愿意冒的风险时，它的意义就充分体现了出来。最近的研究也为这种解释提供了实证支持。一位经济学家表示："社会保险与私人保险一样，使人们更加大胆……它使人们敢于跃过危险的鸿沟，否则他们的经济活动就会停滞不前。"

这些政策理念并无新意，但我对这些理念的解释则是相当新颖的。人们通常对社会保险的辩护都是出于道德原因。这也是使他们产生分歧的根源。福利计划的支持者认为，一个公正的社会应该为其公民提供一定程度的保护，使其免遭命运的摧残。反对者则认为，负责任的个人应该了解风险，并采取相应的行为。但这里的推理提出了一个独特的论点，而且也不太容易被归入意识形态的范畴。纯粹为了做某事而做某事的能力对个人和社会产生的收益都被低估了。这种能力有助于个人充分发挥潜能，进而产生有益的社会溢出效应。休闲成为生产性社会恰到好处的组成部分——不仅是作为一种应得的休息措施，而且是推动社会更上一层楼的条件。无私有回报。而允许个人承担追求无私行为时固有的风险，发达经济体也能从中获益。我们对社会保险效果的了解表明，这能有效地鼓励个人追求无私心的行为。换句话说，这是技术官僚悄悄地为个人顿悟创造条件的一种方式。

## 技术官僚的意外优势

政策制定者可以有助于促进任何形式的无私心的行为，这可能会让人感到意外。技术官僚难道不都是些目标明确的工具主义者吗？他们的立场难道不应该屈服于意图的悖论吗？事实证明，技术官僚在这方面有着意想不到的优势。事实上，社会可能比个人更容易解决意图悖论的问题。这也是为什么社会改革可以被视为自我改革的先决条件的另一个原因。

为了一探究竟，我们不妨重温一下第七章中亨利·福特的决定，把他工厂的工作时间从每周工作六天改为每周工作五天。作为一个实业家，福特的行为完全是工具性的——他发现多休息一天，工人的生产率就会提高，从而增加净产出。他猜测，工人也可能利用周六的空闲时间买东西，这也将会进一步刺激经济。

这种为工作而利用闲暇的做法似乎正是哲学家约瑟夫·皮珀所担心的现代性会带来的后果。回想一下皮珀的警告："没错，纯休闲可能使人得到休息，并迸发出超人的创造力；没错，这些也可能对工作的世界大有裨益。"但是，只有当休闲的目的仍然是休闲而不是为了工作充电时，休闲才会富有成效。因此，我们熟悉的悖论是，像休闲这样的副产品状态可能对资本家很有价值，但一旦资本家把它变成目标，这种价值就会被挥霍殆尽。我们能看到皮珀在向亨利·福特摇头。

然而，我们也有理由认为，这种指手画脚并不合适。毕竟，对于福特的工人来说，他们之所以能得到更多的休闲时间，是出于工具性的考虑，是为了提高工厂的生产率、推动经济增长。他们可以允许自己对这些原因视而不见，或者压根就不知道这些原因。如果他们对此一无所知，周一仍然精力充沛地返回工作岗位，这很可能不会影响他们在空闲的周六去采摘休闲果实。他们可以利用多出来的一天去散步，在花园里享受鱼水之欢，或者早上带孩子们出去玩。他们可以是周末的达尔文、诗人或酿酒师，好好享受给他们多放的一天假，漫无目的、无拘无束。这样，工人就有可能摘取皮珀所谓的"纯休闲"的果实，同时亨利·福特也有可能拥有充分休息后活力满满的劳动力。如果是这样的话，那么福特的政策变化就能避免皮珀所警告的悖论。

福特工厂实行每周五天工作制的举措，凸显了19世纪浪漫主义者所追求的自我改革与穆勒毕生为之奋斗的社会改革之间的两大区别。首先，"多重自我"这个概念在个人身上难以解决，但在社会环境中却变得不值一提。将权力下放给他人就是政策过程的运作方式——这些不同自我的角色可以由不同的人来扮演。其次，由于这种授权的便利性，在个人身上需要巧妙变通的事情，在政治环境中变得轻而易举。改革者的意图不一定会玷污受其影响者的行为，只要两者泾渭分明即可。这就是为什么育儿假和公共托儿所有利于个人解放和艺术顿悟——政策制定者可以有目的地采取行动，使个人可以自由地生活，而不会受到前者目的的阻碍。这是一个令人激动的概念，社会改革本身具备的人与人之间的授权关系可能使个人能够明智地抵制智慧。

这种充满希望的想法有一个必要的前提。我们已经看到，意图悖论的个人解决方案依赖于失去控制权，即一个自我授权给了另一个自我。社会制度可以提供帮助，例如提供一定程度的保险，为个人承担额外的风险兜底。但是，授权政策制定者创建正确的社会制度，这种做法本身就会产生相应的风险。正是因为工厂工人可以无视亨利·福特的真实意图，他们才能在自由的星期六依然自由自在。就此而言，"无知是福"和"知识就是力量"说得都没错。对决策者的意图这样视而不见，既解放了个人，又使他们容易受到剥削。

民主的设计本身就包含了授权的这种双刃性——我们将政策控制权交给政治领导人，这样我们就不必关心农业标准和航空法规的细节，也可以在合法合规的情况下无忧无虑地生活。如果我们必须不断确认我们的社会安排是否合理，我们就什么事也做不了了，既买不到苹果，也上不了飞机。然而，即使我们幸运地选对了领导人，这种民主授权也意味着我们失去了相当大的控制权。

亨利·福特改用每周五天工作制的决定是善意的。但是，同样的工具主义推理也可能让他梦想出一些不那么进步的措施。查理·卓别林（Charlie Chaplin）在《摩登时代》（*Modern Times*）中讽刺了福特的流水线，这绝非毫无缘由。奥尔德斯·赫胥黎（Aldous Huxley）在《美丽新世界》（*Brave New World*）中也讽刺了福特的流水线——世界国（World State）的公民高呼"谢谢福特！"，尽管效果少了几分滑稽。卓别林和赫胥黎都意识到，工厂的生产率和工人的福利很少能完全一致。正因为如此，我们才会对那些看似过于工具性的动机产生怀疑，这也在所难免。在现代社会，我们的政治和经济生存离不开对他人的授权，但公民必须保持足够的觉知，知道何时改变模式、何时发出自己的声音、何时捍卫自己和周围其他人的利益。自我改造的个人不得不成为政治动物。

之所以需要保持警惕，部分原因是现实世界的政策制定者很少像我们希望的那样通情达理。比如人们常说，亨利·福特实行五天工作制为美国在1940年将五天工作制写入法律铺平了道路。这种说法很中听，而且确实有其道理——一位著名的实业家从生产率的角度对这一观点进行了合理化解释，这无疑使其他经济精英对其欣然接受。然而，如果不是工会从20世纪就开始鼓动和推动改革的斗争，法律的最终修改可能永远不会发生。经济和政治精英可能不会自觉地走到这一步。政策制定者往往必须被受其政策影响的人拽着走向开明。

这就是本书的意义所在。政策制定者必须意识到——或者说他们必须被拖着去意识到，随着社会日益富裕，其公民越来越多地受益于那些能够促进实现不以意志为转移的副产品状态的制度和社会条件。进一步提高人们的购买力变得相对不那么有价值，因为物质消费的铺张浪费越来越无法获得同龄人的尊重和关心。相比之下，育儿假、公共医疗保健和薪酬保障制度等政策变得越来越有必要——这不仅因为富裕的社会更有能力负担得起这些政策，还因为生活在这些社会中的人也越来越能通过这些政策得以实现其目标。同样，依靠创新和个人创造力发展的知识产业也会发现，最大限度地发挥创新和个人创造力的方式与最大限度地生产小部件的方式不同——工作的世界将越来越多地追求皮珀所描述的纯休闲的"超人"创造潜力。总之，随着社会日益富裕，穆勒和凯恩斯所设想的集体转变变得更加合理，也更有价值。正如两位思想家所言，在这种集体转向无私心领域的过程中，古板的公共政策可以发挥作用。我们还有最后一个问题：何时会发生转变？

## 社会转变时间表

凯恩斯曾写道，我们"将再次……更看重事物的有益性而不是有用性"，约翰·斯图尔特·穆勒和凯恩斯都期待着这一天的到来。他们都看到,这种偏好的改变有赖于经济实现足够的繁荣。但是,我们知道多繁荣才算足够?社会转变的时机何时才算成熟?

在预测这种态度的集体转变应该或将会在何时发生时,凯恩斯和穆勒都拿不定主意。穆勒间或认为,英国经济已经达到了所需的富裕水平,可以摆脱一味追求繁荣及其所依赖的讨价还价。但他也认识到,"这个终极目标在任何时候都近在眼前……我们总是在它的边缘,如果我们很久以前没有达到它,那是因为目标本身就在我们面前"。至于凯恩斯,他把这个转折点寄托在了遥远的未来,在整整一个世纪之后:"注意!现在还不是做这些事的时候。"与此同时,他无奈地承认:"在相当长一段时期内,我们仍然还得把贪婪、高利盘剥和谨慎奉为神明。"

预言中的转变也是如此,它们常常姗姗来迟。时机似乎总是不太对劲。奥古斯丁在他的《忏悔录》(*Confessions*)中哀叹道,按照这一流派的终极标准,他控制不住自己"日复一日地推迟我蔑视世俗野心的时刻"。奥古斯丁非常希望摆脱他的欲望、虚荣和野心,但却无法完全摆脱。

也许这样更好。如果西方国家在穆勒时代就停止了"仗势欺人、见缝插针、讨价还价、争先恐后地爬高踩低",我们中的大多数人就不会有今天。此外,经济增长率也说明不了经济发展不平衡的问题。凯恩斯曾预言,"生活水平……将平均提高四至八倍"。然而,即使在最富裕的社会,许多人仍在为生计奔波,根本无暇顾及"纯休闲"的承诺,更不用说发展中国家了。认识到这一事实,也许每个人都应该避免冒险的放手一搏,继续埋头苦干,并且在相当长一段时期内继续将效率和生产力奉为我们的神明。然而,如我所论证的,我们越来越不清楚,即使就现在而言,埋头苦干是否是促进社会福祉的最佳手段。无论转变的时机是否已经成熟,或者我们还需要再等一等,问题似乎并不在于"是否",而在于"何时"。

在这方面,凯恩斯的预言让我想起了在整整150年前的1780年做出的另一个预言。那个预言出自美国开国元勋之一、最终成为美国第二任总统的约翰·亚当斯(John Adams)之口。他也预见到了两代人之后的转变——似乎总是我们的孙辈背负起"生活恩典"的任务。尽管经常被提及,但亚当斯设想的职业谱系从未让我失望:

> 我必须学习政治和战争,(这样)我的儿子们才能自由地学习数学和哲学。我的儿子们应该学习数学和哲学、地理、自然历史、造船学、航海、商业和农业,这样他们的孩子才有权利学习绘画、诗歌、音乐、建筑、雕像、挂毯和瓷器。①

---

① 在翻阅这封信的手稿时,我发现亚当斯最初打算让他的孩子们获得学习"绘画和诗歌"的权利,但后来他改变了主意,画掉了这一条,往后推了一代:他的孩子们首先需要学习造船学,这样他们的孩子才有权利学习绘画和诗歌。

亚当斯的骨子里没有一丁点儿艺术细胞。比起生活达人本杰明·富兰克林，他更适合作为马克斯·韦伯笔下美国清教徒的典范。但是，他却在这里构想了一个新的国家，让他的子孙有"权利"学习陶艺。亚当斯和他之后一个世纪的约翰·斯图尔特·穆勒以及再过一个世纪之后的凯恩斯一样，想象了一个无私奉献的阶梯，一代一代人将通过逐渐从事自己想从事的职业来攀登这个阶梯。学习"政治和战争"的原因是为后代学习商业和航海奠定基础，而学习商业和航海则是为再下一代能学习绘画、诗歌和瓷器等奠定基础，而从事最后这些职业只是单纯因为热爱，再无其他原因。这段话经常被断章取义地引用，你可能会想象亚当斯向国会全体议员庄严宣读这段话的情景。但并非如此，这几句话出自亚当斯从巴黎寄给他在马萨诸塞州（Massachusetts）的妻子阿比盖尔（Abigail）的一封信的最后几行。全文读下来，亚当斯显然不是在表达对未来的希冀，而是在表达对现在的遗憾。

约翰·亚当斯被他在巴黎的所见所闻震撼到了。他想把这一切都告诉妻子，但是……没有时间了。在上面这段广为人知的引用段落之前，他写下了这样一段话：

我希望我有时间向你细细道来这些物体……但我的脑子里千头万绪，我的心里充满焦虑……要如琢如磨地观察这些物体并用通俗易懂的方式描述它们，我需要花费更多的时间和心思……

我可以连篇累牍地描写寺庙和宫殿、绘画、雕塑、挂毯、瓷器等——如果我有时间的话。

亚当斯的孙辈中很少有人行使研究雕像、挂毯和瓷器的权利，反而像凯恩斯的孙辈那样越来越有目的性，最近他们的工作时间不减反增。深思熟虑的人们目标明确地为最终的理想状态而努力，当他们终于有了"时间和思想"时，却总是把时间和思想留给下一代，而下一代又把承诺转给下一代，我们可以从这种反复出现的模式吸取一些经验教训。

可能我们依然缺少时间。现在，我们正在应对百年一遇的全球新冠疫情及其导致的经济短缺，我们正在努力应对政治不和谐及其引发的集体自我怀疑，我们再次发现自己正处于一个拐点。这不亚于一个新国家刚建立时、经济大萧条期间或世界大战之后出现的存亡之机。当我们质疑我们最根深蒂固的假设时，这可能也恰恰是我们超越燃眉之急，提醒自己什么是我们的最高目标，并扪心自问我们目前的手段是否最适合实现这些目标的时刻。

这是一个需要工具性思维的时刻，需要明智的政策和切实可行的解决方案。就像亚当斯、穆勒和凯恩斯所做的那样，我们需要关注社会和经济的当务之急。这是一个需要技术官僚的时刻，但必须是开明的技术官僚。有些人已经领悟到，技术官僚的任务归根结底是为诗歌、音乐和瓷器的创作者服务，他们也清楚后者可能会在不知不觉中回报技术官僚。

　　终有一天我们能解决经济问题。从我们目前所处的位置来看，这一天似乎还很遥远，但我们也从未如此接近过。与此同时，我们所珍视的更多事物将以一种不受直接努力左右的形式出现。我们这个目的明确、自私自利的市场社会将继续追捧那些唾弃目的和利己主义的人。热情的回报只会继续加码。有鉴于此，哪怕是为了个人利益，我们中的利己主义者也会有更多的理由转变利己主义的立场。他们是否有能力解决这一矛盾并收获无私行为的成果，这取决于社会环境是否有利。实现这些目标应该成为我们共同的追求。"明智地抵抗智慧"不是一个人的事，而是一项政治工程。

# 尾注

▶ **第一章　危机与转变**

1　约翰后来想起曾读过塞缪尔·柯勒律治的诗句："一种没有痛苦、空落落的、黑暗和沉闷的悲伤 / 一种昏昏欲睡、窒息、无动于衷的悲伤。"该诗题为《失意吟》(*Dejection*)。从那时起，约翰就这样称呼自己的状态，称之为"我的失意"(my dejection)。

2　"忧郁的科学"一词正是在约翰·斯图尔特·穆勒的时代由托马斯·卡莱尔提出的，他在穆勒的生活和本书的故事中都扮演了重要角色。

3　提议"男孩下矿井的最低年龄为 13 岁"被认为过于雄心勃勃而遭到否决。参考 1842 年的《矿山和煤矿法》(*Mines and Collieries Act of 1842*)。《矿山和煤矿法》是维多利亚时代的立法创举之一。改革派的动机并不单纯。立法的目的既是为了减少矿难，也是为了通过灌输基督教道德价值观来实施社会控制，使下层阶级安分守己。参见：Heesom, Alan, 1981, 'The Coal Mines Act of 1842, Social Reform, and Social Control', *The Historical Journal*, 24（1），69–88。

4　参见：Packe, Michael St John, 1954, *The Life of John Stuart Mill*, Secker & Warburg, p.74。同样，穆勒的学生亚历山大·贝恩（Alexander Bain）也是穆勒最早的传记作者之一，他认为"毫无疑问"，过度劳累是穆勒精神崩溃的根源。Bain, Alexander, 1882, *John Stuart Mill: A Criticism: With Personal Recollections*, London: Longmans, Green & Co.

5   这一时期标志着从政治经济学向更加专业化的经济学学科的转变，李嘉图正是这一转变的关键人物。事实证明，这种转变以及作为其特征的对道德问题的逐步放弃，对故事的发展至关重要。

6   Senior, Nassau, 1828, *Three Lectures on the Transmission of the Precious Metals from Country to Country and the Mercantile Theory of Wealth*, London: J. Murray.

7   卡帕尔迪（Capaldi）用"双重生活"来形容穆勒与其父亲这段时间的关系（Capaldi, Nicholas, 2004, *John Stuart Mill: A Biography*, Cambridge University Press, p. 55）。穆勒自己也解释了他是如何通过这种方式来佯装无事的："我一直在进行某种脑力锻炼，因此当所有的精神都丧失殆尽时，我还能坚持下去。"但事实上，精神已经消失了。

8   加重点强调。'Offences Against One's Self'（1785），1978, *Journal of Homosexuality*, 3（4），389–405.<columbia.edu/cu/lweb/eresources/exhibitions/sw25/bentham/#32>.

9   边沁和他后来的弟子所做的这些改革努力最终促成了一些立法，如1819年禁止雇用9岁以下儿童的法律、1833年将纺织业的工作日限制为12小时的法律，以及前面提到的1842年禁止妇女和10岁以下儿童在地下矿井工作的《矿山法》。Florence, P. Sargant, 2013, *Industry and the State*, Routledge. 另参见：Kirby, Peter Thomas, 1995, 'Aspects of the employment of children in the British coal-mining industry 1800–1872', PhD Dissertation, Department of History, University of Sheffield。

10  引自穆勒的《自传》（*Autobiography*）："正如边沁所理解的那样，'效用原则'……恰好成了将我的知识和信仰中支离破碎的部分维系在一起的基石。它统一了我对事物的认知。"（1981, *The Collected Works of John Stuart Mill, Volume I – Autobiography and Literary Essays*, University of Toronto Press.）

11  早在埃奇沃思（Edgeworth）的作品中，我们家看到了这样的通融，参见：Edgeworth, F. Y., 1881, *Mathematical psychics: An essay on the application of mathematics to the moral sciences*（No. 10），C. K. Paul。

参见：Walsh, Vivian, 1996, *Rationality, Allocation and Reproduction*, Oxford: Clarendon Press, pp. 164–173。

12  In Arendt, Hannah（1958），2013, *The Human Condition*, University of Chicago Press.

13  参见卡帕尔迪："他坚持父亲的论点，即我们的终极目标是幸福，但他又补充说，只有在追求理想的过程中，我们才能获得幸福。"拉森（Larsen）虽然重点研究了穆勒生活中的宗教和精神层面，但同样对"幸福只能'顺带'实现"这种洞见不屑一顾（Larsen, Timothy, 2018, *John Stuart Mill: A Secular Life*, Oxford University Press）。

14  穆勒不仅解散了功利主义学会，而且完全停止使用"功利主义"一词。他解释道，他"放弃这个术语是因为越来越不喜欢任何类似于宗派区分的徽章或口号的东西"[Mill, John Stuart, *Utilitarianism and On Liberty*（1861），2013, second edition, Blackwell Publishing, p. 186]。

15  而且，"（以幸福作为衡量行动的标准）的这个原则对道德的建立毫无助益，因为使人幸福与使人有羞耻之心完全不是一回事，使人为了自己的利益而谨慎敏锐与使人品行端正又截然不同……这激励措施只是教人变得更精于计算，而美德与邪恶之间的具体区别却被完全抹杀了"。

16  因此，穆勒进而宣称，幸福可以包含美德等价值观："功利主义学说是否认人们渴望美德，还是认为美德并非人们所渴望的？恰恰相反。它不仅认为美德是值得追求的，而且认为必须不带私心地去追求，只为追求美德而追求美德。"（Mill, *Utilitarianism*, ch. 4）。因此，美德不仅是实现更大效用的手段，还可以作为"一种善本身，而不是为了追求任何超越它的目的"而受到重视。

17  穆勒确切的措辞是："与我当时闻所未闻的卡莱尔的反自我意识理论

有许多共同之处。"

18  柯勒律治也是如此,虽然他的措辞第一次表达出了穆勒的"失意",而且我们认为柯勒律治主要是一位诗人,是《忽必烈汗》(*Kubla Khan*)和《古舟子咏》(*The Rime of the Ancient Mariner*)的作者,但当穆勒遇到柯勒律治时,他主要是一位社会批评家,倾向于埃德蒙·伯克(Edmund Burke)式的保守主义。他基本上把诗歌抛在一边,致力于社会思想、文学批评和哲学,探讨的话题从法律到医学无所不包。尽管柯勒律治患有肺病,身体虚弱,又吸食鸦片,但穆勒认为这位堕落的诗人是"我们这个时代条理最清晰的思想家,甚至连边沁都难望其项背……总的来说,柯勒律治比其他所有当代作家都更发人深省,而且一针见血"。

19  边沁喜欢的恰恰相反:"战争和风暴最好读一读,但和平与平静最好忍一忍。"

20  Mill, *Autobiography*, p. 183.

21  亚当·斯密的思想主要受到弗兰西斯·哈奇森(Francis Hutcheson)和大卫·休谟这两位思想家的影响。两人都曾使用"旁观者"一词来表示指导道德主体行为的外部道德观察者[尤其见休谟 1751 年发表的《人类理解研究》(*Enquiries*)],但斯密明确地将旁观者置于道德主体之中,强调了由此产生的自我分裂。(Hume, David, 1902, *Enquiries Concerning the Human Understanding and Concerning the Principles of Morals*, ed. L. A. Selby-Bigge, MA, second edition, Oxford: Clarendon Press.)

22  Smith, A., 2010, *The Theory of Moral Sentiments*, Penguin.

23  Von Kleist, Heinrich, On the Theater of Marionettes', in Wortsman, Peter, *Selected Prose of Heinrich Von Kleist*, Steerforth Press, 2010.

24  Tolentino, Jia, 2019, *Trick Mirror: Reflections on Self-Delusion*, Penguin Random House.

25  不同的分支实际上当头对面地进行了交流。1831 年,爱默生在他的第一次欧洲之旅中遇到了卡莱尔。

26　现代主义者的内向转向，甚至后来对支离破碎的自我的接纳（我们现在通常将其与后现代性相提并论），这些都有一个共同的出发点。这种连带关系很容易被忽视，但浪漫主义者与后来的思想家和作家之间的亲缘关系却比通常所承认的要深，从波德莱尔（Baudelaire）和尼采到戴维·赫伯特·劳伦斯（D. H. Lawrence）和罗伯特·穆齐尔（Musil），他们都曾在不同时期明确地将自己定义为浪漫主义的对立面。

27　参见查尔斯·泰勒（Charles Taylor）关于浪漫主义思想遗产起落沉浮的论述。Taylor, Charles, 1989, *Sources of the Self: Making of the Modern Identity*, Harvard University Press.

28　奥维德在他的《变形记》(*Metamorphoses*) 一书中确实表达了类似的感觉。关于皮格马利翁（Pygmalion），这位艺术家创造了一座栩栩如生的雕塑，以至于他爱上了这座雕塑。奥维德写道，ars adeo latet arte sua，即"他的艺术完全隐藏了他的艺术"。

29　'*Dans ma conversation, me retenir ... ne pas chercher à briller ... pour être aimable, je n'ai qu'à vouloir ne pas le paraître.*' 参见：Elster, Jon, 1983, Sour Grapes, Cambridge University Press, p. 45。关于司汤达各种克服自我的尝试，更全面的论述参见：'Deception and Self-Deception in Stendhal', in *The Multiple Self*, 1988, ed. Elster, Cambridge: Cambridge University Press, pp. 93–113。司汤达并没有从小接受功利主义的熏陶，但他对"规划如何阻碍其目标的实现"也十分敏感："在我看来，最难能可贵的莫过于顺其自然、漫无目的，最使我愉悦的也莫过于此。"（'*Le naturel, l'absence de projets est ce qui me semble le plus rare, et ce qui me fait le plus de plaisir.*'）在他的小说中，有很多人物都在追求同样的效果，但往往徒劳无功，反而产生了喜剧效果。这些人物往往是在城里混得风生水起的外省人，突然发现自己有了钱，便徒劳地想给人一种自己很有本事的印象。

30　正如他后来写道，"它们给我带来的最高善不是作为哲学的指导，而是作为诗歌的启迪"。（Mill, *Autobiography*.）

31 托马斯·卡莱尔的《特征》(*Characteristics*)最接近于阐述密尔所谓的"反自我意识理论",该书介于漫谈随笔和散文诗之间(1857, Chapman and Hall)。但是,从第一行开始,它就指出了这一悖论:"健康的人未察觉自己的健康,只有病人才懂得健康的宝贵。"悖论从一开始就存在:只有无视健康之意义的人能获得健康。但《特征》其余的部分读起来却很费力。在给卡莱尔的一封信中,穆勒委婉地提到了他晦涩的写作风格:"我并不是说它不好,只要出自一个真诚的人之手,怎么写都好,只要能让别人读得懂。但是,那些值得费笔墨的事情只能说得这么艰涩吗?以更直白方式写作会不会更好?我偶尔也会对您的许多措辞产生同样的疑问,因为这些措辞无法让大多数读者理解您的意思,而更通俗、更常见的措辞或许可以让更多人读懂。"(Letter 84, 5 September 1833, in *The Earlier Letters of John Stuart Mill 1812–1848*, 1963, University of Toronto Press.)卡莱尔在回信中毫不退让地回答说,只有这种写作风格才能传达他所追求的事物的整个"完完整整、实实在在、五彩斑斓的存在"。

32 说这句的人就是宝灵(John Bowring),边沁的遗嘱执行人。*Journals of Caroline Fox*, p. 113.

33 第一次和解尝试的成果是"*On Genius*"一文(1832年),收录于:*The Collected Works of John Stuart Mill, Volume I – Autobiography and Literary Essays*, 1981, ed. John M. Robson and Jack Stillinger, Toronto: University of Toronto Press, London: Routledge and Kegan Paul。

## ▶ 第二章 副产品社会

1 不那么出乎意料的是,约翰·斯图尔特·穆勒也对消费的社会功能表示了不满,不过他没那么幽默,"那些已经富可敌国的人却加倍地消费那些除了炫富之外几乎不会带来任何快乐的东西,我不知道这有什么值得庆祝的"。"快乐"这个词在这里是有意义的,因为功利主义者认为所有人忙忙碌碌都是为了最大限度地追求快乐,同时努力将痛苦降到最低。穆勒认为，见钱眼开的富人是在自欺欺人，因为财大气粗除了让他们向他人发出信号之外，并不会给他们带来任何快乐。

2 "对一个孤独地居住在荒岛上的人来说，是一座宫殿还是像通常装在百宝箱里的那种提供微小便利的工具，能够对他的幸福和享受做出最大的贡献，或许还是一个问题。" Smith, *Theory of Moral Sentiments*.

3 即使到了 18 世纪末，手表的价格已经大幅下降，英国工匠都能买得起作为"身份象征"的手表。钟表大规模生产的转折点并非发生在英国，而是在美国：1816 年，发明家伊莱·特里（Eli Terry）获得了一种低价木制架子钟的专利，用一位当代观察人士的话说，这种钟表"彻底改变了整个行业"，成为英国钟表匠的主要竞争对手。参见：Church, R. A., 1975, 'Nineteenth-Century Clock Technology in Britain, the United States, and Switzerland', *The Economic History Review*, 28（4），616–630。

4 Steinberg, Ted, 2006, *American Green: The Obsessive Quest for the Perfect Lawn*, W. W. Norton.

5 Veblen, Thorstein,（1900）2007, The Theory of the Leisure Class, Oxford World's Classics. 凡勃伦甚至声称神界也有同样的模式，在"一个包括圣徒、天使等超人类层次的代理休闲阶级"中，所有人都在一个严格的等级制度中分成三六九等，"低阶的随从或依附者……为高阶者执行代理休闲"。

6 "拥有及蓄养奴仆用于生产财物，固然证明了财富和实力，但蓄养奴仆却不让他们从事任何生产性的工作，能充分证明其拥有更多的财富和更高的地位。这种原则催生了一个奴役阶级，奴仆的人数越多越好，他们唯一的职责就是等待主人的使唤，从而证明主人有能力消费大量非生产性劳务。"

7 Mauss, Marcel, *The Gift*, note 142. 莫斯从弗朗兹·博厄斯（Franz Boas）那里了解到海达人（Haïda）、钦西安人（Tsimshian）和特

林吉特人（Tlingit）的社会中给予和毁灭财富有着一致的模式。（Mauss, Marcel（1925），2016, The Gift, Hau Books.）

8　Graeber, David, 2001, *Toward an Anthropological Theory of Value*, Palgrave Macmillan.9 Ibid., pp. 190–1.

9　Lutz, John, 1992, 'After the Fur Trade: The Aboriginal Labouring Class of British Columbia, 1849–1890', *Journal of the Canadian Historical Association*, 3（1），69–93.

10　Ibid.

11　Veblen, p. 123.

12　凡勃伦似乎至少在某种程度上意识到了功能主义的陷阱，他承认，追求不事生产的直接原因并不总是为了主动对外释放关于个人地位的信号。但他坚持认为，这种功能是此类活动得以继续的原因："更有甚者，在当局者和旁观者皆能感知仪态拥有此内在功效的情况下，这种想法仅仅只是礼仪及教养约定俗成的近因。另一种显而不露的经济基础在于，礼仪耗费了大量的时间和精力而用于休闲或非生产性的这种高贵特质。"凡勃伦没有考虑到的是，个人不仅完全没有必要意识到其非生产性追求的目的，而且这种意识很可能与其本意完全相反。

13　凡勃伦本人也使用过这个词，如"鄙俗的实用性职业"。

14　参见：比如 Giridharadas, Anand, 2018, *Winners Take All: The Elite Charade of Changing the World*, Knopf。

15　Veyne, Paul, 1990, *Bread and Circuses*, London: Allen Lane, Penguin Press, p. 381.

16　Ibid., p. 131.

17　语出 Thoreau, Henry David（1863），2013, *Life Without Principle*, Yale University Press。

18　Currid-Halkett, Elizabeth, 2017, *The Sum of Small Things: A Theory of the Aspirational Class*, Princeton University Press.

19　穆勒曾经说过："自我意识，我们这个时代的天才的守护灵……"

（Bentham, in 1985, *The Collected Works of John Stuart Mill, Volume X - Essays on Ethics, Religion, and Society*, University of Toronto Press.）

20  Singer, Peter, 2019, 'Conspicuous consumption will be considered unthinkable 50 years from now', *Vox*, <vox.com/2019/3/27/18188801/conspicuous-consumption-luxury-items>.

21  引自：*Harvard Business Review*, September 2015, 'Luxury Branding Below the Radar', 26–27。

22  Deloitte, 2017, 'Bling it on: What makes a millennial spend more?' <deloitte.com/content/dam/Deloitte/uk/Documents/consumer-business/deloitte-uk-young-luxury-shopper-2017.pdf>.

23  Douthat, R., 2020, *The Decadent Society: How We Became the Victims of Our Own Success*, Simon & Schuster.

24  最近的说法可参见：Frank, Robert H., 2020, *Under the Influence*, Princeton University Press。

25  极简主义是另一种形式的炫耀性消费，它很早就遭到了尖锐的批判，比如参见：Fagan, Chelsea, 'Minimalism: Another Boring Product Wealthy People Can Buy', *Guardian*, 4 March 2017。

26  "正是这种蒙骗不断地唤起和保持人类勤劳的动机。正是这种蒙骗，最初促使人类耕种土地、建筑房屋、创立城市和国家，在所有的科学和艺术领域中有所发现、有所前进。这些科学和艺术，提高了人类的生活水平，使之更加丰富多彩。"（Smith, *Theory of Moral Sentiments*.）

27  *New York Times*, 5 Mar 2020, <nytimes.com/2020/03/05/health/stop-touching-your-face-coronavirus.html>.

28  Farber, 'Thinking About Will', in Farber, Leslie H., 1966, *The Ways of the Will*, New York: Harper & Row.

29  Elster, Jon, 1983, *Sour Grapes*, Cambridge University Press, p. 46.

30  Frankl, Viktor, 1985, *Man's Search for Meaning*, Washington Square Press, p. 145.

31　Mill, *Autobiography*.

32　Railton, P., 1984, 'Alienation, consequentialism, and the demands of morality', *Philosophy & Public Affairs*, pp. 134–71, p. 140.

33　斯坎伦提出了"目的论悖论"这一术语,"他效仿亨利·西季威克,用'享乐主义悖论'这一术语描述了这样一个事实,即人们往往无法通过直接追求快乐来有效提升快乐,而必须有其他目标,这些目标不能被简单地视为获得快乐的手段"。(Scanlon, Thomas, 1998, *What We Owe to Each Other*, Harvard Belknap, p. 383.)

34　Graziani, Romain, 'Optimal states and self-defeating plans: The problem of intentionality in early Chinese self-cultivation', *Philosophy East and West*, 2009, 59(4), 440–66.

35　Ibid.

# ▶ 第三章　无私为什么有回报

1　别忘了,斯密实际上只是在谈论交换,而且他本人也会对"把利己主义视为经济驱动力的做法"嗤之以鼻。

2　因此,从伊甸园堕落正好落在面包师的头上,我们必须依靠他汗流满面才得以糊口。

3　<columbian.com/news/2020/jan/11/ donna-suomi-baker-and-co-owner-of-killa-bites/>.

4　<timesofisrael.com/these-jewish-women-got-thousands-of- instagram-followers-selling-fresh-challah/>.

5　<ottawa.ctvnews.ca/a-baker-s-bliss-in-an-old-chelsea-casse-croute-1.5451928>.

6　<nytimes.com/2015/08/26/dining/start-up-food-business- changing-appetites.html>.

7　<theatlantic.com/business/archive/2018/01/craft-beer-industry/550850/>.

8　Ibid. 规模小是信誉的象征。人们认为,随着规模的扩大,对最终盈利的关注也会增加:"以罗森伯格女士为例,Cherryvale 做大做强意味着不再使用全有机配料……'随着规模的扩大,我们的利润正在缩水,我们决定把客户的注意力转向其他方面。'她说。"

9 我有意忽略了神学上的关键转折:加尔文信仰的宿命论(即所有灵魂要么事先已得救要么不得救)是如何导致加尔文主义者及其在新英格兰的清教徒后裔试图表现得好像他们是被选中的人一样。

10 人们普遍认为清教徒禁酒,事实恰恰相反。据说,第一艘从英国驶往马萨诸塞州的船只所装载的啤酒比水还多。这主要是由于缺乏干净的饮用水,所以人们每天都要喝啤酒和威士忌,尽管醉酒是要受到谴责的。参见:'The Time When Americans Drank All Day Long', BBC News, <bbc.com/news/magazine-31741615>。亦可参见美国国家档案馆 2015 年展览目录,'Spirited Republic: Alcohol in American History', <archives.gov/publications/ebooks/spirited-republic.html>。

11 韦伯明确指出了这一讽刺意味:"宗教改革的文化影响有相当部分是改革者的事业未曾想见,其结果也非其所愿,也就是往往和他们自己所想的一切颇为隔阂,甚至正相悖反。"

12 强调为原文所加。

13 强调为原文所加。

14 Weber, Max, 1905, "Churches" and "Sects" in North America. An ecclesiastical and sociopolitical sketch,收录于:*Max Weber: Essays in Sociology*, ed. Hans H. Gerth and C. Wright Mills, Routledge。这篇文章是在《新教伦理与资本主义精神》出版后的次年以德语发表的。

15 或者考虑一下约翰·斯图尔特·穆勒关于功利主义的经典(也是要求极高的)论述:"行为者在自己的幸福与他人的幸福之间,应当像个公正无私的仁慈的旁观者那样,做到严格的不偏不倚。"(Mill, *Utilitarianism*, ch. 2)

16 在市场社会中,外部目的通常是经济收益,但也可以延伸至包括亚当·斯密所说的"改善我们的条件":引人注目、被人关心、得到同情、自满自得和博得赞许。

17 Dalio, Ray, 2019, 'To Have Both the Money You Need And the Job You Want, You Have To Be Creative And Flexible', <linkedin.com/pulse/have-both-money-you-need-job-want-creative-flexible-ray-dalio>.

18 Williamson, Oliver E., 1975, *Markets and Hierarchies: Analyses and Antitrust Implications*, New York: Free Press, p. 20.

19 用亚当·斯密的话说，一旦人们超越了自给自足，不仅能养活自己，还能产生一些剩余，他们就会开始分工，然后"每个人都是靠交换而生活，或者在某种程度上都变成了一个商人；而社会本身也变成了一个地道的商业社会"。[Smith, Adam（1776），2010, *The Wealth of Nations,* Harriman House Limited.]

20 用休谟的话说，"你的谷子今天熟，我的谷子明天将熟。如果今天我为你劳动，明天你再帮助我。这对我们双方都有利益"。[Hume, David（1740），1986, *A Treatise of Human Nature*, Penguin.]

21 请看休谟早先在《人性论》中的用法，"commerce"指的是浪漫的交往："当一个人一旦坠入爱河，他的情妇犯点小错、无理取闹、争风吃醋、争长论短，这些都是交往过程中所要面对的。无论多么令人不快，引起多少愤怒和仇恨，最终都不过是给占了上风的激情煽风点火。"（Book II, Section IV: *Of the Causes of the Violent Passions*.）

22 正如格雷夫所说，"集体主义制度在支持经济体内部的代理关系方面更有效率，所需的正式组织（如法院）成本也更低，但它限制了经济体之间有效的代理关系。个人主义制度并不限制经济体之间的代理关系，但在支持经济体内部关系方面效率较低，而且需要成本高昂的正式组织"。（Greif, Avner, 2006, *Institutions and the Path to the Modern Economy: Lessons from Medieval Trade*, Cambridge University Press, pp. 300–1.）

23 参见：North, Douglass C. 1991, *Institutions, Institutional Change and Economic Performance*, New York: Cambridge University Press, p. 35。

24 "综合社会调查"中的一个典型问题是："一般来说，您认为大多数人可以信任吗？与人打交道时该谨慎点吗？"论社会信任测量，参见：<scholar.harvard.edu/files/laibson/files/measuring_trust.pdf>。

25  Hicks, John, 1969, *A Theory of Economic History*, Oxford University Press, p. 78.

26  关于原本的表述，参见：Granovetter, Mark S., 1973, 'The Strength of Weak Ties', *American Journal of Sociology*, 78, 1,360–80。

27  交易成本还包括收集信息等活动，但即使是这样，这往往也是为了解决信誉问题，比如根据用户评价或老客户来研究公司的可靠性。

28  Hume, *A Treatise of Human Nature*. 加重点强调。

29  参见韦伯的《新教伦理与资本主义精神》："宗教的禁欲力量又将冷静、有良心、工作能力强、坚信劳动乃神所喜的人生目的的工人交在（清教徒雇主）的手中。"

30  <fastcompany.com/90426446/wefail-how-the-doomed-masa-son-adam-neumann-relationship-set-wework-on-the-road-to-disaster>.

31  Ibid.

32  *Business Standard*, 2016, 'Focus On Passion, Purpose, Funding Will Follow: Adam Neumann', <business-standard.com/article/companies/focus-on-passion-purpose-funding-will-follow-adam-neumann-116011600457_1.html>.

33  CNBC, 2017, 'Here's What Investors, VCs Look For When Investing In Startups', <cnbc.com/2017/05/05/venture-capitalists-and-investors-on-what-they-look-for-in-startups.html>.

34  这项研究的目的是设计一种能自动做出投资决策的人工智能。结果发现该人工智能在指导一种算法来寻找初创企业创始人的热情和狂热的迹象。Brandt, Mathias and Stefánsson, Stefán 2018, 'The Personality Venture Capitalists Look for in an Entrepreneur: An Artificial Intelligence Approach to Personality Analysis', Thesis, KTH Royal Institute of Technology, School of Industrial Engineering and Management.

35  *Wine Spectator*, quoting a wine importer, 11 Sept 2012, 'New Order:

Millennials Reach for Wine, But What Do They Want?', <winespectator.com/articles/new-order-millennials-reach-for-wine-but-what-do-they-want-47125>.

36　Müller, J. W., 2016, *What is Populism?*, University of Pennsylvania Press.

37　近年来，美国两党的总统候选人都曾因此受到谴责。米特·罗姆尼（Mitt Romney）和希拉里·克林顿（Hillary Clinton）都引起了人们的怀疑，因为批评者认为他们的公众形象不够真实、过于光鲜、迎合民意测验。作为回应，希拉里·克林顿竞选团队宣布他们将很快推出"自发性战略"。这一举措遭到了预料之中的嘲笑。（Cilizza, Chris, 'The Reinvention of Hillary Clinton Almost Certainly Won't Work', *Washington Post*, 8 September 2015.）

38　这句话出自保守派经济学家托马斯·索维尔（Thomas Sowell）。

39　Riesman, David, 1950, *The Lonely Crowd*, New Haven & London: Yale University Press.

40　卡尔·波普尔（Karl Popper）对这种怀疑的最重要表述如下："过去，人们认为一位强大的哲人王会将一些经过深思熟虑的计划付诸实践，但这只是为了拥有土地的贵族的利益而编造的童话。"［Popper, Karl（1957），2013.*The Poverty of Historicism*, Routledge.］

41　Plato's Republic, 7, 521b1–11, 2004, Hackett.

42　Ibid., 520e4–521a2.

43　在后来的作品中，比如在《法律篇》（*Laws*）中，柏拉图本人似乎放弃了"最优"理想城市的概念，而选择了"次优"的设定，这种设定并不依赖于《理想国》（*Republic*）中对哲人王所要求的英雄主义假设。从"最优"到"次优"的转变反映了政治经济学作为一个领域长期以来的默认路径。（Plato, 1970, *The Laws*, Penguin.）

44　Force, Pierre, 2003, *Self-interest Before Adam Smith: A Genealogy of Economic Science*, Cambridge University Press, p. 174.

45　Ibid. 强调为原文所加。

46 "当他看到其他人也有同样的利益感觉时,他就会立刻履行协约中所承担的义务,因为他确信,其他的人也会履行他们的义务。"(Hume, *A Treatise of Human Nature*.)

## ▶ 第四章 关于伪装者

1 Jones, E. E., and Pittman, T. S., 1982, 'Toward a general theory of strategic self-presentation'. In J. Suls (ed.), *Psychological Perspectives on the Self*, Hillsdale, NJ: Erlbaum, pp. 231–62.

2 '*L'intérêt parle toutes sortes de langues, et joue toutes sortes de personnages, même celui de désintéressé.*'

3 Esprit, Jacques.1677, *The Falsehood of Human Virtues*, 1:17.In notes to V: 236, La Rochefoucauld, 2007, *Collected Maxims and Other Reflections*, Oxford University Press.

4 效仿奥古斯丁所说的"*amor sui*"(对自己的爱)。

5 这本书风靡欧洲大陆和英国。伊丽莎白一世女王(Queen Elizabeth I)和玛丽女王(Queen Mary)的秘书罗杰·阿谢姆(Roger Ascham)对卡斯蒂廖内的《廷臣论》评价道:"我相信,一位年轻绅士只要在英国家中认真阅读这本书并勤加练习一年,将比其在意大利游历三年收获还要大。"(Ascham, Roger, 1570 *The Scholemaster.*)

6 原文更清楚地表明,卡斯蒂廖内是在创造一种新的表达方式:"(*E*) *per dir forse una nuova parola* (and to perhaps employ a new term), *usar in ogni cosa una certa sprezzatura, che nasconda l'arte e dimostri ciò che si fa e dice venir fatto senza fatica e quasi senza pensarvi.*"(In Lovett, Frank 2012, 'The Path of the Courtier: Castiglione, Machiavelli, and the Loss of Republican Liberty', *The Review of Politics*, 74 (4), 589–605.)

7 Force, 2003, *Self-interest Before Adam Smith*.

8   *"Nous sommes si accoutumés à nous déguiser aux autres, qu'enfin nous nous déguisons à nous-mêmes."* 可以被更直白地译为（尽管略显僵硬）"We are so accustomed to disguising ourselves for others that we end up disguising ourselves to ourselves."（我们太习惯于在他人面前演戏，最后连自己也当真了。）(*Réflexions morales*, V: 119.)

9   Force, Pierre, 2003, *Self-interest Before Adam Smith: A Genealogy of Economic Science*, Cambridge University Press.

10  Ibid.

11  Nietzsche, *History of the Moral Feelings*. 收录于：Nietzsche, Friedrich (1886), 1996, *Human, All Too Human: A Book for Free Spirits*, second edition, Cambridge Texts in the History of Philosophy, Cambridge University Press。

12  Ibid., p.44, "也许，相信善、相信有德行的人和行为、相信世间充满无私的仁慈，在人世间能产生更多的善，因为它们使人们减少了不信任。"

13  乔恩·埃尔斯特在关于战略性利用社会规范的著作中反复强调了这一点。概而言之，要想战略性地使用某一准则并从中获利，其他人就必须非战略性地遵守这一准则。比如参见：Elster, Jon, 1989, 'Social norms and economic theory', *Journal of Economic Perspectives*, 3（4），99–117。

14  那么，我们该如何看待这些故事本身就是商品这一事实呢？如何看待这些故事被创作出来，就是为了销售电影票、商品和T恤衫？故事本身只是实现明确目的的手段吗？（逻辑闭环了。）

15  然而，帕斯卡一生的大部分时间都在论证一个相反的观点，即人无法通过任何方式获得宗教信仰，宗教信仰是一种天赋，要么得到了，要么没有得到，试图伸手去抓住是徒劳的。

16  在费奈隆看来，这种神圣的冷漠是对上帝"无私的爱"的核心。*'La sainte Indifférence si louée par Saint François de Sales n'est que le désintéressement de cet amour qui est toujours indifférent et sans volonté*

mercenaire intéressée pour soi-même.' ( Fénelon, François ( 1697 ), 1911, *Explication des Maximes des Saints sur la Vie intérieure*, Paris: Albert Chérel. )

17　Ibid. 作者自己将原文译为英文。

18　Ibid. 作者自己将原文译为英文，原文：'*On voit une personne qui paraît toute aux autres et point à elle-même … L'oubli de soi même est si grand que l'amour propre même veut l'imiter, et ne trouve point de gloire pareille à celle de ne paraître en rechercher aucune.*'

19　'*Ce n'est pas qu'il fasse toutes ces réflexions d'une manière développée: il ne dit pas: Je veux tromper tout le monde par mon désintéressement afin que tout le monde m'aime et m'admire; non, il n'oserait se dire à soi-même des choses si grossières et si indignes; mais il se trompe en trompant les autres; il se mire avec complaisance dans son désintéressement comme une belle femme dans son miroir; il s'attendrit sur soi-même en se voyant plus sincère et plus désintéressé que le reste des hommes; l'illusion qu'il répand sur les autres rejaillit sur lui; il ne se donne aux autres que pour ce qu'il croit être, c'est à dire pour désintéressé; et voilà ce qui le flatte le plus.*' Ibid.

20　Friedrich Schiller's *Die Philosophen* ( Gewissenskrupel ): '*Gerne dient' ich den Freunden, doch tu ich es leider mit Neigung / Und so wurmt es mir oft, dass ich nicht tugendhaft bin.*' ( In Josef Pieper's translation.Pieper, Josef ( 1948 ), 1998, *Leisure: The Basis of Culture*, St Augustine's Press. )

21　Elster, *Sour Grapes*.

## ▶ 第五章　关于叛变者

1　韦伯继续写道："……富裕的人（ beati possidentes ），即使是教友派信徒，也倾向背弃昔日的理想。"（ Weber, Max ( 1905 ), 2002, *The*

*Protestant Ethic and the 'Spirit' of Capitalism*, Penguin.）

2　Ibid. 强调为原文所加。

3　老歌迷与他们自我妥协的偶像之间的爱恨纠葛还有一个转折点。音乐听众之所以会毫不留情地评价他们所认同的艺术家并使其信誉扫地，是因为他们自己的信誉也取决于此。当音乐家为捍卫自己作为艺术家的诚信而战的时候，他们的粉丝也会反过来为自己的信誉而战，因为他们是由共同的审美准则团结起来的圈内人成员。这两种维护信誉的尝试难舍难分，后者依赖于前者。这种对音乐偶像的认同在年轻人中尤为普遍，因为对他们来说，信誉是一种主导价值观，而这只会让他们更有危机感。

4　《牛津英语词典》列出了1906年对贸易保护的用法："《关税法》……是对糖业托拉斯……（和）贪婪的制造业利益集团的不道德的、赤裸裸的出卖。"

5　爵士乐历史学家道格·拉姆塞（Doug Ramsay）在谈到加农炮·阿德雷（Cannonball Adderley）在获得巨大成功后所遭遇的抵制时打趣道："给我看一支能维持生计的爵士乐队，我就给你看一支被指责出卖自己的乐队。"（Ramsey, D. K., 1989, *Jazz Matters: Reflections on the music & some of its makers*, University of Arkansas Press. 引自《Slate》杂志：'The Rise and Decline of the "Sellout"', <slate.com/culture/2017/07/the-history-of-calling- artists-sellouts.html>）

6　Clayton, J., Greif, M., Ross, K. and Tortorici, D., 2010, *What Was the Hipster? A Sociological Investigation*, N+1 Foundation.

7　Weber, *Protestant Ethic*. 汉斯·克里斯托夫·施罗德（Hans-Christoph Schröder）也得出结论认为，韦伯从世俗经济的意义上曲解了清教徒对时间价值的高度评价，事实上，时间对清教徒来说之所以宝贵，首先是为了祈祷。（Schröder, Hans-Christoph, 'Max Weber und der Puritanismus', *Geschichte und Gesellschaft*, 21, 1995, p. 464.）

8　Smith, *Theory of Moral Sentiments*.

9　Lemay, J. A. Leo, *The Life of Benjamin Franklin*, Vol. 2, p. 398.

10 Franklin, Benjamin, *The Autobiography*, p. 100 in 2004, *Franklin: The Autobiography and Other Writings on Politics, Economics, and Virtue*, Cambridge University Press.

11 Weber, *Protestant Ethic*: "清教徒想要成为职业人——而我们则必须成为职业人。"

12 引自 Isaacson, Walter, 2003, *Benjamin Franklin: An American Life*, Simon & Schuster。

13 Klaw, Spencer, 1993, *Without Sin: The Life and Death of the Oneida Community*, New York: Allen Lane/Penguin Press.

14 Hinds, William Alfred, 1902, *American Communities*, Charles H. Kerr & Company, Chicago, p. 199.

15 Ibid.

16 Klaw, *Without Sin*, p. 7.

17 就奥奈达而言,埃伦·韦兰·史密斯(Ellen Wayland-Smith)于2019年写道:"虽然奥奈达社区作为一个社会和宗教实体已于1880年解散,但老诺伊斯(Noyes Sr.)发起的大胆的'人际关系实验'却由诺伊斯的儿子皮尔庞特(Pierrepont)和他的社区后裔同胞们在经济领域进行。他们继承了父亲的'古老的分享和平等原则',并将其应用于银器的工业生产。"

18 Hinds, *American Communities*, p. 211.

19 *Wired*, <wired.com/2002/04/free-love-and-selling-macs/>.

20 Ibid.

21 Bowles, Nellie, 'Corporate Crucible', *San Francisco Chronicle*, 25 August 2013.

22 Deci, E. L., 'Effects of externally mediated rewards on intrinsic motivation', *Journal of Personality and Social Psychology*, 18(1), 1971, 105–115, <doi.org/10.1037/h0030644>.

23 Ibid.

24 Kamenica, Emir, 'Behavioral economics and psychology of incentives',

*Annual Review of Economics*, 4（1）, 2012, 427–45.

25　Isaacson, Walter, 2011, *Steve Jobs*, Simon & Schuster.

26　在艾瑞里的实验中，两组之间的差异在统计学上并不显著，但无报酬组的平均得分仍然更高。

## ▶ 第六章　反工具主义者

1　Tanizaki, Junichiro, 1977, *In Praise of Shadows*, New Haven, CT: Leete's Island Books.

2　经济学家将知识工作者称为"非常规认知工作"（nonroutine cognitive jobs）。在20世纪80年代，这些工作岗位约占美国所有工作岗位的三分之一，而最近的一项估计表明，相关从业人员现在占美国劳动力的48%。参考：Zumbrun, Josh, 'The rise of knowledge workers is accelerating despite the threat of automation', *Wall Street Journal*, 4 May 2016。另参见：Daugherty, P. R. and Wilson, H. J., 'Using AI to Make Knowledge Workers More Effective', *Harvard Business Review*, 29 April 2019, <hbr.org/2019/04/using-ai-to-make-knowledge-workers-more-effective>。

3　由于"*a-skholia*"（工作）一词的具体使用最初与政治活动和政体生活有关，这一点就变得复杂起来。参见：Arendt, *The Human Condition*。后来，托马斯·阿奎那（Thomas Aquinas）等基督教哲学家以希腊的闲暇概念为蓝本，提出了自己的沉思生活观："积极的生活"（*vita activa*）不仅从"沉思生活"中汲取了尊严，也汲取了意义。亦参见：Pieper, *Leisure*。

4　赫希曼的叙述一向深思熟虑。他写道："在经历了几个世纪的血腥战争之后，人们开始寻找与宗教戒律相对应的行为方式，寻找新的行为规则和手段，对统治者和被统治者施加急需的纪律和约束，而工商业的发展被认为是在这方面大有可为。"目前还不清楚究竟是谁在进行探索，我倾向于认为这更像是一种缓慢的结构性转变。在这种转变中，那些事实证明有助于稳定与和平的规范在事后被保留了下来并发扬光大。（Hirschman, Albert, 1977, *The Passions and the Interests*, Princeton.）

5. Russell, Bertrand, 2004, *In Praise of Idleness and Other Essays*, Routledge.
6. Attanasio, O., Hurst, E. and Pistaferri, L., 2012, *The Evolution of Income, Consumption, and Leisure Inequality in the US, 1980–2010*, working paper 17982, National Bureau of Economic Research.
7. Gershuny, J., 'Veblen in Reverse: Evidence from the Multinational Time-Use Archive', *Social Indicators Research* 93（1）, 2009, 37–45.
8. Ibid.
9. Frank, Robert H., 2012, 'Do the Wealthy Work Harder Than the Rest?', *Wall Street Journal*, Wealth Report, 27 April 2012, <blogs.wsj.com/wealth/2012/04/27/do-the-wealthy-work-harder-than-the-rest/>.
10. Sevilla, A., Gimenez-Nadal, J. I. and Gershuny, J., 2012, 'Leisure inequality in the United States: 1965–2003', *Demography*, 49（3）, 939–64.
11. Ipsos and Oxford Economics, 'Paid Time Off Trends In The U.S.', 2019，美国旅游协会（US Travel Association）于 2019 年 1 月 22 日至 2 月 3 日对 1 025 名享有雇主带薪休假的美国工人进行了调查。
12. Pieper, Josef, 1948, *Leisure: The Basis of Culture*, St Augustine's Press.
13. Keynes, J. M., 'Economic Possibilities for our Grandchildren（1930）', in 1932, *Essays in Persuasion*, New York: Harcourt Brace, pp. 358–73.
14. 其中包括约瑟夫·斯蒂格利茨、罗伯特·索洛（Robert Solow）、罗伯特·H. 弗兰克、加里·S. 贝克尔等人。由此汇编的文集参见：see Pecchi, L. & Piga, G., eds, 2008, *Revisiting Keynes: Economic Possibilities for our Grandchildren*, Cambridge, US: MIT Press。值得注意的是，斯基德尔斯基本人后来还就这篇文章写了整整一本书。See Skidelsky, R., 2012, *How Much Is Enough?*, New York: Other Press.

15　Robert Gordon, 2016, *The Rise and Fall of American Growth*, Princeton Press.

16　Arendt, Hannah, *Human Condition*, Prologue, p. 5.

17　值得注意的是，阿伦特拒绝直接解决这个问题，她认为这主要是一个政策问题，需要通过民主讨论来解决。她警告道："对于这些关切和困惑，本书并没有给出答案。"因此，阿伦特通过研究闲暇的对立面——工作、劳动和行动，补充了闲暇的"轮廓"。

18　据剧院导演乔治·莱兰兹（George Rylands）说。Keynes, Milo, 1979, *Essays on John Maynard Keynes*, Cambridge Press, p. 48.

19　Barthes, Roland, 'Dare to Be Lazy', in *Le Monde-Dimanche*, 16 September 1979. 转载于：Barthes, R., 2009, *The Grain of the Voice: Interviews 1962–1980*, Northwestern University Press.

20　这句话通常被翻译为"我们工作是为了闲暇"或"幸福存在于闲暇之中，我们是为了闲暇而忙碌"。在此，我使用约瑟夫·皮珀对这句话的"更直白的翻译"，它强调了希腊语中"工作"（a-skholia）一词的构词源自对休闲（skholia）的否定。关于后者，请参见上文注释 17。

## ▶ 第七章　休闲在市场经济中的地位

1　Monteiro, George, 1988, *Robert Frost and the New England Renaissance*, Lexington: The University Press of Kentucky.

2　Thoreau, H. D., 'Life Without Principle', *Atlantic Monthly*, October 1863.

3　Ibid.

4　事实上，表彰热情劳动者的最佳方式就是不提供任何报酬，只提供任务本身固有的奖励，如此一来，只有一个群体会脱颖而出。对此极力反对的多半是一种社会规范，即反对"那些以无私心为幌子为了一己之私剥削他人"的规范，这是一种反对伪装者的规范。

5   Pieper, *On Leisure*，在这里，自由的艺术是"一种意义隐藏不露的人类活动方式"。

6   参见《赫芬顿》的封面简介。Arianna, 2016, *The Sleep Revolution*, Harmony Press。强调为作者后来所加。

7   福特甚至相信，几年后凯恩斯也会这样认为，个人会越来越精通休闲："我们认为，只要有机会，人们就会越来越善于有效地利用休闲时间。而我们也正在提供这样的机会。"

8   日本微软公司是尝试每周工作四天的科技公司之一。据报告，该公司的生产率大幅提高。<npr.org/2019/11/04/776163853/microsoft-japan-says-4-day-workweek-boosted-workers-productivity-by-40>.

9   在原文中，阿伦特用的是"劳动动物"（*animal laborans*）一词，即工作动物。

10  福特继续说道："人们'下班'了，经济不会因此而放慢，反而会加快，因为人们在闲暇时的消费比工作时更多。这将会带来更多的工作，从而让企业获得更多的利润。"

11  正如罗素进一步阐述的那样："劳动产品的价值，只能依据它们被消耗后产生的价值来衡量。"

12  1883 年保尔·拉法格（Paul Lafargue）出版的一本名为 *The Right to Be Lazy* 的简短而尖刻的小册子就恰当地说明了这种诱惑。拉法格也是那种对结果感兴趣、原则性很强的人。他是出生于古巴的法国早期社会主义运动领袖，也是 1882 年法国第一个现代社会主义政党的共同创始人之一。他与马克思的次女劳拉结婚后，成为卡尔·马克思（Karl Marx）的女婿。他还是一个生活达人、一个坚定的马克思主义者。他喜欢享受生活中的小乐趣。这篇文章是对早先社会主义者呼吁"工作权"的抨击，1848 年大革命后，法国的劳动法将"工作权"推向了高潮。在拉法格看来，社会主义是让无产阶级"被工作教条扭曲"的帮凶。然而，拉法格还是通过休闲与工作的关系抓住了休闲。他决心摒弃资产阶级的工作伦理，但又无法避免通过展示其生产美德来达到这一目的的诱惑。拉法格在抨击法国资本主义是"毛脸秃头"之后，随即引用当时一位实业家的说法为自己辩护："我们都多工作了两个小时，这太多了。我深信，如果我们只工作 11 个小时，而不是 13 个小时，我们也能生产出同样的产品，也能因此生产出更经济的产品。"因此，社会主义思想家拉法格发现自己不仅采取了与半个世纪后的亨利·福特相同的立场，推理方式也如出一辙。即使是那些拼命想把休闲从有私心的商业领域中夺回来的人，也会深深地受到"通过指出休闲的效用来夺回休闲"的诱惑。关于拉法格的更多信息，参见：Derfler, Leslie, 1998, *Paul Lafargue and the Flowering of French Socialism, 1882–1911*, Harvard University Press。

13 'The Diary: Gideon Rachman', *Financial Times*, 25 January 2013, <ft.com/content/fade30d8-660a-11e2-bb67-00144feab49a>.

14 比如参见拉里·芬克（Larry Fink）写给股东的信：'Sustainability and Deeper Connections to Stakeholders Drives Better Returns', <blackrock.com/corporate/investor-relations/larry-fink-ceo-letter>.

15 Marcuse, Herbert, 1964, *One-Dimensional Man*, Beacon Press.

16 Frank, Thomas, 1998, *The Conquest of Cool: Business Culture, Counterculture, and the Rise of Hip Consumerism*, University of Chicago Press, p. 26.

17 Smith, *Theory of Moral Sentiments*.

18 "前卫"一词目前的这种非军事含义首次出现在英语中是在 1910 年，用来形容新印象派画家，如"伪神秘主义者奥迪隆·雷东（Odilon Redon）"。Weisgerber, Jean ed., *Les Avant-gardes littéraires au XXe siècle: Vol. I: Histoire*, John Benjamins.

19 这句谚语的出处有争议，但有很多人认为是经济学家法兰克·奈特（Frank Knight）说的。例如参见：Stigler, George, 1984, 'Economics: The Imperial Science?' *The Scandinavian Journal of Economics*, 86（3），301–13。

## ▶ 第八章　明智地抵抗智慧

1. 在这段想象的对话中，卡斯蒂廖内使用的角色是伯爵。他用"sprezzatura"（潇洒）这个概念戏弄观众，吹嘘它的优点，但却隐瞒了做到潇洒的方法。

2. Pieper, *Leisure*.

3. Matthew B. Crawford's *Shop Class as Soulcraft: An Inquiry into the Value of Work*（Penguin）documents such a shift. 2010 年，该书在经济大衰退之后问世，成为"出版界的黑马"。克劳福德在信中写道（他的口气就像第六章中的一位休闲的使徒）"工匠精神意味着长期致力于一项工作，深入地钻研它，因为你想把它做好。"大众市场接纳了另一位自诩为异见者的人。

4. 在 1832 年写给卡莱尔的一封信中，约翰·斯图尔特·穆勒一五一十地抨击了自己成长过程中的狭隘和"特殊"，但他还是总结道："幸运的是，我没有被填鸭式地教育。我自己的思维能力得到了强有力的发挥，虽然只是部分发挥能力；通过它们，我得以重塑我的所有观点。"正是这种思维能力，所有的精神约束，注定了他的命运，但也为他指明了出路。

5. "他对人的感情知之甚少，对形成这些感情的影响因素更是一无所知：心灵对自身以及外部事物对心灵的更微妙的作用，他通通都不懂。"

6. Von Kleist, 'On the Theater of Marionettes' in von Kleist, Heinrich and Wortsman, Peter, 2010, *Selected Prose of Heinrich Von Kleist*, Steerforth Press.

7. Hegel, *Logic in Hegel*, Georg Wilhelm Friedrich, 1991, *The Encyclopaedia Logic, with the Zusätze: Part I of the Encyclopaedia of Philosophical Sciences with the Zusätze*, Hackett.

8. 选自英国浪漫主义传统的现代继承者之一华莱士·史蒂文斯（Wallace Stevens）的 *Adagia*。

9. 不出所料，约翰·斯图尔特·穆勒也敏锐地感知到了多重自我以及它对个人内在冲突的解释。关于抵制诱惑的努力，他写道："但很明显，'我'是这场较量的双方。冲突发生在我与我自己之间，发生在（例如）渴望快乐的我与害怕自责的我之间。导致我，或者说，我的意志，被认同于这个自我而不是另一个自我的原因是，其中一个'我'比另一个'我'更能代表我长期的情感状态。在屈服于诱惑之后，渴望快乐的'我'就会消失，但受良心谴责的'我'则可能会伴随我终生。"

10　这幅令人回味的中世纪城市地图来自 Amélie Oksenberg Rorty。模块性理论与罗伯特·库尔茨班（Robert Kurzban）和 H. 克拉克·巴雷特（H. Clark Barrett）等学者有关。回顾请参见：Barrett, H. C. and Kurzban, R., 'Modularity in cognition: Framing the debate', *Psychological Review*, 113, 2006, 628–47。

11　"明智地抵抗智慧"（to resist the intelligence intelligently）这句话出自美国最重要的浪漫主义学者之一杰弗里·哈特曼（Geoffrey Hartman）1962 年发表的一篇著名文章。他写道："这种通过知识回归天真［回归第二次天真①（a second naivete）］的想法在德国浪漫主义者中几乎司空见惯。"哈特曼还指出了这一见解在浪漫主义传统中的独特性："然而，这种在我看来特别具有浪漫主义色彩的补救办法……试图从意识本身中提炼出自我意识的解毒剂。"（Hartman, G. H., 1962, 'Romanticism and Anti-Self-Consciousness', *Centennial Review*, pp. 553–65.）

12　如果翻译得更直白、更拗口一点的话，可以这样翻译："We are so accustomed to disguising ourselves for others that we end up disguising ourselves to ourselves."（我们太习惯于在他人面前演戏，最后连自己也当真了。）

13　La Rochefoucauld, 2007, *Collected Maxims and Other Reflections*,

---

①　即成年人在看破红尘后所获得的新的深刻性认知。——译者注

V:233, Oxford Classics.

14 作者自己将原文译为英文。原文是：'*Il y a des gens qui n'auraient jamais été amoureux, s'ils n'avaient jamais entendu parler de l'amour.*'

15 Oakeshott, Michael, 2014, *Michael Oakeshott: Notebooks, 1922–86*, Imprint Academic.

16 Ovid, Ars Amatoria, Book I（作者自己将原文译为英文）: '*Quo magis, o, faciles imitantibus este, puellae: / Fiet amor verus, qui modo falsus erat.*'

17 Von Hippel, W. and Trivers, R., 'The evolution and psychology of self-deception', *Behavioral and Brain Sciences*, 34（1）, 2011, 1–16.

18 Christie's, Sale 18952, 10–23 September 2020.

19 *New York Times*, <nytimes.com/2019/09/16/arts/banksy-brexit-painting-auction.html>.

20 自我呈现展示有一个集体的面向，可以发挥很大的作用。艺术界部分地将自己定义为因蔑视市场而联合起来的圈子——尽管这种蔑视是他们在市场中取得成功的条件。上述推理意味着，这种自我建构至少有一部分可能是战略性的。由于并非所有有抱负的艺术家都能天然地无视潜在买家如何看待自己的作品，因此他们可能会通过融入这样的圈子来积极重塑自己的观念，并通过这种调节获得"正确的"非工具性世界观。在所有情况下，正如乔恩·埃尔斯特在其著作中所论证的那样，一些人能够战略性地利用社会规范，这就要求其他人非战略性地遵守社会规范。进一步转换思维推理，即使在个体内部也有可能如此——如果一个自我寻求工具性地利用某一规范，而另一个自我愿意出于非工具性原因遵守同一规范，后者就能为前者推波助澜。

21 Pascal, Blaise（1670）1999, *Pensées*, Oxford World Classics, pp. 155–6.

22 帕斯卡在他的其他著作中表达了与这一观点相悖的观点，他强调宗教信仰是上帝赐予的礼物，是无法通过任何人类努力获得的。

23 作者自己将原文译为英文。原文是：'*Si tu veux me séduire ou me surprendre, prends garde que je ne vois ta main plus distinctement que*

ce qu'elle trace.Je vois trop la main de Pascal.' Valéry, Paul（1924），2016, 'Variation sur une pensée' in *Oeuvres, Tome 1*, Le Livre de Poche.

24 *Paris Review*, Interview no. 182, Issue no. 170, Summer 2004.

25 McWilliams, A., Siegel, D. and Wright, P., 'Corporate social responsibility: strategic implications', *Journal of Management Studies*, 43, 2006, 1–18.

26 所谓"洗绿",是指在环境问题上说一套做一套;所谓"洗蓝",是指利用与联合国的联系来粉饰不良的人权记录;所谓"洗紫",是指表面上宣扬两性平等理想实则另有私心的运动;所谓"洗粉",是指为了企业战略目的而在"抗击乳腺癌"这个议题上借题发挥。

27 Van der Ven, H., 'Socializing the C-suite: why some big-box retailers are "greener" than others', *Business and Politics*, 16（1）, 2014, 31–63.

28 人们经常猜测,自我说服在说服他人时会很有用。诺贝尔经济学奖得主托马斯·谢林在1960年提出了这一观点,他是在说服力和信誉问题上最有真知灼见的思想家之一。他认为,震慑住威胁的最佳方式是让自己相信威胁是无效的;这种自我说服最有可能让威胁者相信实施威胁是徒劳的。*The Strategy of Conflict*（1960）:如果一个人能够假装自己无法理解威胁,或者过于固执而不理会威胁,那么他就有可能阻止威胁的出现。最好的是真正的无知、固执或单纯的不相信,因为这可能对潜在的威胁者更有说服力（强调为原文所加）。此后,谢林的预感在实际研究和实验室环境中都得到了证据支持。我们现在知道,能够说服自己的人也最有能力说服别人。甚至在处理可被核实的虚假陈述时也是如此。当学生被要求预测自己的考试成绩和同学的考试成绩时,说服和自我说服结果是高度相关的。也就是说,对于那些高估自己的人,考虑到他们之后的表现,同学对他们的评价也会更高。成功说服自己的人也能成功地（不知不觉地）说服他人。参见：Lamba, S. and Nityananda V., 'Self-Deceived Individuals Are Better at Deceiving Others', *PLOS One*, 9/8, 2014, 1–6。该研究的作者得出结论称："人们可能并不总是奖励成就更高的人，而是奖励更会自欺欺人的人。"

29　Elster, Jon, 'More Than Enough', *The University of Chicago Law Review*, Spring 1997, 64（2）, 749–64.

30　沃尔玛通过其环保举措赢得了部分人心。但是，当它试图在劳工问题上故技重施时，却招致了批评者的愤怒，因为人们认为这种挽回颜面的尝试昭然若揭。这种无私的表演显然是为了一己之私。这些失败的努力对公司声誉的影响可能弊大于利。因为这使活动家相信，企业只会在商言商，除非对企业进行施压，否则就不会取得任何进展。一个无私的姿态成功了，另一个却失败了。

31　这句话出自华兹华斯的《序曲》（*The Prelude*），诗人在其中描述了一段与约翰·斯图尔特·穆勒自己的抑郁经历相似的经历："这是病入膏肓的危机，这是灵魂最后也是最低谷；我垂头丧气，认为我们神圣的理智在最需要的地方却又束手无策……"

32　赫尔德拔高了"人民"（Volk）的概念，但骨子里仍是一个世界主义者。事实证明缪勒更具危险性，一个世纪后，他的著作又被第三帝国的理论家们翻了出来。比如参见：Kohn, Hans, 'Romanticism and the Rise of German Nationalism', *The Review of Politics*, 12（4）, 1950, 443–72。

33　See Cochran, Peter, 2014, *The Burning of Byron's Memoirs: New and Unpublished Essays and Papers*, Cambridge Scholars Publisher.

34　Ibid.

35　参见 Capaldi 的 *John Stuart Mill*，在约翰·斯图尔特·穆勒的传记作者中，他最完整地描述了哈莉耶特·泰勒对他思想的全面影响。

## ▶ 第九章　个体顿悟的社会条件

1　Keynes, *Economic Possibilities*.

2　Smith, Adam, *Theory of Moral Sentiments*.

3　自 19 世纪以来，这一明显矛盾的一个版本一直困扰着学者们，后来被称为"亚当·斯密问题"。一开始,"亚当·斯密问题"指的是斯密在《道德情操论》(*Theory of Moral Sentiments*)中的"同情"概念与《国富论》(*Wealth of Nations*)中的"利己"概念之间明显的矛盾。自那以后,它开始泛指两本书中商业社会观点之间的明显冲突,最近丹尼斯·拉斯穆森(Dennis Rasmussen)对其进行了仔细的研究(*The Infidel and the Professor*, Princeton, 2019)。这在很大程度上取决于《道德情操论》中提到的"蒙骗",以及"究竟谁被蒙骗了"这个悬而未决的问题。

4  "我们看到工资为他们提供食物、衣服和舒适的住房,并且养活整个家庭。"(*Theory of Moral Sentiments*.)

5  Skidelsky, Robert and Skidelsky, Edward, 2013, *How Much is Enough? Money and the Good Life*, Penguin.

6  例如,Pecchi 和 Piga(2008 年)认为"凯恩斯在理论上提出了一种消费饱和状态,在这种状态下,人类将全身心地投入到生活的艺术中,而凯恩斯却没有向约翰·斯图尔特·穆勒致敬,因为后者在近一个世纪之前就提出了类似的理论,这令人惊讶"。出自:Pecchi, Lorenzo and Piga, Gustavo(eds),2010, *Revisiting Keynes: Economic Possibilities for Our Grandchildren*, MIT Press。

7  经济学理论本身可以用来解释这一领域内的分歧,这一点令人欣喜:一旦为解决某个问题进行了投资,就会出现既得利益者,他们会继续从解决同一问题中获益,即使该问题已经不再是迫在眉睫的了。道格拉斯·诺斯(1990 年)将这种情况概括为"路径依赖"。由于理解增长所需的技能与理解增长目的所需的技能大相径庭,因此可以预见的是,这个在生产率实际增长以及人们对增长驱动因素高度关注的时期产生的学术领域,即使在社会实现富裕之后,也会继续狭隘地专注于增长的问题。

8  Mill, *Autobiography*.

9  The Wapping Project, <thewappingproject.org/berlin/>.

10 这一立场似乎在很大程度上是受到了他与哈莉耶特·泰勒的讨论的

刺激，穆勒明确承认自己欠下了这笔人情。穆勒还借鉴了黑格尔当时已经很完善的主奴辩证法（master–slave dialectic）中的推理。

11　参见：Mill's 1869 *The Subjection of Women*, London: Longmans, Green, Reader, and Dyer。

12　穆勒就雇主和雇佣劳动提出了类似的论点："资本家几乎和劳动者一样，希望把工业生产活动置于这样一种基础之上，使为资本家劳动的人能够在工作中感受到与为自己劳动的人同样的兴趣。"（*Principles of Political Economy,* Oxford University Press, 1998.）

13　穆勒既反对陈规陋习，也反对设计不合理的社会制度。他谴责"可悲的社会安排"（《功利主义》），也谴责接受的舆论可能导致"比其他的政治压迫更可怕的社会暴政"（《论自由》）。

14　我同意卡帕尔迪使用"自治"（autonomy）一词，尽管穆勒通常使用"自由"（freedom）一词来表达同样的意思。然而，或许正如卡帕尔迪所猜测的那样，如今"自由"一词已被各种意识形态承诺所玷污，其含义也因此变得模糊不清。因此，"自治"或许能更好地反映出这一概念在穆勒时代的价值。

15　Mill, *Of the Stationary State in Principles of Political Economy.*

16　参见：Pecchi and Piga, *Revisiting Keynes*。

17　'U.S. Research and Development Funding and Performance: Fact Sheet Updated January 24, 2020', <fas.org/sgp/crs/misc/R44 307. pdf> See also Mervis, Jeffrey, 2017, 'Data check: U.S. government share of basic research funding falls below 50%', <sci ence mag.org/news/2017/03/data-check-us-gov ernm ent-share-basic-resea rch-fund ing-falls-below-50>.

18　参见：Cowen, Tyler, 2017, *The Complacent Class: The Self-Defeating Quest for the American Dream*, St Martin's Publishing Group。

19　关于早期相互抵消的处理方式，参见：Atkinson, A. B., 1999, *The Economic Consequences of Rolling Back the Welfare State*, MIT Press。人们一直在努力消除道德风险的负面效应对承担风险和

对总产出正面效应的影响。比如参见：Acemoglu, D. and Shimer, R., 'Productivity gains from unemployment insurance', *European Economic Review*, 44（7）, 1, 2000, 195–224。作者发现，失业保险等社会保险政策允许工人冒着更大的风险去寻找生产率更高的工作，这样企业才能有机会创造生产率更高的工作，进而提高生产率。关于福利制度对个人工作态度和承诺的影响，参见：Esser, I., 2005, *Why Work? Comparative Studies on Welfare Regimes and Individuals' Work Orientations*, Doctoral dissertation, Swedish Institute for Social Research（SOFI）。欲了解不同社会保险政策对生产力的贡献以及对政策的影响有何不同，参见：Midgley, J., 'Growth, redistribution, and welfare: Toward social investment', *Social Service Review*, 73（1）, 1999, 3–21。

20  Gai, Yunwei and Minniti, Maria, 'Health Insurance, Job Lock, and the Supply of Self-Employment', *Journal of Small Business Management*, 53（2）, 2015, 558–80; Madrian, B. C., 'Employment-based health insurance and job mobility: Is there evidence of job-lock?', *The Quarterly Journal of Economics*, 109（1）, 1994, 27–54; Velamuri, M., 'Taxes, health insurance, and women's self-employment', *Contemporary Economic Policy*, 30（2）, 2012, 162–77; Fairlie, R. W., Kapur, K. and Gates, S. M., 2008, 'Is employer-based health insurance a barrier to entrepreneurship?', RAND Working Paper, No. WR-637-EMKF.

21  参见：Bird, E., 'Does the Welfare State Induce Risk-Taking?', *Journal of Public Economics*, 80（3）, 2001, 357–83。亦可参见：García-Peñalosa, C. and Wen, J. F., 'Redistribution and entrepreneurship with Schumpeterian growth', *Journal of Economic Growth*, 13（1）, 2008, 57–80; Koo, J., Choi, Y. J. and Park, I., 'Innovation and welfare: the marriage of an unlikely couple', *Policy and Society*, 39（2）, 2020, 189–207。

22  越来越多的人认识到，最有利于创业的政策组合是高社会支出和低劳动力市场监管的相辅相成。例如参见：Solomon, Shelby J., et al., 'Agency theory and entrepreneurship: A cross-country analysis', *Journal of Business Research*, 122, 2021, 466–76. 另一个局限性来自衡量问题："社会保险"类目往往包含很大一部分没有实际保险功能的支出，例如，公共养老基金实际上是一种代际转移机制，几乎没有发挥保险功能。因此，养老基金对风险承担行为的影响应该较小，但在欧洲的许多研究中，养老基金却在社会保险措施中占了很大比重。

23  美国和瑞典的研发支出（占 GDP 的百分比）。（UNESCO Institute for Statistics）.See also World Economic Forum, 2017, 'Why does Sweden produce so many startups?', <weforum.org/agenda/2017/10/why-does-sweden-produce-so-many-startups/>.

24  对于那些没有配偶医疗保险的人来说，这种影响也是最大的，这就进一步证明了"医疗保险对那些本来有风险的转向自主创业的决定"有影响这一观点。DeCicca, Philip, 2007, 'Health Insurance Availability and Entrepreneurship: Evidence from New Jersey', McMaster University.

25  Hombert, J., Schoar, A., Sraer, D. and Thesmar, D., 'Can unemployment insurance spur entrepreneurial activity? Evidence from France', *The Journal of Finance*, 75（3）, 2020, 1,247–85.

26  Feinberg, R.M. and Kuehn, D., 'Does a Guaranteed Basic Income Encourage Entrepreneurship? Evidence from Alaska', *Review of Industrial Organization*, 2020, 1–20.

27  欲回顾这些研究结果，参见：Painter, A. and Thoung, C., 2015, 'Creative citizen, creative state: the principled and pragmatic case for a Universal Basic Income', London: RSA。

28  穆勒写道："对绝大多数女性来说，除了在卑微的生活领域，（除了成为妻子和母亲）之外没有其他选择，没有其他可能的职业，这是一种公然的社会不公。"（*Principles of Political Economy*.）

29 Sinn, Hans-Werner, 1996, 'Social Insurance, Incentives and Risk Taking', in *Public Finance in a Changing World*, London: Palgrave Macmillan, pp. 73–100.

30 Ross, Steven J., 'Review: Living for the Weekend: The Shorter Hours Movement in International Perspective', *Labour / Le Travail*, 27, 1991, 267–82.

31 St Augustine, 1961, *Confessions*, Penguin.

32 为了满足自穆勒所在时代以来我们所看到的全球人口增长，复合增长是必要的，穆勒本人也充分意识到了这一点。他明确地将稳定的人口数量作为"静止状态"的条件，部分原因是担心人口稠密的国家提供不了多少独处的机会。穆勒认为独处对于促进自我发展至关重要，这也是穆勒一直以来的观点。如今，生态学家也就人口增长提出了类似的论点。

33 凯恩斯曾预言，"生活水平……将提高四到八倍"，事实也确实如他所料。关于详细的对比信息，参见：Fabrizio Zilibotti, 2008, 'Economic Possibilities for our Grandchildren 75 Years After: A Global Perspective', in *Revisiting Keynes*, Lorenzo Pecchi and Gustavo Piga, eds, MIT Press, 2018。

34 正如凯恩斯自己所认识到的，"当自己不再需要追求经济增长之后，他人追求经济增长仍然是合理的"。凯恩斯也是乐观地看待这个问题的。他隐含的假设是，经济增长将惠及所有收入水平的人，然而最近对经济不平等的研究正忙于扑灭这种希望。我们知道，当观察到经济稳步增长时，底层半数人口的生活水平不一定会提高。凯恩斯也只关注发达的"进步国家"，暗中贬低发展中国家的经济可能性。

# 致谢

写作这样一本书需要以大量的背景阅读为依托,这些依托随着行文的展开而功成身退,但对最终的成果却很重要。19世纪的日记作者卡洛琳娜·福克斯(Caroline Fox)的日记以无与伦比的文笔娓娓道来约翰·斯图尔特·穆勒时代的伦敦——从客厅的知识暖房氛围到约翰·弥尔顿(John Milton)家的花园,边沁和穆勒夫妇轮流去那里小住,在伦敦的黑烟中尽情幸福地生活着。在众多关于约翰·斯图尔特·穆勒的传记中,尼古拉斯·卡帕尔迪的传记脱颖而出,因为它能够将穆勒的生平与相应的作品对应起来,既勾勒出了穆勒的人生轨迹,又解释了作品的背景。我欠乔恩·埃尔斯特很大的人情——他为本书以及无数其他人的作品都提供了贯穿始终的主线,受益者也包括皮埃尔·弗斯。我在第三章中对他借鉴颇多。他出色地展示了文学思想如何推动政治思想的进步。埃德娜·乌尔曼-马格利特(Edna Ullmann-Margalit)和劳里·安·保罗(Laurie Ann Paul)关于理性的著作,以及杰弗里·哈特曼和查尔斯·泰勒关于浪漫主义的著作,都为本书提供了重要的启发,而参考文献却多有疏漏。

我感谢以下早期读者和对话伙伴的慷慨大度和真知灼见，他们是：安娜·伯曼（Anna Berman）、约翰·A·霍尔（John A. Hall）、路易斯·费利佩·曼蒂利亚（Luis Felipe Mantilla）、阿拉什·阿比扎德（Arash Abizadeh）、弗雷德里克·梅兰德（Frédéric Mérand）。我非常感谢我的妻子劳拉（Laura），感谢她的博学多才，感谢我们的女儿艾尔莎催我加快进度。

在某种程度上，这是一本关于社会制度的书。书中提到的这些社会制度允许个人纯粹地做自己想做的事。这些制度包括带薪育儿假、全民医疗保健和公共托儿所，本书的写作离不开这些制度的大力保障。我尤其要感谢蒙特利尔（Fleur de Macadam）托儿所的工作人员，他们在全球新冠疫情的肆虐下仍然坚守岗位。